KB161534

하룻밤에 읽는
동양 철학

하룻밤에 읽는 동양 철학

양승권 지음

페이퍼로드
paperroad

차례

머리말

우리는 '디지털 사이언스' 시대를 살아가고 있다. 첨단 네트워크를 통해 생산되는 정보의 양이 넘쳐나고, 문제를 신속하게 해결해야만 하는 상황에서, 사태를 느긋하고도 총체적으로 바라보고자 하는 동양 철학 사유의 진지함은 별 쓸모가 없어 보이기도 한다. 남과의 경쟁에서 승리하고, 아니 최소한 남 정도만이라도 되기 위해서는 쏟아지는 '실용적' 지식을 끊임없이 소화해야만 하는데, '진정한 자기'와의 대면을 요구하는 동양 철학이야말로 시대착오적인 학문이 아닐까?

하지만 넘치는 지식을 자기 관점에서 융합하고 활용해야만 하는 지식 기반 사회에서 '실용주의'는 새롭게 변화해야만 한다. 단발적인 유용성만을 강조하는 실용주의는 밥은 팽개치고 숟가락만 찾는 격이다. 눈에 보이는 이익만 좇는 저급한 실용주의를 해방해 넓은 안목에서 끊임없는 자기 혁신을 도모하는 실용주의를 도모해야만 한다. 더 넓게 더 크게 생각해야만 한다.

동양 철학의 방법은 비유하자면 미시적으로 나무를 자세히 보게 하고, 또한 거시적으로 숲도 잘 보게 해준다. 동양 철학은 원경으로 숲을 보며 우주의 섭리를 생각하도록 하면서, 숲속의 나무를 보며 인생을 생각하도록 돕는다. 대개 세부적인 현상을 섬세하게 잘 파악하는 사람은 큰 흐름을 놓치기가 쉽다. 반대로 큰 흐름을 잘 읽어내는 사람은 사소한 현상을 간과해버린다. 우리는 부분과 전체를 아울러 보아야만 한다. 물론 상반되는 두 가지 가치를 모두 간직하기란 쉽지 않다. 하지만 디지털 사이언스 시대에서는 상반된 가치를 수용할 수 있는 마음의 공간이 넓어야 잘 살아갈 수 있다. 이쪽과 저쪽을 아울러 보는 균형 감각이 중요하다. 동양 철학에서 바람직하게 생각하는 인간형은 비행기를 제작할 때 전체 공정을 조감할 수 있는 책임 엔지니어와 같은 존재다. 비행기를 제작하기 위해서는 엄청나게 많은 부품이 필요하며, 또한 각각의 부품들을 제작하고 제어하는 수많은 엔지니어가 존재해야만 한다. 하지만 이 각각의 엔지니어에게 비행기가 만들어지는 모든 과정을 전체적으로 조감해 보고 평가할 수 있는 능력은 없다. 각각 자기가 맡은 분야만 잘 알고 있을 뿐이다. 비행기를 제작하기 위해서는, 각각의 전문적인 지식이 모여 비행기가 만들어지도록 설계할 수 있는 수석 엔지니어가 꼭 필요하다. 동양에서 철학자는 상반된 지식을 묶어주는 수석 책임 엔지니어와 같은 역할을 담당했다. 이른바 이종 분야의 융합이 시대적 화두인 현대사회에서 동양 철학에서 중시하는 인간형은 시사해주는 바가 크다.

여러 상반된 영역을 넘나드는 데 별 어려움이 없는 인간형은 심리적인 균형 감각도 뛰어난 법이다. 예일 대학교 심리학과 패트리샤 린빌 교수는 "이미지가 여러 갈래인 사람일수록 성공이나 실패에 의한 행복감의 부침이 적어진다."라고 말했다. 즉 우울증에 잘 걸리지 않는다는 지적이다. 이미지가 여러 갈래라는 것은 가령, 법률가이면서 기타리스트이고 암벽등산가인 다중 캐릭터를 가진 사람을 말한다. 한 가지 일에 집착해서 살아가기보다 많은 일에 관심을 기울이는 쪽이 행복해질 확률이 더 높고 세상을 잘 헤쳐나갈 수 있다는 의미다.

이런 맥락에서 동양에서는 사람을 평가할 때도 육체적인 몸가짐·표현력·사고력·도덕성 등을 종합적으로 살펴보는 전통이 일찌감치 정착했다. 대표적으로 '신언서판身言書判'이라는 개념을 들 수 있다. 여기서 '신身'은 바르고 단정한 몸가짐을 가리킨다. 이 말은 깊은 사고력과 좋은 품성이 자연스럽게 밖으로 표출된 어떤 우아한 자태를 의미한다. '언言'은 논리정연하면서도 설득력 있게 자기의 생각을 잘 전달하는 능력이다. '서書'는 생각을 글로 훌륭하게 표현하는 능력이다. 마지막으로, '판判'은 생각하는 능력을 가리킨다. 이 네 가지는 유기적으로 선순환되어야만 한다.

동양 철학에서는 다양한 가치를 내면에 품고 있는 폭넓은 사고를 지닌 인간형을 매우 중시한다. 이러한 인간형은 성인聖人·진인眞人·신인神人 등과 같이 상당히 신비스러운 필치로 표현되는 예도 있고, '신언서판'이 선순환되는 인간형처럼 우리가 어렵지 않게 추구해 볼 수 있는 인간형도 있다. 독자들은 동양 철학에서 제시되는 여러 인간형 가운데 자기에게 꼭 맞는 삶의 안내자가 될 인간형을 꼭 발견하게 될 것이다.

옛 철학자들의 글을 읽다 보면 한 가지 놀라운 느낌을 왕왕 받게 된다. 그것은 옛사람이 삶에 대해 골머리를 앓았던 고민이나 오늘날의 사람들이 삶에 대해 갖는 고민이 별 차이가 없다는 사실이다. 이것이 바로 지나간 옛 철학자의 사상이 현대인들에게 의미가 있는 이유다. 과거로부터 출발한 옛 철학자들의 빛줄기는 지금도 우리에게 여실히 전해지고 있다. 그럼 이 빛줄기를 따라 더듬어 올라가 옛 철학자들의 품속으로 건너가 보자.

1장.

개개인의 도덕의식을 사회 정의로 꽃피우자, 유가

동아시아 철학의 아버지, 공자

ㅇㅇㅇ

공자는 말했다.

"옛 학자들은 자신을 위한 학문을 했는데,
오늘날의 학자들은 남에게 인정을
받기 위해서만 학문을 한다."

제자백가의 시대가 열리다

중국에서 철학이 본격적으로 꽃핀 시기는 춘추전국春秋戰國; BC 770~221시대다. 통일 왕조였던 주周왕조는 서북쪽에 있던 견융犬戎족의 잦은 침략에 시달리다 BC 770년에 원래의 도읍인 '호경鎬京; 오늘날의 시안(西安)'으로부터 동쪽에 있는 '낙읍洛邑; 오늘날의 뤄양(洛陽)'으로 수도를 옮긴다. 수도를 옮기기 이전의 시대를 서주시대라 하고, 옮긴 이후를 동주시대라고 한다. 이 동주시대가 바로 춘추시대와 전국시대로 나뉘는 것이다.

춘추시대는 주나라가 도읍을 옮긴 때로부터 '진晉나라진시황의 진(秦)나라와는 다른 나라다'의 '대부大夫'인 '한韓'·'위魏'·'조趙' 세 집안이 BC 403년에 진나라를 나누어 제후로 독립할 때까지의 시대를 말한다. 춘추시대에는 200여 개의 나라가 난립했다. 춘추시대 초기에는 각 제후국이 주나라의 권위를 어느 정도 인정했다. 하지만 시간의 흐름에 따라 점차 몇몇 강한 제후국을 중심으로 통합된다. 이후 전국시대BC 403~221가 되면 7개의 나라로 정리된다.

춘추시대 말기, 철제 농기구가 사용되면서 농업 생산력이 비약적으로 향상되기 시작한다. 또한 소금이나 철鐵의 생산이 활발해지면서 상업이 발전하고 본격적으로 화폐가 유통된다. 이러한 경제 발전은 다양한 사회 조직을 양산했고 '제자백가諸子百家' 혹은 '백가쟁명百家爭鳴'이라는 말처럼 새로운 철학 사조들이 대대적으로 꽃을 피운다.

공자
유가 철학을 창시하다

동양 철학의 이야기 보따리는 공자孔子 ; BC 551~479가 창시한 유가儒家 철학으로부터 풀어나가 보도록 한다. 유가는 개인의 내면적인 측면과 사회적인 차원을 동시에 강조한 철학이다. 도덕적인 수양을 통해 개체의 정신을 고양하고, 이를 기반으로 사회적으로는 '대동세계大同世界'를 이룩해야만 한다. 대동세계란 천하를 공유하면서 홀아비·자식 없는 노인·고아 등이 외롭지 않게 살아갈

공자

수 있는 공공복리가 잘 실현된 사회를 말한다.

공자孔子에서 '자子'는 선생님이라는 의미다. 공자의 이름은 구丘이며 자는 중니仲尼다. 그는 춘추시대의 노魯나라 '추읍郰邑; 지금의 산동성(山東省) 곡부(曲阜)'에서 태어났다. 공자의 어린 시절은 궁핍했다. 사마천司馬遷; BC 145~186이 저술한 『사기史記』 「공자세가孔子世家」에 의하면, 공자의 어머니 안징재가 무녀巫女였다는 설이 있다. 공자의 아버지는 숙량흘叔梁紇이고 어머니는 안징재顔徵在다. 『사기』는 숙량흘과 안징재가 '야합野合; 들판에서 합함'해서 공자를 낳았다고 말한다. 또 공자는 태어날 때 머리 한가운데가 움푹 들어가 마치 언덕 같은 형상을 하고 있어 '구丘; 언덕'라는 이름이 붙여졌다고 전해진다. 기록에 의하면, 공자의 키는 9척이 넘었다고 한다. 당시 1척을 오늘날로 환산하면 약 22.5cm이므로 공자의 키는 약 2미터가 넘었던 것이다.

공자는 노나라에서 '사구司寇; 오늘날 법무부 장관에 해당'라는 관직에 오른다. 하지만 이미 그의 나이는 50살이 넘은 후였으며, 이는 오늘날로 치면 70대 후반에 등용된 것이나 다름없다. 이때부터 공자는 10년이 넘는 세월에 걸쳐 각국을 돌아다니며 유세를 펼치기 시작한다. 공자는 각 나라의 제후들을 만나 자신의 정치적 이상을 실현하고자 하였으나, 끝내 자신의 야심을 달성하지 못한다. 깊은 좌절을 맛본 공자는 노나라로 돌아온 이후 후진 양성에만 몰두했으며 73세에

생을 마친다.

공자의 도덕률은 아주 간단하고 상식에 기반을 두고 있다. 인류는 수많은 도덕률을 제시했으나 '자기가 하기 싫은 것을 남에게 강요하지 않는 것'과 같이 아주 기본적인 도덕도 제대로 지키지 못하곤 했다. 공자가 바랐던 세상은 상식이 통하는 세상이었다.

열린 교육을 지향하다

공자는 귀족이든 평민이든 출신을 가리지 않고 누구나 가르쳤다. 공자 이전의 교육 기관은 국가가 관리했으며, 교육의 대상 역시 왕족이나 귀족이었다. 이때 학생들은 자발적으로 모인 게 아니었다. 하지만 공자가 마련한 교육의 장은 국가 조직이 아니었기에, 제자들은 공자의 신선한 통찰력에 반해 자발적으로 따르게 된다. 특히 공자는 제자를 받아들임에 있어 출신 성분이나 재산의 많고 적음을 따지지 않았다.

> 공자의 제자 자공이 어떤 사람으로부터 "공자의 문인들은 어찌 그리 잡색이오?" 하는 책망을 듣자 이렇게 말한다. "군자는 몸을 바르게 하고 기다립니다. 오고자 하는 자는 막지 않고 가

고자 하는 자는 붙들지 않습니다. 또한 명의名醫의 문에는 병자가 많고, 도지개(휜 나무를 곧게 펴는 틀) 옆에는 굽은 나무가 많습니다. 이래서 혼잡한 것입니다."

——

「법행(法行)」, 『순자(荀子)』

공자는 학자가 학문을 대하는 기본적 태도에 대해 다음과 같이 중요한 언급을 한다.

아는 것을 안다고 하고, 모르는 것을 모른다고 하는 것, 이것이 바로 아는 것이다.

——

「위정(爲政)」, 『논어(論語)』

너무도 상식적인 말이다. 하지만 이러한 태도를 실천에 옮기기란 쉬운 일이 아니다. 어떤 질문을 받았을 때, 어떤 식으로든 아는 척하는 사람이 있다고 치자. 그 사람은 자신감이 부족할 가능성이 크다. 누구나 모르는 부분이 반드시 있기 마련이다. 마찬가지로 사람들은 나름대로 자신 있게 내세울 수 있는 전문적인 지식이 있다. 전문 지식에 대해 자신감 있는 사람들은 잘 모르는 부분에 대해서도 인정하는 경우가 많다.

제자들을 향한 공자의 구체적인 교육 방법을 두 가지만 추리면, 첫째는 각각 다른 제자들의 성향에 맞춘 '맞춤식 교육'이고, 둘째는 제자들이 스스로 정답을 찾아가도록 유도하는 '토론식 교육'이다. 다음은 『논어』「선진」편에 나오는 구절이다.

> 자로子路가 "올바른 일은 곧바로 실행해야 합니까?"라고 물었다. 그러자 공자는 "부형父兄이 계시는데 어찌 옳다고 무조건 실행할 수 있겠는가?"라고 대답했다. 이번에는 염유冉有가 "올바른 일은 곧바로 실행해야 합니까?"라고 물었다. 그러자 공자는 "올바른 일은 당장 실행해야 한다."라고 대답했다. 이 두 번의 문답을 모두 들은 공서화公西華가 물었다. "자로의 질문에는 부형이 계시다 하셨고, 염유의 질문에는 실행해야 한다고 대답하시니 저는 헷갈립니다." 공자가 말한다. "염유는 소극적이어서 앞으로 나아가도록 부추긴 것이고, 자로는 너무 적극적이어서 자제하도록 한 것이다."
>
> ——— 「선진」, 『논어』

이 인용문에는 공자의 교육 태도가 짙게 나타난다. 공자의 제자 가운데 자로는 매사에 용감무쌍하고 결심한 바를 곧장 실천하는 사람이었다. 공자 학파의 행동 대장이자 공자의 경호실장과 같은 역할을 한 인물이다. 이에 반해 염유는 온화한 성격이었다. 이처럼 공자는 타고난 성향이나 저마다의 소질에 맞춰 부족하면 보태고, 지나치면 덜어내는 교육을 했다. 한편, 공자는 학문 연구에서 제자들의 자발적인 노력을 강조했다.

> 나는 배우는 자가 스스로 분발하지 않으면 깨우쳐주지 않으며, 표현이 잘되지 않는 걸 애태우지 않으면 더는 말하지 않는다. 그리고 네 귀퉁이가 있다고 할 때 한 귀퉁이를 보여주었는데 나머지 세 귀퉁이로 반응하지 않는다면 다시는 가르쳐주지 않는다.
>
> ——
> 「술이(述而)」, 『논어』

배우는 사람은 지식을 구하려는 성실한 마음 자세가 있어야 하고, 표현하려는 의지와 능력이 있어야 하며, 하나를 제시하면 나머지 것을 유추해서 구할 줄 알아야 한다는 것이다.

공자 철학의 알파이자 오메가, 인

◦ ◦ ◦

공자의 제자 자로가 석문에서 숙박했다.
다음 날 문지기가 자로에게 물었다.
"어디서 오셨습니까?" 자로가 대답했다.
"공 씨 집에서 왔습니다." 문지기가 말했다.
"아! 불가능한 줄 알면서 이상을 펼치려는
바로 그 사람이요?"

사람됨의 근본

인仁은 공자 철학에서 처음과 끝을 관통하는 가장 중요한 개념이다. 공자가 말하는 인 개념은 상당히 넓은 뜻을 지닌다. 이를 단순하게 규정하면 '사람됨의 근본'이라 말할 수 있다.

> 공자의 제자 번지樊遲가 인仁에 관해 묻자 공자가 대답했다.
> "인이란 사람을 사랑하는 것이다."
>
> —— 「안연(顔淵)」, 『논어』

인仁은 사람 '인人'과 숫자 두 '이二'가 합쳐진 한자어다. 즉, 사람 둘이 있다는 의미다. 이 글자는 사람 사이의 관계를 드러낸다. 사람 사이의 양상을 떠올리면 부부·친구·직급의 높고 낮음 등 숱한 관계가 있다. 부모와 자식을 제외하고 가장 순수한 관계는 남녀 사이일 것이다. 인은 마치 남녀 사이처럼 이해를 따지지 않고 관계를 확산시키자는 의미다.

"사람을 사랑한다."라는 공자의 말에는 혈족에 얽매인 사랑을 뛰어넘는 사회적 개방성이 내포되어 있다. 공자 이전에는 교육이 왕족이나 귀족의 자제들로만 국한되었기에 개방된 사랑을 실천하기 어려웠다. 하지만 공자가 마련한 사적 교육 기관은 국가 교육 기관과 달리 보편적 사랑을 실천하기에 훨씬 좋은 조건이었다.

'인'이란 타자에 대한 아름다운 감각

공자의 제자 안회가 인이 무엇인지 묻자 공자는 '극기복례克己復禮'라고 답했다. '극기복례'란 '이기적인 자아를 극복해 예로 돌아간다.'는 의미다. 그런데 사회 전체를 아우르는 총체적 규범인 '예禮'는 개인의 주체적인 역량을 바탕으로 한 구체적인 실천 속에서 구현되어야만 한다. 공자는 또 이렇게 말한다.

사람이 '인仁'하지 못하다면 '예禮'가 무슨 소용이겠는가?

사람이 '인仁'하지 못하다면 '악樂'이 무슨 소용이겠는가?

—— 「팔일(八佾)」, 『논어』

이렇듯 공자에게 인은 다른 모든 도덕관념의 뿌리가 되는 개념이다. 한의학에서는 '기氣'가 자연스럽게 순환되지 못하고 막히는 마비 증상을 '불인不仁; 인하지 못함'이라고 한다. 여기에서 인은 단순히 사람 사이에서 갖추어야 할 도덕적 의미를 넘어 대자연의 자연스러운 흐름과도 연결된다. 관계가 원활하지 못하고 막히는 현상도 '불인'이고, 몸 안에서 기의 흐름이 순탄하지 못해 순환계 계통에 문제가 생기는 것도 '불인'이다. 전자의 불인은 남을 함부로 대할 때 나타나고, 후자의 불인은 내가 내 몸을 함부로 대할 때 나타난다.

또 이렇게도 생각해 볼 수 있다. '인仁'은 영어로 '감각sensitivity'이다. 물론 그 외에도 여러 뜻이 있다. 이를테면 인을 '인간다움Humanity', '박애Benevolence', '완전한 덕perfect virtue', '친절Kindness' 등으로 해석할 수도 있다. 그런데 만약 인을 '감각sensitivity'으로 본다면, '불인不仁'은 무감각, 즉 마비 상태가 된다. 마비 상태는 영어로 'anesthetic'이다. 여기서 'an'을 빼면 '미학esthetics'이 된다. 아름다움은 곧 감각의 세계다. 이러한 관점에서 인이란 타자에 대한 '아름다운 감각'

이라는 해석이 된다. 이러한 감각은 다른 도덕관념이 싹트는 '씨앗'이다. 한의학에서 살구씨는 '행인杏仁'이라고 한다. 여기서 '행杏'은 살구라는 의미이고 '인仁'은 '씨앗'이라는 뜻이다. 씨앗은 모든 식물의 원천이다. 이제 우리는 "사람이 '인仁'하지 못하다면 '예禮'가 무슨 소용이겠는가?"라는 공자의 말을 분명히 헤아릴 수 있다. 아무리 '예禮'와 '악樂'이 중요하다 하더라도 감수성이라는 '씨앗' 없는 예악은 인간을 무겁게 압박할 수 있다.

'인'은 처세술이다

> 자장子張이 공자에게 인仁에 관해 묻자 공자가 대답했다. "다음과 같이 다섯 가지 일을 세상에서 실행할 수 있다면 인자라고 할 수 있다." 자장이 자세히 말해달라고 부탁하자 공자가 말했다. "다섯 가지란 공손함, 관용, 신용, 민첩함, 은혜로움이다. 공손하면 업신여김을 당하지 않고, 관용이 있으면 인기가 높아지며, 신용이 있으면 남들이 의지하고, 일을 민첩하게 잘 처리하면 성공할 가능성이 커지며, 은혜로우면 남들을 내가 원하는 방식대로 이끌어갈 수 있다."
>
> —— 「양화(陽貨)」, 『논어』

공자에 의하면 인은 구체적인 삶의 처세에도 도움이 된다. 흔히 우리는 공손함·관용·신용 등의 도덕 가치가 어떤 목적의식과는 상관없이 그 자체로 옳기 때문에 실천해야 한다고 생각한다. 하지만 인용문에서도 알 수 있듯 이러한 도덕 가치는 남에게 업신여김을 당하지 않기 위해, 남들이 나에게 의지하도록 하는데, 삶의 구체적인 처세 차원에서 보탬이 된다.

자기가 원하지 않는 일을 남에게 강요하지 마라

> 중궁仲弓이 공자에게 인에 관해 묻자 공자가 답했다. "백성에게 일을 시킬 때는 마치 큰 제사를 거행하듯이 신중하고도 공경하는 마음 자세로 임해야 한다. 또한 자기가 원하지 않는 일을 남에게 강요하지 말아야 한다."
>
> ——— 「안연」, 『논어』

공자의 인은 통치자가 백성을 다루는 태도의 기본 바탕이다. "자기가 원하지 않는 일을 남에게 강요하지 말아야 한다."라는 태도는 타인이 자기실현을 할 수 있도록 적극적으로 돕는 자세로 확대되어야 한다.

인자仁者는 자기가 서고자 하면 남 또한 서게 해주고, 자기가 통달하고자 하면 남 또한 통달하게 해준다.

——「옹야(雍也)」, 『논어』

여기서 "자기가 원하지 않는 일을 남에게 강요하지 말아야 한다."라는 것은 '서恕'이고, "자기가 서고자 하면 남 또한 서게 해주고, 자기가 통달하고자 하면 남 또한 통달하게 해준다."라는 것은 '충忠'이다. 오늘날에도 이를 '충서忠恕'라고 합쳐 부른다. 특히 '서'는 공자 스스로 제자들이 평생 따르기를 바랐던 핵심 개념이다.

우환의식

공자의 정신 세계는 '우환의식憂患意識'으로 설명할 수 있다. 이는 단순히 우울한 감정을 의미하지 않는다. 현대 중국 철학자 서복관徐復觀의 언급이다.

우환憂患은 책임감에서 나온 것으로 곤란한 일을 몸소 돌파하는 것이 요구되면서 아직 돌파하지 못한 심리 상태이다.

인仁은 자기 연민과도 유사하다. 자기를 사랑하고 심지어 불쌍히 여겨야만 남에게도 그렇게 할 가능성이 높다. 현대 사회에서 점점 더 많아지고 있는 사이코패스는 자기 자신을 극단적으로 혐오하는 부류라고 볼 수 있다. 이들은 남의 고통에 대해서 전혀 공감하지 못한다. 자기 혐오는 필연적으로 남에 대한 미움으로 나타날 수밖에 없다. 공자에게는 자신의 이상이 펼치지 못하는 것에 대한 자기 연민과 남들에 대한 공감이 뒤섞여 있었다. 공자의 우환의식은 잘못된 세상에 경종을 울려야 한다는 사명감이 모진 현실에서 좌절을 맛볼 때 나타난 것이다. 공자는 실현 불가능한 이상에 자신을 맡겼다.

상반된 가치의 소통

◦ ◦ ◦

독일의 철학자 에른스트 블로흐Ernst Bloch ; 1885~1977는
공자가 인간의 영역을 하늘로 상승시키지 않고,
하늘과 땅에 재배치했다고 평가했다.
블로흐는 상반된 두 영역을 중간 지대에서
소통시키려 한 점이야말로 공자의 기본적인
철학 방법이었다는 사실을 잘 꿰뚫어 본 것이다.

시詩에 의한 감성 다듬기

공자 사상에서 중도의 세계란 그 안에 최대한의 가치들이 포함되어 있어 어떤 상황에서도 씩씩하게 대응할 수 있는 이른바 '아르키메데스의 점'과 같은 영역이다. 유학에서는 '사서오경四書五經'을 중시한다. 사서는 『논어論語』,『맹자孟子』,『중용中庸』,『대학大學』을 가리키며, 오경은 『시경詩經』,『서경書經』,『역경易經』,『예기禮』,『춘추春秋』를 말한다. 『시경』에는 300편이 넘는 시가 실려 있는데 그 절반이 국풍國風이다. 국풍이란 채시관採詩官; 시를 채집하는 관리이 거리에서 수집한 민요이다. 이 국풍에는 남녀 간의 사랑, 세태 풍자, 갖가지 풍속과 세상에 대한 원망이 들어 있다. 공자는 제자들에게 이렇게 말했다.

> 너희는 왜 시詩를 배우지 않느냐? 시는 감흥을 불러일으킬 수 있으며, 사회의 기풍을 간파하게 돕고, 다른 사람과 잘 어울리게 하며, 현실에 대한 백성의 울분을 토하게 해준다.
>
> ——— 「양화」, 『논어』

공자에 의하면 『시경』에 나오는 시들은 인仁의 감각을 불러일으키고, 타자와의 소통을 돕고, 백성의 생각을 알 수 있게 하며, 백성의 마음에 맺힌 울분을 토하게 해준다. 공자는 아들 백어伯魚에게 시를 공부하지 않으면 중대한 것을 표현할 수 없고, 예를 공부하지 않으면 입신할 수 없다고 말하기도 했다. 다시 말해, 시를 배워 풍부한 감성을 갖추어야만 비로소 인仁이라고 하는 중요한 도덕관념을 이야기할 수 있고, 예를 배워 몸가짐이 우아한 사람이 되어야 사회적으로 인정 받는 존재가 될 수 있다는 것이다.

예禮에 의한 몸태 다듬기

예禮는 제사와 관련된 글자다. '예禮'라는 글자에서 '시示'는 T자 모양의 제단 위에 짐승의 사체가 놓이고 양측에는 피가 뚝뚝 떨어지는 모습이다. '례豊'는 나무로 만든 제기인 '두豆' 위에 '제물祭物'을 올려놓은 모양을 상형한 글자다. 또 '옥을 담은 그릇' 혹은 '술잔'이라는 주장도 있다.

첫째로 예란 제사를 통해 영적인 대상과 교류하는 기술이다. 우리의 조상을 계속 소급해 올라가면 공통된 조상과 맞닿을 것이다. 그리고 이것은 '천天'에 대한 존경에까지 연결된다. 둘째로 예는 '고상하고 우아한 몸가짐에 대한 예술'이자 중용의 도덕률이다.

> 공자가 말씀하셨다. "공손해도 '예'가 없으면 수고롭기만 하고(지나치게 공손하면 비굴하게 보여 상대에게 무시당할 수 있고), 신중해도 예가 없으면 두려워하게 되며(신중함이 지나치면 신경쇠약에 걸릴 수 있고), 용감해도 예가 없으면 난폭하게만 되고, 정직해도 예가 없으면 너그럽지 못하게 된다(너무 지나치게 정직하면 피도 눈물도 없는 냉정한 사람으로 보인다)."
>
> ——— 「태백(泰伯)」, 『논어』

인용문에서 소괄호는 필자가 다시 해석한 부분이다. 이렇듯 예란 어느 한쪽으로 지나치게 흐르지 않고 중용적인 입장을 보이는 품격 있는 인간의 태도다. 셋째로 예는 올바른 정치와 관련된다. 정치에서 가장 중요한 덕목은 '신뢰'다.

> 자공子貢이 정치에 관해 묻자 공자가 대답했다. "식량을 충분

허 마련해 놓고 강한 군대를 확보해 놓으며 백성으로부터 신뢰를 얻어야만 한다." 자공이 다시 묻는다. "만약 이 세 가지 가운데 하나를 반드시 버려야 한다면 무엇을 선택하시겠습니까?" 공자가 대답했다. "군대를 버려야 한다." 자공이 또 다시 물었다. "만약 나머지 두 가지 가운데 하나를 또 버려야만 한다면 무엇을 선택하시겠습니까?" 공자가 대답했다. "식량을 버려야 한다. 사람은 굶으면 죽지만, 어차피 모든 사람은 죽기 마련이다. 하지만 백성에게 신뢰를 주지 못하면 국가의 정치 자체가 제대로 성립될 수 없다."

——— 「안연」, 『논어』

공자에게 정치란 도덕적인 행위이다. 공자의 관점에서 사회 질서는 사회 구성원이 도덕적 수치심을 느껴야만 이루어질 수 있다. 단편적인 예를 하나 들어보자. 어떤 가난한 집에 어머니와 아들 이렇게 둘이 살고 있었다. 어머니는 가정을 꾸리고 아들을 교육하기 위해 힘들게 돈을 벌어야만 했다. 그런데 일 때문에 아들을 잘 챙기지 못하자 아이가 삐뚤어지기 시작한다. 어머니는 그런 아들이 학교에 갈 때면 늘 정성스럽게 싼 도시락을 내밀었다. 친구와 함께 먹으라고 반찬도 넉넉하게 넣어서 말이다. 이렇게 지극정성을 다하는 자기의 마음을 아들이 알아주지 않아도 어머니는 아들을 인격적으로 대우했다. 하지만 어느 날 어머니는 아들이 약속한 나머지 눈물을 흘린다. 그것도 아들이 볼까 몰래 숨을 죽이면서 말이다. 만약 어머니가 아들이 보는 앞에서 눈물을 흘렸다면 아들은 짜증을 냈을 것이다. 하지만 어머니가 홀로 외롭게 우는 모습을 우연히 봤다면 아들은 강한 도덕적 수치심을 느낄 것이다. 공자가 생각한 도덕적인 수치심을 바탕으로 한 예禮의 질서는 바로 이러한 성격에 해당한다.

음악은
인격 도야의 수단

> 공자가 말했다. "『시경』에 있는 시詩를 배워 도덕적인 감흥을 불러일으키고, 예禮를 배워 도덕적인 규범을 세우며, 악樂을 배워 인격을 완성한다."
>
> —— 「태백」, 『논어』

여기서 '시→예→악'이라는 순서는 '예술적 감성→올바른 규범→도덕적 승화'라는 교육 단계를 나타낸다. 이를 오늘날의 교육 제도에 비유해 보자. 시는 감성을 불러일으키는 교육으로 초등학교에서 중시해야만 한다. 어릴 때는 지식보다는 창의성을 일깨우는 게 중요하다. 예는 중·고등

학교 교육에 해당한다. 너무 감성에만 치우치면 방만해질 수 있다. 학생이 사춘기에 접어들면 예로써 질서 의식을 심어주어 자신을 조절할 수 있는 능력을 키워야만 한다. 마지막으로 악은 대학교에서 실행하는 교육이라고 볼 수 있다. 음악을 만드는 행위인 작곡은 곧 새로운 창작이다. 교육은 창작에서 완성되는 것이다.

아름다운 음악 소리는 '참됨'을 내포한다. 예컨대 슬픔을 나타내는 멜로디가 있다고 하자. 음악은 인간의 슬픔을 아름답게 표현한다. 음악은 "내가 슬프니 너를 죽이겠다."라는 이야기를 절대로 하지 않는다. 그저 나의 슬픔을 상대방에게 잔잔하게 표현할 뿐이다. 공자가 바라본 음악의 기능은 나쁜 감정의 정화와 올바른 인격의 도야, 그리고 상반된 가치로 소통하려는 '조화'와 관련이 있었다.

감성과 이성의 융합

> 질質이 문文을 이기면 촌스럽고, 문이 질을 이기면 겉치레만 잘하는 것이니, 문과 질이 잘 배합된 뒤에야 군자君子라고 말할 수 있다.
>
> ——
>
> 「옹야」, 『논어』

감성과 이성의 융합을 중시한 공자는 『논어』에서 이렇게 말했다. 질박한 본바탕인 '질質'과 아름다운 외관인 '문文', 소박함과 화려함, 내면적 도덕과 외면적 '문식文飾'은 조화를 이루어야만 한다. 다음과 같은 언급도 상반된 가치를 소통시키고자 하는 중용의 태도가 잘 표현되어 있다.

> 배우기만 하고 사색하지 않으면 얻는 것이 없고, 사색만 하고 배우지 않으면 위험하다.
>
> ——— 「위정」, 『논어』

배우기만 하고 사색하지 않으면 배운 것을 자기 것으로 만들지 못한다. 또 사색만 하고 배우질 않으면 망상에 빠져 자신과 남을 위험에 빠뜨릴 수 있다. 사색은 책을 통해 조절해야 한다. 공자가 이상적 인간형으로 제시한 군자君子도 하나에만 충실한 인간형이 아닌 전체를 아우를 줄 아는 포괄적 사고를 할 줄 아는 인간형이다.

인간의 본성을 바라보는 두 가지 시선, 맹자와 순자

◦ ◦ ◦

맹자에 의하면 백성들을 도덕적으로 교화하기 위해서는 우선 경제적으로 안정되어야만 한다. 항산恒産 ; 경제적 안정이 보장되어야만 항심恒心 ; 변치 않는 도덕심을 이룰 수가 있다. 인간이란 먹고살 만해야 비로소 정신적 가치를 추구하는 법이다.

대장부 철학자
맹자

'맹자孟子; BC 372~289'의 이름은 '가軻'이며, 공자가 태어난 노나라로부터 멀지 않은 추나라에서 태어났다. 맹자는 춘추시대보다 더 극심한 혼란기였던 전국시대를 살아간 철학자였다. 맹자는 도탄에 빠진 인민을 구제하기 위해 각 나라를 돌아다니며 군주들을 설득했다. 그리고 군주들과 만나는 자리에서 당당하고 소신 있게 자신의 정치 이념을 피력했다.

맹자는 각국의 군주에게 정치 이념을 설명할 때 학자의 자부심을 강하게 어필했다. 그는 군주와 회견할 때 다음의 세 가지 조건을 내걸었다. 첫째, 내가 제안한 의견을 실행하라. 둘째, 나에게 마음으로부터 우러나는 존경심을 보

맹자

여라. 셋째, 내가 머무는 동안 의식주를 충분히 보장하라. 그는 군주가 이 세 가지 조건을 수용하지 않으면 미련 없이 그 나라를 떠났다. 맹자는 '대장부大丈夫'의 기질이 강한 학자였다. 맹자가 말하는 '대장부'는 '호연지기浩然之氣'를 지닌 존재다. 호연지기란 도덕적인 정당성으로 가득 찬 호방한 기운을 의미한다. 또, 도덕 신념이 대자연의 기운과 결합해 나타난 넓고 굳센 의지다. 호연지기로 가득한 사람에게는 권력을 동원한 위협이나 금전에 의한 유혹이 통하지 않는다. 맹자는 바로 이 호연지기로 가득 찬 대장부의 태도를 몸소 보여주었다.

군주는 도덕 정치를 해야 한다

맹자는 군주가 도덕 정치의 중심이 되기를 바랐다. 군주가 이끄는 도덕 정치를 '왕도정치王道政治'라고 한다. 조선 시대 성리학자들이 꼽은 가장 이상적인 정치 이념도 바로 이 왕도정치다. 맹자가 보기에 도덕적 품격이 넘치는 국가가 되려면 군주가 먼저 모범이 되어야만 한다. 다음은 『맹자』「왕혜왕 상」에 나오는 맹자와 양나라 혜왕의 문답이다. 질문을 받은 맹자는, 첫대면인데도 군주를 나무라듯 대답한다.

양혜왕이 맹자에게 묻는다. "선생께서 천릿길을 멀다 않고 찾아주셨는데, 어떤 방법으로 우리나라를 이롭게 해주시겠습니까?" 이에 맹자가 답하길, "왕께서는 왜 이익에 대해서만 말씀하십니까? 단지, '인仁'과 '의義'만이 있을 따름입니다. 왕께서 어떻게 하면 내 나라에 이로울까를 따지면, 지위가 높은 벼슬아치들은 어떻게 하면 내 집안에 이로울까를 따지게 될 것이고, 선비와 일반 민중들은 어떻게 하면 내게 이로울까를 따지게 될 것입니다. 이렇게 위와 아래가 저마다 이익만 취하려 들면 나라가 위태로워집니다.

—— 「왕혜왕 상」, 『맹자』

맹자가 말하는 '왕도'란 가장 낮은 곳에 있는 백성의 삶을 먼저 보살피는 정치였다. 제나라 선왕이 맹자에게 무엇이 '왕도'냐고 묻자 맹자는 모름지기 군주란 늙어서 아내가 없는 홀아비, 늙어서 남편이 없는 과부, 늙어서 자식 없이 홀로 사는 사람, 어려서 부모를 잃은 고아를 먼저 보살펴야 한다고 대답한다. 나아가 군주는 즐거움을 독점하지 말고 백성과 나눠야만 한다. 이를 '여민동락與民同樂'이라 한다. 맹자는 가장 귀한 존재가 백성이고 그다음이 국가이며 가장 가벼운 존재가 군주라고 했다. 따라서 학정을 일삼는 군주는 당연히 그 자리에서 추방해야만 한다. 이를 '역성혁명易姓革命'이라고 한다.

잃어버린 선한 마음을 찾아라

맹자 사상하면 가장 먼저 떠오르는 개념이 바로 '성선설性善說'이다. 맹자에 의하면 인간은 본래 착한 본성을 가지고 태어난다. 맹자는 그 근거로 네 가지 단서를 제시했다. 첫째, '인仁'에서 우러나는 측은히 여기는 마음인 '측은지심惻隱之心'이다. 어린아이가 우물에 빠지는 순간을 목격했다고 하자. 우리는 깜짝 놀라 반사적으로 아이를 구하려 할 것이다. 사람에게는 누구나 선천적으로 '측은해하는 마음'이 있기 때문이다. 둘째, 의롭지 못한 일에 대해서 부끄러워하고 미워하는 마음인 '수오지심羞惡之心'이다. 셋째, 예에서 우러나는 남을 공경하고 사양하는 마음인 '사양지심辭讓之心'이다. 넷째, 지智에서 우러나는 옳고 그름을 판단할 줄 아는 마음인 '시비지심是非之心'이다. 맹자는 이 네 가지 마음의 근원을 인仁·의義·예禮·지智라고 불렀다.

그런데 맹자의 말대로라면 인간은 선한 행동만 해야 하는데 현실에는 악이 만연해 있다. 맹자가 보기에 그 원인은 본래의 타고난 천성을 잃어버렸기 때문이다. 선한 본성은 지속적인 수양을 통해서만 지킬 수 있다. 맹자는 학문의 목적을 '구방심求放心 ; 잃어버린 선한 마음 찾기'이라고 했다. 사람들은 본래의 마음을 잃고도 잃어버린 줄 모른다. 집에서 기르던 닭이나 개를 잃어버리면 눈에 불을 켜고 찾아다니면서도,

맹자언해

정말 중요한 '선한 마음'은 잃어버렸다는 사실조차 인식하지 못한다.

이 대목에서 우리는 한 가지 의문점을 품을 수 있다. 맹자는 약육강식이 극단적으로 판을 치는 전국시대를 목격한 사람이다. 그는 여러 나라의 정치 현장에서 군주들을 설득해왔다. 그는 서로 속고 속이는 정치판에서 인간의 본성이 선하다고 믿었을까? 그렇다면 맹자는 너무 순진한 게 아닐까? 하지만 권력자를 설득해 도덕 정치를 하도록 유도하고자 할 때 맹자의 방식은 효과적이다.

지금 여기에 농단을 일삼는 군주가 있다. 한 사람은 군주에게 이렇게 말한다. "군주께서는 지금 백성들에게 나쁜 짓을 저지르고 계십니다. 그런 행동은 잘못된 것입니다." 그런데 만약 맹자라면 이렇게 말했을 것이다. "군주께서는 원래부터 선한 마음을 타고나셨습니다. 하지만, 이 마음을 잠시 잊으신 것 같습니다. 원래의 선한 마음을 다시 불러일으키소서." 이때 맹자의 방식이 더 설득력이 있지 않을까? 스스로 나쁘다고 여기면, 누가 뭐래도 계속 나쁜 짓을 하기 마련이다. 하지만 '내가 원래는 좋은 사람이다.'라고 생각하면 개선의 여지는 더 많아진다. 이것이 바로 맹자의 노림수가 아니었을까?

인간은 교육을 통해 선하게 되는 것이다

순자荀子; BC 298~238의 이름은 '황況'이며, 전국시대 '조趙'나라 사람이다. 그는 제나라 '직하稷下'를 대표하는 '좨주祭酒'로 활동했다. 당시 제나라 직하는 전국에서 내로라하는 학자들이 몰려와 자기 학문을 뽐내는 경연장이었는데, 이 직하의 최고 주재자를 '좨주'라고 했다. 사람들은 그를 높여 '순경荀卿'이라 불렀으며 제나라 왕의 신임 또한 두터웠다. 하지만 이를 시기하는 이들로 인해, 순자는 초나라의 춘신군春申君에게 가서 '난릉蘭陵'을 다스리는 벼슬을 한다. 이후 춘신군의 보호 아래에서 잘 지내지만, 춘신군이 암살당하자 벼슬에서 물러나 학문 활동과 후진 양성에만 몰두하며 여생을 보냈다.

순자는 맹자가 공자의 진의를 왜곡했다고 비판했다. 순자에 의하면 인간의 본성은 맹자의 생각과는 달리 육체적인 감각 및 작용을 따른다. 인간의 선한 마음은 선천적인 것이 아니라, 교육을 통해 다듬어지는 것이다. 때문에 인간이 본성 그대로 생활한다면 자기의 이익만을 추구하여 타인을 해치고 인륜을 어지럽힐 수 있다. 이렇게 볼 때 인간의 본성은 악한 측면이 많다. 인간의 욕심은 끝이 없는데 비해 욕심의 대상인 자원에는 한도가 있다. 한정된 자원을 두고 끝없는 욕심을 지닌 인간들이 다툼을 벌이니, 그대로 두면

순자

사회를 유지할 수가 없다. 순자는 이 다툼을 예방하고 다스리는 방안으로 '예禮'를 중시했다. 맹자에게 도덕이 잘 구현된 사회를 일구기 위한 출발점이 '개인의 도덕성'이었던 데 반해, 순자에게는 잘 구조화된 사회적 시스템에 있었다. 순자가 보기에 모든 구성원이 자기 일만 충실히 하면 사회적 질서는 저절로 이루어진다. 순자에 의하면 촘촘하게 잘 짜인 분업화를 바탕으로 합리적인 사회 시스템을 구축해야만 도덕이 잘 구현된 사회를 기대할 수 있다. 이러한 순자의 이념은 이후 법가 사상에 큰 영향을 준다. 진시황의 핵심 측근이었던 '이사李斯'나 법가의 집대성자인 '한비자韓非子' 모두 순자의 제자였다.

하늘과 인간은 서로 통하지 않는다

하늘과 인간이 서로 감응한다는 '천인상감天人相感'은 동양의 독특한 관점이다. 맹자에게 왕도정치는 도덕의 근원인 하늘의 뜻을 실현하는 일이었다. 순자는 이러한 입장을 부정하면서 하늘과 인간은 별개라는 '천인지분天人之分'을 내세웠다. '천天' 또는 자연은 단지 물리적 존재이며 인간은 모름지기 이를 개발하고 통제해야만 한다는 것이다. 게다가 순자는 점복占卜·관상觀相 등을 미신이라고 지적하면서 세상 사람들이 여기에 미혹되어서는 안 된다고 주장했다. 그의 말을 들어보자.

> 기우제를 지내지 않아도 비는 온다. 가뭄이 들면 기우제를 지내며, 점을 쳐본 뒤에야 큰일을 결정하는데, 그렇게 함으로써 바라는 것이 얻어지는 게 아니라, 형식을 갖추어 위안을 얻는 것일 뿐이다.
>
> ——「천론」, 『순자』

순자가 보기에 하늘은 인간을 도와주는 존재가 아니다. 하늘은 인간이 추위를 싫어한다고 해서 겨울을 거두어들이지는 않는다. 그러므로 하늘에 기도하고 기다릴 것이 아니라 날씨를 예측하고 대비하는 것이 지혜롭다. 농사일을 제때 맞추면 곡식이 끊기지 않으며, 가뭄에 대비해 물을 저장해 두고 홍수에 대비해 수로를 정비해 두면 자연재해의 피해를 극소화할 수 있다. 이렇게 하늘 혹은 자연과 인간이 별개라는 시각은 동양에서는 드물게 나타난다. 이후 중국 철학에서 주류가 된 이념은 순자가 아니라 맹자였다.

동아시아의 바이블, 『논어』

동아시아 역사에서 가장 많이 읽힌 책을 꼽자면 바로 『논어』일 것이다. 그런 면에서 『논어』를 동아시아의 '바이블'이라고 말할 수 있다. 『논어』에는 철학 하면 연상하는 형이상학적이고 추상적인 언급이 거의 없다. 공자의 철학을 이해하는 데 가장 중요한 텍스트인 『논어』는 공자가 직접 저술한 텍스트가 아니라 그의 가르침을 제자들이 정리해서 묶어낸 것이다. 『논어』에는 공자가 제자들이나 당시의 정치가들, 그리고 숨어 있는 은자들과 나눈 대화가 실려 있다. 하지만 이 대화들이 하나의 일목요연한 카테고리로 엮인 것은 아니며, 일종의 잠언집 형태로 되어 있다.

『논어』는 윤리나 정치의 범주를 일상적인 용어로 풀어낸다. 하지만 간결한 문장 속에는 사람됨이라는 문제와 구체적인 삶에 대한 통찰력이 짙게 드리워져 있다. 『논어』는 다음과 같이 구성되어 있다.

① 인격 수양의 방법

② 올바른 인간관계

③ 나라를 잘 다스리기 위해 지도자가 지녀야 할 태도

④ 옛사람이나 공자의 동시대인들에 대한 인물평

⑤ 공자라는 인물에 대한 설명

『논어』 전체를 관통하는 가르침은 '수기치인修己治人'이다. '수기修己'란 자기의 인격과 능력을 갈고닦는다는 의미의 '수신修身'과 같은 말이다. '치인治人'은 '남을 다스린다.'라는 의미다. 세상과 사람을 다스리기 위해서는 우선 '수기'가 전제되어야만 한다. 인격이 모자란 사람이 남을 감화시키려 한다면 잘 될 턱이 없다. 자기의 훌륭한 인격을 바탕으로 남을 잘 추스르고 다스릴 때, 이를 '덕치주의'라고 부른다. 다시 말해 도덕을 바탕으로 한 정치다. 이 도덕의 가치 기준 가운데 공자가 가장 중시한 기준이 바로 '인仁'이다.

2장.

자연과 하나가 되기를 추구하다, 도가

지식과 도덕은 권력의 앞잡이다

◦ ◦ ◦

현실에 대한 노자와 장자의 '회의주의' 사고는
근대 계몽주의적 지평과도 비교된다.
서구 근대 계몽주의의 밑바탕에는
기존 전통의 절대적 가치에 대한
근본적 회의가 깔려 있기 때문이다.

동양의 실존주의 노장 사상

도가道家 철학에서 가장 중심적인 인물은 '노자老子 ; 미상~미상'와 '장자莊子 ; BC 369~289년경'다. '노자'의 실존 여부는 매우 불투명하다. 그가 실제로 존재했는지 여부 자체를 의심하는 학자도 많다. 사마천司馬遷의 『사기史記』「노장신한열전老莊申韓列傳」에 의하면, 노자는 '초楚'나라 '고현苦縣' 사람으로 성은 '이李'고 이름은 '이耳'며 자는 '백양伯陽'이다. 사마천에 따르면 노자는 '주周의' 황실 도서관인 '장실藏室'에서 '사史 ; 기록관이라는 직책'를 맡고 있었다. 한편 장자는 송나라 '몽蒙'에서 태어났다. 이름은 '주周'이고 '자字'는 '자휴子休'다. 사마천은 『사기』「노장신한열전」에서 장자가 송나라 몽 땅에서 '칠원漆園 ; 옻나무를 재배하는 곳'을 관리하는 일

노자

장자

을 했다고 말한다.

노장老莊; 노자와 장자를 합쳐 부른 명칭은 전쟁으로 얼룩진 당시의 참혹한 현실을 냉정하게 진단하면서, 어떻게 하면 삶을 안전하게 지킬 수 있을지 고민했다. 노장의 시대에 대한 비극 의식은 제2차 세계대전이 끝난 후 유행한 서구의 실존주의와 맞닿는 지점이 많다.

모든 가치는 상대적이다

노장은 잘못된 기존의 가치를 뒤집으려 했다.

> 천하의 모든 사람이 세간에 통용되는 '아름다움'의 기준을 그대로 따르지만, 이는 '아름다움'과 '추함'이 상대적이라는 사실을 모르는 태도다.
>
> —— 「2장」, 『노자』

노자에 의하면 '아름다움'과 '추함'의 기준은 문화에 따라, 시대에 따라 다르다. 장자가 『장자』「제물론」에서 말했다.

사람은 습기가 많은 곳에서 자면 요통이 오고 반신불수가 되어 죽는데, 미꾸라지도 그러하던가? 또 사람은 나무에서 살게 되면 두렵고 겁이 나는데, 원숭이도 그러하던가? 사람과 미꾸라지 그리고 원숭이 이 세 가지 중에서 누가 진짜 바른 거처를 안다고 할 수 있을까?

—— 「제물론」, 『장자』

모든 가치는 상대적이다. 예컨대 각 문화권에 따라 다르게 나타나는 음식에 대한 금기를 떠올려보자. 인도의 힌두교도는 쇠고기를 먹지 않고, 회교도는 돼지고기를 금한다. 사탕수수밭에 잔디가 자라면 농부는 그것을 잡초라 여기고 제거한다. 하지만 잔디밭에 사탕수수가 자라면 잔디를 관리하는 사람은 그것을 잡초라고 생각해 뽑을 것이다. 이렇듯 상황에 따라 아름다움과 추함, 좋음과 나쁨은 달라진다. 노장의 상대주의는 고대 그리스의 소피스트 프로타고라스의 사상과도 많이 닮아 있다. 타고난 본성은 정해진 원칙이 아니라 사람마다 다르게 나타난다. 같은 물이라도 소가 먹으면 젖이 되고 뱀이 먹으면 독이 될 수 있다.

미국의 사회 철학자 칼 폴라니karl Polanyi ; 1886~1964는 이런 비유를 했다. 한 사람이 캄캄한 동굴 안에서 막대기로 발밑을 더듬는다. 처음에는 막대기가 인식되지만 막대기를 자신의 분신이라고 여긴 후에는 막대기에 대한 의식은 사라진다. 그 대신 막대기 끝에서 전달되는 동굴에 대한 의식이 전면으로 등장한다. 만약 이 사람이 짧은 막대기를 쥔다면 앞을 벼랑이라고 느낄 것이다. 끝에 고무가 달린 막대기를 쥔 사람은 앞을 늪지대라고 생각할 것이다. 사람들은 자신이 지각하는 동굴이 막대기 때문이라 생각하지 않고 동굴이 원래 그렇다고 여긴다. 여기서 막대기는 인식의 주체를 의미한다.

그런데 인식의 틀인 내가 나를 지각할 수는 없다. 마치 자기 눈을 볼 수 없는 것과 같은 이치이다. 따라서 세상에 대한 인식이 절대화된다. 모든 갈등은 절대화된 인식이 부딪칠 때 발생한다. 한 사람은 짧은 막대기를, 다른 사람은 긴 막대기를 쥐고 있다고 가정하자. 이들 사이에 갈등은 필연적이다. 모든 사물 간의 관계가 상대적이라는 인식을 바탕으로 사물 각각의 존재 의의를 인정하는 태도가 필요하다. 노장은 상반된 가치의 결합을 일관되게 강조했다.

별것 아닌 물건을 훔친 자는 사형당하는데
나라를 훔친 자는 제후가 되더라.

천도天道는 활시위를 잡아당기는 것과 같다. 높은 것은 누르고, 낮은 것은 들어 올린다. 남은 것을 덜어내어 부족한 것에게 준

> 다. 그러나 사람의 도는 그렇지 않다. 부족한 쪽을 덜어서 남는 쪽에 준다.
>
> ——
> 「77장」, 『노자』

자연의 도, 즉 천도天道는 넘치는 쪽으로부터 가져와 부족한 쪽을 메워준다. 이런 식으로 자연 세계는 조화를 이룬다. 하지만 인간 세계는 거꾸로 부족한 쪽으로부터 가져와 넘치는 쪽을 채운다. 이는 가난한 사람에게 가혹한 세금을 매겨 배를 불리는 기득권의 행태를 문제 삼은 것이다. 노자는 반복해서 말한다.

> 대도大道가 없어지자 인의仁義라는 것이 나타났으며, 지혜가 나오자 큰 거짓이 생겨났다.
>
> ——
> 「18장」, 『노자』
>
> 무위의 도를 잃은 뒤에 무위의 덕이 있고, 무위의 덕을 잃은 뒤에 인仁이 있으며, 인을 잃은 뒤에 의義가 있고, 의를 잃은 뒤에 예禮가 있다.
>
> ——
> 「38장」, 『노자』

노자에 의하면 '인의예지'와 같은 원칙의 확장은 오히려 현실이 도덕적으로 타락했음을 보여준다. 사회에 '예'와 같은 복잡한 도덕 원칙이 강조되고, 의로운 사람이 특별히 선양된다는 사실은 사회 발전을 시사해 주는 증거가 아니다. 그것은 그 사회가 더는 '인'과 같은 기본적인 윤리 덕목만으로는 해결할 수 없을 정도로 혼탁해졌다는 것을 의미한다. 법조문이 많은 사회는 그만큼 혼란스럽다는 반증이다. 사랑의 가치가 과잉 선전되는 사회는 사랑의 결핍을 드러내는 것이다. 장자도 잘못된 세상에 대한 불만을 이렇게 표현했다.

> 작은 도둑은 잡히지만 큰 도둑은 제후가 된다. 그리고 제후의 문하에는 의로운 선비들이 모인다. 고서에서 말한다. 과연 누가 나쁘고 누가 아름답다고 판정할 수 있겠는가? 성공하면 우두머리가 되고 성공하지 못하면 꼬리가 될 뿐이다.
>
> —— 「도척」, 『장자』

옛 격언 중에 "법이란 큰 고기만 빠져나가는 촘촘한 그물이다."라는 말이 있다. 권력을 가진 자들은 법망을 잘 빠져나가지만, 힘이 없는 자들은 그렇지 못하다. 한 사람을 죽이면 살인자이지만 1,000명을 죽이면 영웅이 된다는 냉소적인 말도 있다. 장자는 권력에 빌붙은 지식을 일관되게 비판했다. 장자의 시각에 의하면 별것 아닌 물건을 훔친 자는 사형당하지만, 나라를 훔친 자는 제후가 된다. 그리고 그 제후의 곁에 학자들이 모인다. 나라를 탈취하는 일에 실패한 자는 손가락질당하지만, 나라를 빼앗은 것에 성공한 자는 성인聖人으로 칭송된다. 그리고 큰 잘못을 저질러 높은 지위를 확보한 자들은 부도덕함을 감추기 위한 도덕이 필요하다. 그들은 맛없는 생선을 간이 센 양념으로 감추듯이, 자기의 부도덕한 행위를 숨길 껍질이 필요한 것이다.

예컨대 제국주의 시절의 일본을 떠올려 보자. 이 시기 일본은 불교를 이용해 마음을 비우고 국가에 멸사봉공할 것을 강조했다. 나치즘이 니체의 사상을 이용한 사례도 마찬가지다. 푸코의 권력이론에 의하면, 지식은 보편적인 논리가 아니라 권력과 밀접히 연계된 조종과 지배를 목표로 한 정보체계다. 노장의 지식(도덕)에 대한 비판은 소수 유력 세력이 자신의 이익을 모든 사람의 보편적인 이득으로 포장하는 위선을 폭로하기 위해서였다.

너는 자연 그대로 아름답다

◦ ◦ ◦

대왕 알렉산드로스가 원정을 떠나기에 앞서
목간통에 벌거벗고 앉아 있던 디오게네스를
방문했다. 디오게네스를 흠모한
알렉산드로스는 무엇이든지 바라는 것이 있으면
다 들어주겠다고 말했다. 그러자 그는
"거기에서 좀 비켜주십시오.
해를 가려서 못 견디겠소."라고 말했다.

문명의 억압을 넘어 스스로 그러하게

문명 앞에는 숲이 있고, 문명 뒤에는 사막이 있다는 말이 있다. 문명은 자연적 본성을 해치는 것에 비례하여 발전한다. 문명은 사회·도덕적 억압을 통해 발전한다는 의미다. 이렇게 문명과 자연은 모순 관계다. 우리는 문명이 발전하는 과정에서 중요한 것을 점점 잃고 있는지도 모른다. 과연 문명이 발달할수록 우리는 더 행복해졌을까? 노장이 보기에 이데올로기화한 지식은 사람의 내면에 존재하는 자연 본능에 상처를 준다. 노장은 어떠한 것에도 구애받지 말고 타고난 자연 그대로 살라고 말한다. 노장에게 '자연自然'이란, 글자 그대로 '스스로 그러하다.'란 의미다. 노자는 '자연'의 의미를 강조하기 위해 '물水과 같은 부드러움', '낮은 자세', '여성성', '어린아이' 등의 비유를 든다.

> 최상의 선善은 물과 같다. 둥근 그릇에 넣으면 둥글게 되나 사각의 그릇에 넣으면 사각이 되듯, 물은 만물을 이롭게 하면서도 다투지 않는다.
>
> —— 「8장」, 『노자』

노자에 따르면 우리는 물과 같이 담담해야만 한다. 간디M. Gandhi ; 1869~1948의 비폭력 저항운동인 '사티하그라하Satyāg-taha' 운동은 물과 같이 담담하고 낮은 자세가 폭압적이고 높은 자세보다도 오히려 큰 힘을 발휘할 수 있다는 사실을 증언한다. 간디의 이 운동은 톨스토이L. Tolstoy ; 1828~1910에게서 깊은 영향을 받은 것이다. 한편 톨스토이는 노자에게서 많은 영향을 받았다. 이런 면에서 볼 때 간디의 비폭력 저항운동은 노자로부터 유래했다고 볼 수도 있다. 노자 사상에 나타난 '여성성'은 다른 사상에서는 찾아보기 힘든 특이한 경우다.

> 곡신谷神 ; 골짜기 신은 죽지 않는다. 이를 가리켜, '현빈玄牝'이라고 한다. 현빈의 문은 천지의 뿌리다.
>
> —— 「6장」, 『노자』

검은 암컷이란 의미의 '현빈玄牝'은 여성의 생식기를 뜻하기도 한다. 곡신谷神 또한 여성의 생식기를 상징한다. '현빈'을 천지의 뿌리라고 말하는 것은 여성성에 대한 극단적인 예찬이다.

현빈과 곡신은 원시적 모신 숭배 사상의 잔재가 짙게 남은 개념이다. 이 개념들은 상반된 가치가 함께 공존하는 것을 상징한다. 곡신谷神에서 곡谷은 골짜기이며 항상 이쪽 산과 저쪽 산의 가운데에 위치한다. 이쪽 산과 저쪽 산의 경계인 골짜기는 양쪽 영역을 모두 끌어들일 수 있는 발전적 지평이다. 창조성을 발휘할 수 있는 영역은 양쪽의 특성이 모두 공유되는 경계에 위치한다. 이를 인간의 신체에서 찾으면 욕망의 창조적 지대라 볼 수 있는 '성감대'가 된다.

성감대는 항상 이쪽과 저쪽의 경계면에서 발견(생식기·눈코 입 등 각 신체의 구멍·목덜미 등)된다. 이를 사회에서 찾으면 항구나 공항이 될 것이다. 항구나 공항은 나와 타자가 드나드는 경계이며, 역사 속에서도 이 경계면에는 사회적·경제적·문화적 발전이 집중되곤 했다. 요컨대 노자의 이쪽 지평과 저쪽 지평이 어우러진 경계 영역은 새로운 경지로 넘어가게 하는 성장 호르몬이자 창조적인 '혼종' 지대다.

무하유지향

한편 장자에게 자연 그대로의 삶은 다소 환상적이고 극적이다. 장자는 '무하유지향無何有之鄕' 이란 개념을 내놓았다. 무하유의 마을이란 아무것도 없는 고요한 마을로 인위적인 가공이 없는 자연 그대로의 '낙토樂土'이자 '유토피아'다. 무하유의 마을은 현실 어딘가에 실제로 존재하는 지명이 아니다. 무하유의 마을은 진정한 유희를 위한 마당으로 장자의 이상이 펼쳐지는 마음속 환상세계다. 무하유의 마을에서 노니는 인간은 어디든 장소를 옮겨다닐 수 있고 어디든 새롭게 접목될 수 있다. 마치 국경을 자유롭게 넘나드는 유목민처럼 방랑한다. 장자는 아무것도 없는 무하유의 마을에서 소요·방랑하면서 모든 대립을 초월하고 무위 대자연과 하나가 되고자 했다.

삶의 행복을 위한 장자의 처방은 과거에 얽매이거나 미래에 차이지 말고 "지금 당장 행복하라."이다. 현실에 충실하면서 하루하루를 행복하게 살면, 이것이 곧 영원히 행복하게 사는 길이다. 오스트리아의 정신의학자 알프레드 아들러Alfred Adler ; 1870~1937는 "우리는 트라우마의 충격에 시달리는 것이 아니라, 우리 스스로 트라우마를 만들어낸다."라고 말했다. 흐르는 물, 벽난로에서 타오르는 불같이 우리를 계속 바라보게끔 하는 것들이 있다. 이런 것을 바라보았을 때 느끼는 '이유 없는 행복', 이것이 진정한 행복이 아닐까?

너 자신을 사랑해라

노장은 '개인'의 독립된 가치를 특히 강조했다. 특히 노장사상은 오늘날과 같이 1인 가구가 늘어가는 시대 상황에 잘 어울리는 철학이다. 세 문장을 연달아 인용해 보자.

> 자기 몸을 귀히 여기어 천하를 다스리는 사람, 그런 사람에게야말로 천하를 맡길 수 있다.
>
> —— 「13장」, 『노자』

> 자기에게 내재된 자연스러운 본성이 아닌 상대의 관점에 휘둘려 보고, 자기 자신에게 충실하여 만족하는 게 아닌 상대방의 입장에 사로잡혀 만족하는 사람은, 남의 만족에 만족할 뿐 자기 자신의 진정한 만족을 하지 못하는 사람이다.
>
> —— 「변무」, 『장자』

> 물오리는 비록 다리가 짧으나 그것을 이어주면 근심하고, 학은 다리가 길지만 끊어버리면 슬퍼한다.
>
> —— 「변무」, 『장자』

인간은 자기가 처한 좌표에 의해 세상을 판단할 수밖에 없다. 자기를 소중하게 생각하지 않는 사람은 남 또한 소중하게 생각하지 않는다. 자신의 성향에 맞추어 충분히 잘

할 수 있는 것을 무시하고 남의 장점만을 바란다면 자신의 긴 다리를 스스로 끊어버리는 현명하지 못한 처사일 것이다. 노장의 '자기에 대한 사랑'은 이기주의가 아니라 '애기주의愛己主義; 자신을 아끼고 사랑하는 주의'다. 자신을 사랑하는 사람이야말로 남을 사랑한다. 자신에 대한 경멸은 남에 대한 환멸로 이어지기 마련이다. 열등감이 강한 자들은 자기의 결핍을 남에 대한 원한으로 돌릴 가능성이 크다.

있는 그대로의 삶을 사랑하련다

다음은 『장자』「추수」에 나오는 에피소드다.

> 하루는 장자가 복수濮水에서 낚시를 하는데, 초나라 왕이 대부大夫 두 사람을 그에게 보내 자기 뜻을 전달하도록 했다. 그들은 말한다. "선생님께 초나라의 정사를 맡기고자 합니다." 장자는 돌아보지도 않고 대답한다. "초나라에는 신령스러운 거북이 있는데 죽은 지 이미 3천 년이나 되었다고 하더군요. 왕은 그것을 아주 소중하게 보관한다고 합니다. 이 거북은 죽어서 뼈만 남은 상태에서 귀하게 대접받길 원할까요? 아니면 살아서 진흙 속에 꼬리를 끌며 다니기를 바랄까요?" 두 대부가

대답한다. "당연히 살아서 진흙 속에 꼬리를 끌며 다니기를 바라지요." 장자가 재차 대답한다. "이만 돌아가시오. 나는 진흙 속에 꼬리를 끌고 다니며 살렵니다."

장자는 정치를 혐오했으며, 세상과도 거리를 두었다. 세상에 대한 장자의 참여는 본래의 성향을 그대로 표출할 수 있는 범위 내로만 한정된 것이었다. 장자는 인위적인 압박감을 동반한 화려한 삶을 선택하기보다는, 소박하더라도 자연 그대로 '노니는 것', 유遊를 선택한다.

사람을 마치 아름다운 자연을 바라보듯이 하는 것은 불가능한 일일까? 우리는 폭포나 바다를 볼 때 있는 그대로 바라보지, 거기에 자기만의 가치관을 부여하지는 않는다. 아무런 편견 없이 바라보는 것이다.

모름을 지키자, 모름지기

◦ ◦ ◦

스티브 잡스는 말한다.
"가만히 앉아서 내면을 들여다보면
우리는 마음이 불안하고 산란하다는 것을
알게 된다. 하지만 시간이 흐르면
마음속 불안의 파도는 점차 잦아들고,
전보다 훨씬 더 많은 것을 볼 수 있게 된다."

망각의 유용성

노장에게 '망각'이란 복잡한 사회적 관계를 잠시 잊고 내면 깊숙이 잠재된 '참자아'와 만나기 위한 비움의 자세다.

> 학문을 하면 나날이 배운 것이 많아지나, 무위자연의 도를 하면 나날이 가진 것을 덜게 된다. 덜고 또 덜어 가면, 마침내 무위無爲의 경지에 도달한다.
>
> ——— 「48장」, 『노자』

> 안회顔回가 말했다. "저는 나아졌습니다." 공자孔子는 물었다. "무엇이 말이냐?" 안회는 대답했다. "저는 좌망坐忘하였습니다." 공자는 깜짝 놀라서 말했다. "무엇을 좌망이라고 하는

가?" 안회가 대답했다. "사지와 몸을 무너뜨리고 총명함을 내쫓으며, 몸을 흩어버리고 지혜나 지식을 버리며, 그래서 대도大道와 하나가 되는 것, 이것을 좌망이라고 합니다."

——— 「대종사」, 『장자』

'무위'의 경지와 '좌망'은 요가나 불교에서 강조하는 명상과도 매우 유사하다. 인용문만 보면 이 개념은 신비스러운 느낌이 종교적 수행 같기도 하다. 현대인들의 여가 활동이나 건강 프로그램에도 좌망과 무위의 태도는 얼마든지 발견된다. 일단 좌망과 무위를 다음과 같이 이해하자. 세상의 소란에서 벗어나 '명상'에 잠겨 '무의식' 깊숙이 나의 내면을 바라보는 태도로 말이다.

정신분석학과 함께 '무의식' 개념을 매우 중시하는 분석심리학의 관점에 의하면 사람의 뇌에는 진화 속에서 축적된 각종 동물의 특성이 고스란히 쌓여 있다. 뇌의 심층 영역은 무의식이 발양되는 영역으로 원시적 에너지의 저장고다. 그것은 생명의 원천이며 쓰임에 따라 창조적 가능성을 지닌 에너지이기도 하다. 이는 위험한 동물의 충동임과 동시에 체험하여 의식의 차원으로 동화해야 할 것이기도 하다.

명상은 사회적 번잡함을 약하게 함으로써 내면에 잠재된 순수한 생명력을 깨우는 데 도움을 준다. 우리는 모두 태어났을 때부터 창조적인 잠재력을 갖추었는지도 모른다. 불교는 모든 존재가 불성이 있다는 사고니 말할 것도 없고, 『구약성서』「창세기」에 의하면 인간은 신의 형상으로 만들어졌다.

내면에 있는 나의 친구

조금 더 일상적인 차원에서 바라보면 '무위'나 '좌망'을 하루의 피로를 잠으로 푸는 것과 같은 것으로 이해해도 좋다. 어떤 일을 하다가 잘 안 풀려 짜증이 날 때 잠시 내버려 두었다가 안정이 된 후 다시 시작하면 잘 풀리는 것도 '무위'와 '좌망'의 긍정적 기능이다. 대부분의 현대인은 늘 시간에 쫓기면서 살아간다. 누구나 다 그렇게 살아가니, 내가 열심히 일한들 크게 경쟁력이 있어 보이지도 않는다. 나만 그런 것이 아니라, 누구나 다 그렇게 살아가기 때문이다. 이제 초조감과 불안감은 일상적인 느낌이 되어버리고 말았다.

한 사례를 들어보자. 독일의 한 탄광에서 갱도가 무너져 광부들이 갱내에 갇힌 사고가 난 적이 있었다. 광부들은 외부와 연락이 차단된 상태에서 1주일 만에 구조되었는데, 사망자는 단 한 사람밖에 없었다. 바로 시계를 찬 광부였다.

갇힌 상태에서 끊임없이 시계를 바라보며 불안감과 초조감을 극대화한 것이 사망 원인이 된 것이다. 서양에서 망각의 범주를 강조한 철학자 니체F. Nietzsche는 이렇게 말했다.

> 소음과 싸움에서 방해받지 않는 것, 통제하고 예견하는 데 다시 자리를 마련하기 위한 약간의 정적과 의식의 백지상태tabula rasa, 이것이야말로 (……) 능동적인 망각의 효용 (……) 이다. (……) 망각이 없다면, 행복도, 명랑함도, 희망도 (……) 없다.
>
> ——— 『도덕의 계보』

분석심리학의 창시자 칼 융Carl Jung은 '적극적 명상'이라는 개념으로 망각의 유용성을 설명했다. 장자의 '좌망'이나 니체의 '능동적인 망각', 그리고 칼 융의 '적극적 명상'은 모두 낯설고 모순투성이의 현실을 차분히 관조할 수 있게 하는 힘이라 할 수 있다. 대개 현대인들은 군중 속의 고독을 두려워하지만 혼자 고요히 있는 것이 도리어 유익한 경우가 많다. 늘 사람들과 같이 있는 것은 불필요한 피로를 불러오는 낭비일 수 있다. 반면 고독은 훌륭한 친구가 될 수 있다. 왜냐하면 우리 내면에 이미 나의 친구, 무의식이 존재하고 있기 때문이다.

새롭게 시작하기 위한 리셋

망각은 복잡한 현실에 매몰되지 않기 위한 '거리 두기'다. '좌망'을 하는 사람은 끝없이 뻗어 나가는 인위적이고 불필요한 생각에 일단 제동을 걸어 '판단을 정지하거나 보류'시킨다. 이를 서양 철학에서는 '에포케Epoche'라고 부른다. 그리고 망각은 0을 곱하면 0으로 돌아가듯이, 현실의 갈등이 빚어낸 스트레스를 '0점'으로 해소한다. 이는 생각을 새롭게 시작하기 위한 '리셋reset'이다. 우리말에서 '모름'은 독립 문자로 순수한 우리말이다. '모름'에서 파생된 어휘로 '모름지기'가 있다. 이 말은 "모름을 지킨다."라는 의미다. 우리의 선조들도 '새롭게 시작하기 위한 리셋과 백지상태 만들기'라는 '모름지기'의 가치를 일찌감치 간파했던 것 같다.

자신을 비우는 자세는 구체적인 삶의 처세에도 보탬이 될 수 있다. 다음의 인용문을 보자.

> 배로 강을 건너는데 만약 빈 배가 와서 자기 배에 부딪힌다면 비록 속 좁은 사람이라고 해도 화를 내지 않을 것이다. 하지만 그 배 위에 한 사람이라도 타고 있었다면 (……) 욕설을 퍼부을 것이다. 아까는 화를 내지 않다가 지금은 화를 내는 이유는 아까는 '빈 배'였지만 지금은 사람이 타고 있기 때문이다. 사람

이 자기를 '텅 비우고' 세상을 유유히 노닌다면 그 누가 해칠 수 있겠는가?

———

「산목」, 『장자』

이 문장은 '허주虛舟; 빈 배'라는 말로 널리 알려져 있다. 만약 내가 배를 타고 강을 건너는데 어떤 빈 배와 우연히 부딪친다면 잠깐 투덜대기는 할지라도 불같이 화를 내지는 않을 것이다. 빈 배가 나쁜 의도를 품고 일부러 내 배와 부딪친 것이라고 여기지는 않을 것이기 때문이다. 하지만 사람이 탄 배와 부딪친다면 사정이 달라진다. 이때 나는 상대에게 "배 좀 똑바로 몰아라!"라고 소리칠 것이다. 현실의 인간관계도 마찬가지다. 나를 해칠 의도가 분명한 상대에게는 확실한 방어책을 세우기 마련이다. 하지만 의도를 파악하기 힘든 상대를 만나면 긴장의 끈을 놓기가 쉽다. 자신을 텅 비우면 남들로부터 해코지당할 가능성이 줄어든다. 물론 이런 태도가 나약함으로 비치면서 좋은 먹잇감이 될 수도 있다. 하지만 '자기 비움'이란 바보가 되라는 뜻이 아니다. 의도를 파악하기 힘든 존재가 되라는 의미다. 마음을 텅 비워 담담한 사람, 혹은 어떤 의도가 있는지 도무지 감을 잡을 수 없는 사람이야말로 가장 두려운 존재다.

세상을 살아나가는 데 있어 배짱은 중요하지만 모욕에 매번 반응할 필요는 없다. 여기서 '반응'이란 일어나는 사건과 들어오는 자극에 감정적으로 대응하는 것을 말한다. 예를 들면 욕설에 욕설로 받아치기, 자극에 비명으로 약해지기 등이 있다. 하지만 이런 것들은 서로의 에너지를 소모하는 일이다. 이럴 때는 숨을 고르고 차분하게 자신을 비우는 태도가 필요하다. 우리는 반응으로 말려들어 에너지 소모전에 포문을 열 때 약해지는데, 의식이 산란해 흐트러지기 때문이다. 이를테면 의식의 양이 100이던 것에서 80, 60, 40으로 점점 줄어들면서 약해진다. 다음은 레바논 출신의 철학자이자 시인인 칼릴 지브란Kahlil Gibran ; 1883~1931이 쓴 시 한 구절이다.

> 만일 골짜기가 보고 싶다면 그대는 산을 올라야 하고, 만일 산꼭대기를 보고 싶다면 그대는 구름 위로 올라가야 하지만, 만일 구름을 이해하는 것이 그대가 추구하는 바라면, 눈을 감고 생각하라.

꿈이냐! 현실이냐!

◦ ◦ ◦

꿈에서는 꿈과 현실이 모두 꿈이다.

우리는 진짜 현실에서 꿈을 꾸는 것일까?

아니면 꿈에서 꿈을 꾸고 있는 것일까?

'환상'은 현실의 고통을 견디게 만든다

> 북쪽 바다에 물고기가 있는데 그 이름이 곤鯤이라고 한다. 곤의 크기는 몇천 리나 되는지 알 수가 없다. 곤은 변화해서 새가 되는데 그 이름을 붕鵬이라고 한다. 붕의 등은 또 몇천 리나 되는지 알 수가 없다. 떨쳐 날면 그 날개는 마치 하늘을 덮은 구름과 같다. 이 새는 바다가 움직이면 그래서 큰바람이라도 일면 큰바람을 타고 남쪽 바다로 날아간다. 남쪽 바다란 천연天然의 못이다.
>
> ——— 「소요유」, 『장자』

이 '소요유' 우화는 『장자』의 첫머리를 장식한다. 소요유 우화에서 붕鵬은 상상 속의 큰 새이고 곤鯤은 상상 속의 큰 물고기다. 소요유 우화에서 대붕은 모든 사물을 가장 높은 경지에서 조망하면서 일체의 차별을 초월한다. 소요유에서 유遊, Wandering란 마음의 절대적 자유를 의미한다. 그리고 이 절대 자유의 세계는 종교적 피안의 세계가 아니라 자신의 내면에서 펼쳐진다. 장자가 말하는 자유는 이 세상을 완전히 떠나 어떤 피안의 세계로 넘어가고자 하는 데 있는 게 아니다. 비유하자면 마음에 정신적 아틀리에를 만들어 놓고 완상하는 것과 같은 특별한 이유 없는 향유를 의미한다.

장자는 마음속에서 무궁한 세계에 노니는 것을 통해 현실의 참혹함을 승화시키고자 하였다. 이러한 정신세계를 지닌 인간은 허무한 세상으로부터 물러서는 대신에 그 위에서 춤을 춘다. 장자는 황무지와 같은 현실을 놀이공원으로 만들고자 했다.

장자의 절대 자유를 추구하는 환상의 세계는 자신을 억압하는 현실을 벗어나는 하나의 방법이었다. 그런데 이것이 현실도피는 아니다. 이는 고통이라는 걸림돌을 다른 방향의 디딤돌로 만든 것이다. 이러한 장자의 환상적 사유가 현대를 살아가는 우리에게 어떤 지침을 줄지 한번 생각해 보자. 원하지 않는 게 있을 때는 이를 내면으로부터 몰아내려고 너무 애쓰지 말아야 한다. 원하지 않는 것을 밀어내면 낼수록 다른 고통이 나에게 몰려올 수 있다. 고통에서 벗어나려는 생각 자체가 고통의 원인이 되기 때문이다. 마치 불면증에 시달리는 사람이 이를 벗어나기 위해 몸부림치면 칠수록 잠이 더 안 오듯 말이다. 따라서 이럴 때는 단지 벗어나려는 게 아니라 다른 수준과 성격의 일에 집중하는 것이 좋다. 장자의 소요유를 비롯한 환상의 지평은 절대 자유와 조화의 세계를 자기 내면에 만든 것이다. 이것은 현실의 고통을 가라앉히면서 내면을 아름답게 꾸며준다.

이렇듯 장자는 환상의 지평에서 펼쳐지는 '유희' 혹은 '놀이'의 긍정적 기능에 대해 이해도가 깊었다. '유희' 혹은 '놀이'는 가장 고차원의 문화적 생활 양식이라 볼 수 있다. 인류는 선사시대부터 오늘날까지 '사냥감'에서 '사냥꾼'으로, 그리고 '놀이꾼'으로 변화했다. 선사시대에는 맹수들로부터 일방적으로 쫓기는 사냥감이었다면, 문명을 본격적으로 일구어낸 다음부터는 인간 이외의 자연 대상을 필요성에 따라 마음대로 활용할 수 있는 사냥꾼으로서 능력을 갖추게 되었다. 지금 인류는 '놀이꾼'이다. 호모 루덴스homo ludens ; 놀이하는 인간, 유희하는 인간의 시대다. 세속적인 모든 억압을 벗어던지고 절대 자유의 경지에서 유희하고자 했던 장자의 '우아한 환상'의 세계는 '놀이꾼'으로 살아가는 현대인에게 시사하는 바가 크다.

현실은 한바탕의 꿈

꿈속에서 술을 마시며 즐기던 사람이 아침에 깨어나서는 슬픈 현실에 절망해 통곡하고, 꿈속에서 통곡하던 사람이 아침에 깨어서는 상쾌한 기분으로 사냥을 나간다. 꿈을 꾸고 있을 때는 그것이 꿈인 줄 모른다. 꿈속에서 그의 꿈에 대해 점을 치다가, 깨어나서야 그것이 꿈이었다는 사실을 안다. 참된 깨달음이 있고 난 뒤에야 이 세상이 큰 꿈임을 알 것이다.

—— 「제물론」, 『장자』

공자가 안회에게 말한다. "세상 사람들은 제각기 자기 자신을 가리키면서 그것이 자기 자신이라고 생각한다. 하지만 자기가 말하는 자기가 진짜 자기인지 어찌 분명하게 알 수 있다는 말인가? 가령 네가 꿈을 꾸는데 새가 되어 하늘을 날고, 또 물고기가 되어서 못에 깊이 들어간다고 하자. 모르겠다, 지금 현재 이야기를 나누는 너와 나는 과연 깨어 있는 것인가? 아니면 꿈을 꾸는 것인가?

—— 「대종사」, 『장자』

우리가 꿈에서 깬 상태에서 꿈이라는 사실을 아는 것과 마찬가지로, 꿈에서는 꿈과 현실이 모두 꿈이다. 우리는 진짜 현실에서 꿈을 꾸는 것일까? 아니면 꿈에서 꿈을 꾸고 있는 것일까? 장자에 의하면 우리가 육체에서 생생하게 느끼는 현실도 하나의 환상이고 꿈일 수 있다. 우리가 경험하는 현실에 대한 판단 기준은 우리에게 있지 않다. 사실 생생한 육체적인 감각이라는 것도 꿈속에서 얼마든지 체험할 수 있다. 따라서 물리적이고 감각적인 경험의 느낌만으로는 현실과 꿈을 구분할 수 없다. 만약 현실이 주관의 반영이라면 우리는 마치 스크린에 비친 현실을 진짜 현실인 것처럼 착각하는 셈이다. 프랑스의 현대 철학자이자 정신분석학자인 라캉J. Lacan ; 1901~1981은 다음과 같은 의미심장한 언급을 한다. "깨어 있는 상태란 그의 꿈의 의식에 불과하다."

나비 꿈

아마도 장자의 꿈 이야기 중에 가장 유명한 것은 '호접몽'일 것이다.

> 옛날에 장자가 꿈속에서 나비가 된 적이 있었는데, 너풀너풀 날아다니는 나비가 되어 스스로 즐거워하였지만, 자기가 장자라는 것을 알지 못했다. 그런데 문득 잠을 깨보니, 틀림없는 장자 자신이었다. 장자가 꿈에서 나비가 되었나? 나비가 꿈에서 장자가 되었나? 알 수가 없다.
>
> —— 「제물론」, 『장자』

유명한 호접몽胡蝶夢 우화다. 꿈을 꾸는 자는 찰나가 영원과 같고 영원이 찰나와 같은 시간적 해체를 경험한다. 만약 꿈에 나비가 되었는데도 여전히 스스로가 장자임을 안다면, 이는 시간의 연속일 것이다. 장자의 호접몽 우화는 바로 이러한 시간성을 해체한다. 장자가 말하는 환상이나 꿈의 지평을 이해하는 데 도움이 되는 영화는 〈매트릭스〉와 〈아바타〉다. 〈매트릭스〉에서 나오듯이 누가 빨간 약(인큐베이터에서 깨어나 진짜 현실을 깨닫게 하는 약)과 파란 약(그냥 매트릭스의 가상세계에 머무르게 하는 약) 중 하나를 선택하라고 한다면 여러분은 어떤 약을 선택할 것인가? 영화에서 모피어스는 '앤더슨=네오'에게 이렇게 묻는다. "너무도 현실같이 느껴지는 꿈을 꾼 적이 있나? 꿈에서 깨어날 수 없다면 어찌하겠나? 꿈의 세계와 현실 세계를 어떻게 구분하지?"

한 가지 질문을 해보자. 광속은 '초속 30만 킬로미터=1초에 지구 7바퀴'다. 그런데 이처럼 빠른 빛도 물건에 반사되어 우리에게 전달되는 데 시간이 걸리기 때문에, 우리는 항상 과거를 보는 셈이다. 태양과 지구와의 거리는 1억 5천만 킬로미터다. 따라서 빛이 태양을 출발해 지구에 도착하는 시간을 고려한다면 우리가 보는 태양은 8분 전 과거의 태양이다. 해왕성의 경우는 4시간 전 모습만을 볼 수 있다. 눈으로 볼 수 있는 가장 먼 천체인 안드로메다은하는 지구에서 약 250만 광년 정도 떨어져 있다. 빛이 1년에 가는 거리가 1광년이므로 우리는 무려 250만 년 전의 안드로메다 은하를 보는 것이다. 따라서 지금 이 순간의 안드로메다은 하는 알 길이 없다. 이 은하의 빛은 우리의 시신경에 전달되어 관측 가능하므로 분명히 존재하지만, 이미 250만 년 전의 은하다. 이것은 현실적 실체인가 아니면 환상인가?

이렇듯 실재와 환상은 구분하기 어렵다. 우리에게는 꿈과 현실을 구분할 기준이 없다. 필자가 이 글을 쓰는 이 순간도 꿈일 수 있다.

조선 시대 대표적인 선승인 청허淸虛 휴정休靜, 일명 서산대사이 지은「삼몽사三夢詞」라는 시는 장자의 '꿈' 이야기와 서로 의미가 통한다.

> 주인은 손님에게 자기 꿈 이야기를 하고(主人夢說客) 손님은 주인에게 자기 꿈 이야기를 한다(客夢說主人). 이 꿈을 이야기하는 두 사람(今說二夢客) 그 모두 꿈속의 사람이어라(亦是夢中人)."

만물과 하나 되는 나

○ ○ ○

고대 그리스 철학의 경우 외물과의 합일은
위로부터 순차적으로 인간-동물-식물 등으로
시선을 옮겨가며 내려다보는 것이다.
반면에 노장에게 존재들 간의 합일은
각각의 존재가 민주적으로 공평하게
서로 마주 대하는 평등한 합일이다.

만물은 동등한 입장에서 서로 통한다

장자는 시비·선악·미추·화복 등을 구분하려는 일체의 가치 판단을 비판하면서 절대적인 무차별을 강조한다. 이들은 차별 없이 공평한 가치를 지닌다. 왜냐하면 모든 존재는 예외 없이 자기 안에 도道를 품고 있기 때문이다. 이렇듯 도는 모든 존재에 두루두루 혜택을 주기에, 만물은 하나로 엮일 수 있다. 장자에게 만물제동萬物齊同; 모든 사물은 동등한 입장에서 서로 통함의 경지는 마치 만물이 거대한 교향곡과도 같이 서로 음악적 조화를 이루는 것에 빗댈 수 있다.

장자는 이를 '인뢰人籟', '지뢰地籟', '천뢰天籟'라는 비유를 들어 설명한다. 인뢰는 사람이 부는 피리 소리를 뜻하고, 지뢰는 바람이 자연 사물의 온갖 구멍을 통과하면서 내는 여러 소리를 의미하며, 천뢰는 구체적 소리가 아니라 지뢰나 인뢰가 내는 다양한 소리의 근원인 자연 그대로의 모습을 가리킨다. 여기서 인간(인뢰)과 자연(지뢰) 그리고 이 두 범주의 근원(천뢰)은 서로 교향곡과 같이 조화를 이룬다. 현악기 한 줄을 건드리면 공명으로 다른 줄이 울게 되듯이 인간·땅·하늘은 서로가 서로에게 공명을 일으킨다. 장자의 생각을 따라가 보면 그는 우주에 존재하는 모든 사물이 아주 작은 것으로부터 하늘에 까마득히 수놓인 별에 이르기까지 '진동하는 하나의 끈'으로 연결되어 있다고 여기는 듯하다.

그런데 이러한 존재와 존재 사이의 섞임은 아주 단순하게나마 일상생활에서도 종종 체험할 수 있다. 필자는 20대 초에 일본에서 유학 생활을 한 경험이 있다. 당시 생활에 있어 다소 곤혹스러웠던 점이 있었는데, 바로 필자가 살았던 기숙사 방을 때때로 점령하곤 했던 바퀴벌레와의 싸움이었다. 일본의 바퀴벌레는 한국의 바퀴벌레보다 훨씬 크다. 아마도 습기가 많은 기후 탓일 것이다. 처음에는 이 바퀴벌레와의 갈등이 필자를 아주 힘들게 했다. 아마 바퀴벌레의 처지에서도 필자가 매우 불편했을 것이다. 하지만 시간이 지나 바퀴벌레라는 타자가 필자의 내면에 자리를 잡을수록 바퀴벌레에 대한 불편한 감정은 차츰 가시기 시작했다. 필자만 보면 도망가기 일쑤였던 바퀴벌레도 자연스럽게 주위를 맴돌기 시작했다. 비유하자면 필자가 A라는 집합이고 바퀴벌레가 B라는 집합이라 할 때 우리 간의 교집합은 점점 확대되고 있었던 것이다. 장자가 말하는 사물 사이의 상호 교감을 너무 어렵게 이해할 필요 없다. 시간에 쫓겨가며 살아가기에 느끼기가 쉽지 않아서 그렇지 우리는 일상생활에서 늘 '만물제동'을 경험하고 있다.

도는 모든 곳에 편재한다

도道는 우주 혹은 자연 전체에 편재되어 있고, 또한 전체 자연 안에 있는 모든 사물은 제각각 도道를 제 속에 품고 있다. 만물은 도 안에 있고, 도는 만물 안에 있다.

> 물고기는 물水에서 서로 편안하고, 사람은 도道에서 서로 편안하다. (……) 물고기는 강과 호수에 있게 되면 서로 상대를 잊으며, 사람은 도술道術에서 서로 상대를 잊는다.
>
> —— 「대종사」, 『장자』

장자 사상에서 물은 흔히 도를 표현하는 상징으로 쓰

인다. 충만한 상태의 물에서 물고기는 스스로 물속에 있다는 사실을 인식하지 못하면서 그 혜택을 누린다. 마찬가지로 사람 또한 스스로 도 안에 있다는 사실을 인식하지 못하면서 그것을 즐긴다. 물고기가 물을 삶의 터전으로 여기듯 도의 세계는 사람의 터전이다. 사람은 마치 목욕물 속에 잠기듯이 규정할 수 없는 도 속에 완전히 잠겨 있다. 만물과 도의 관계는 양수로 가득 찬 어머니 배 속에 있는 아기와 어머니의 관계에 비유할 수 있다. 도는 만물이 즐기고 의존하는 모질母質, Matrix이다.

> 동곽자東郭子가 장자에게 묻는다. "도라는 것은 어디에 존재합니까?" 장자가 말한다. "어디에든 존재합니다." 동곽자가 말한다. "어디에 있는지 분명히 지적해 주십시오." "땅강아지와 개미에게 있습니다." 동곽자가 묻는다. "어째서 그처럼 시시한 곳에 있습니까?" 장자가 말한다. "돌피나 논에 자라는 피에도 있습니다." 동곽자가 재차 묻는다. "어째서 더욱 시시한 곳을 말씀하십니까?" 장자가 말한다. "기와나 벽돌에도 있습니다." 동곽자가 또다시 묻는다. "어째서 시시한 곳을 말씀하시는 것이 더욱 심해지십니까?" "똥이나 오줌에도 있습니다." 동곽자는 더는 아무 말도 하지 않았다.
>
> —— 「지북유」, 『장자』

도는 어떤 피안의 세계에 존재하는 것이 아니라 우리가 사는 일상 곳곳에 있다. 어떤 한 인간의 DNA는 비록 작은 생체 조각에 불과하지만 그 인간의 특성이 고스란히 담겨 있다. 마찬가지로 아무리 사소한 사물이라도 도의 세계가 차별 없이 내재해 있다. 장자의 '만물제동' 사유는 오늘날이 '디지털 사이언스Digital Science' 시대라는 점을 떠올려볼 때 한 가지 흥미로운 사색에 빠져들게 한다. 다음 인용문을 보자.

> 조물자가 점점 나의 왼팔을 변화시켜 닭이 되게 한다면, 나는 그것으로 야간의 시각을 알리도록 할 것이다. 조물자가 점점 나의 오른팔을 변화시켜 탄궁彈弓이 되게 하면, 나는 그것으로 솔개라도 잡아서 구워 먹을 것이다. 조물자가 점점 나의 꽁무니를 변화시켜 수레바퀴로 만들고 나의 정신을 말馬로 만들면 나는 그것에 탈 것이다.
>
> ── 「대종사」, 『장자』

과학이 발달한 현대에는 인터넷이 전 세계를 인간 신체의 촘촘한 신경망처럼 하나로 엮고 있다. 이 가상공간에서 사람들은 어떤 구속도 당하지 않고 자발적으로 공동체를 꾸려나간다. 인용문에 보이는 오른팔이 탄궁이 되고 꽁무니가 수레바퀴가 되는 등의 변화는 단지 역설적 어법으로만 볼 수 없는 부분이 있다. 오늘날 자동차는 발의 연장이고 굴착기는 손의 연장이며 망원경은 눈의 연장이다. 이러한 기술적인 신체의 연장과 미래에 나오게 될 사이보그 인간 등을 생각하면, 장자가 꿈꾸었던 만물제동의 경지는 미래 첨단 사회의 지평에서도 의미가 있다.

유기체적 사유와 혼종의 철학

만물이 서로 혈족처럼 관련되어 있고 연속성이 있다는 노장의 사유는 생태 친화적이다. 노장사상의 핵심은 상반된 가치 사이의 소통이다.

> 진인眞人은 형벌로 다스림을 몸통으로 삼고 예禮를 날개로 삼으며, 지식이나 지혜를 시기에 적응하는 수단으로 삼고 덕德으로 자연의 본성에 따른다.
>
> —— 「대종사」, 『장자』

> 남성적인 강함을 알고, 여성적인 유약을 지키면, 천하의 시내가 된다.
>
> —— 「28장」, 『노자』

흔히 삶은 손으로 비둘기를 잡는 것과 같다는 말이 있

다. 비둘기는 강하게 잡으면 죽을 것이고 느슨하게 잡으면 날아가 버릴 것이다. 삶을 온전하게 지키기 위해 일방적으로 한쪽으로만 쏠려서는 안 되며, 이쪽과 저쪽의 중용적 영역을 잘 견지해야만 한다. 특히 위 인용문에서 남성성과 여성성의 융합은 아주 세련되게 상반된 가치의 공존을 표현한다. 도가 사상으로부터 커다란 영향을 받은 바 있는 칼 융은 아니마anima와 아니무스animus라는 개념을 사용해 남성성과 여성성의 조화를 말한다. 아니마의 원형archetype은 남성 정신에 있는 여성적 측면이고, 아니무스의 원형은 여성 정신에 있는 남성적 측면이다. 남성은 자신의 내면에 있는 원형적 여성성과 친해야 하고, 여성 또한 자신의 내면에 잠재된 원형적 남성성과 친해야 한다. 이러한 남성성과 여성성의 혼재는 우리에게 시사하는 바가 크다. 상반된 가치가 내면에서 조화를 잘 이루는 인간은 세상을 씩씩하게 살아갈 수 있다. 장자의 말을 들어보자.

> 성인聖人은 시비의 대립을 넘어선 경지에 자신을 맡긴다. 이것과 저것의 대립을 초월한 경지를 도추道樞; 도의 지도리라고 한다. 비로소 추樞; 지도리를 얻게 되면 그것이 환중環中; 둥근 원의 중심이며, 이로 인해 무궁한 변화에 응한다. 옳음도 하나의 무궁함이며 그름 또한 하나의 무궁함이다.
>
> —— 「제물론」, 『장자』

도추道樞에서 추樞는 '지도리'란 의미로, 여닫는 문의 위아래로 꽂는 둥근 촉을 말한다. 문은 이 지도리가 있음으로써 여닫을 수 있다. 문을 열면 바깥 세상이 펼쳐지고 닫으면 안쪽 세상이 펼쳐진다. 안과 밖은 지도리로 인해 끊임없이 교대한다. 안팎은 별개로 대립하는 게 아니라 동시에 존재한다. 옳음과 그름 사이의 변화가 무궁하다는 말은 상반된 가치가 함께 공존해야만 한다는 의미다.

현대인들은 남보다 우월해야만 한다는 강박 속에 살아간다. 다른 사람을 볼 때 제일 먼저 더 똑똑한, 더 멍청한, 더 늙은, 더 어린, 더 부자인, 더 가난한, 이런 구별법을 두고 사람을 분류하고 분리해 취급하곤 한다. 노장은 어떤 이념적 가치에 의해 사람을 분리하는 행위에 대해 염증을 표했다. 노장의 처방에 의하면 자신을 만물과 분리해 인식하는 것을 멈추지 않는 한, 종교·애국·인종·부·계급에 따른 사람 사이의 분리와 차별은 종식될 수 없다. 우리는 자신과 대자연의 관계를 조화롭게 인식하고, 또 타자를 편견에 사로잡혀 바라보는 어떤 고정관념에서 벗어나야만 한다.

장자의 '천인합일' 사유와 자연 생태계 복원

장자는 동양 사상에서 가장 중요한 명제 가운데 하나인 '천인합일天人合一; 하늘과 인간의 조화' 사유를 본격적으로 발전시킨 대표적인 철학자다. 여기서 말하는 하늘과 인간의 조화란 어떠한 내포와 외연을 가질까? 이는 근대 이후부터 가속화되어 오늘날에는 인간의 생존 자체를 위협하고 있는 생태 환경 파괴 문제와 연결지어 생각해볼 때 의미가 있다. 하늘우주; 대자연은 우리가 거주하는 '집'이다. 따라서 인간이 생태환경을 파괴한다는 사실은 자기가 사는 집을 파괴하는 것과 다를 바가 없다. 흥미롭게도 생태학이라는 의미의 '에콜로지Ecology'와 경제학을 뜻하는 '이코노믹스Economics'는 어원이 같다. 바로 그리스어인 '오이코스Oikos'다. 오이코스는 공적 영역으로서의 '폴리스Polis'에 대비되는 '사적私的' 생활 단위인 '집'을 의미한다. 『장자』에는 '우주宇宙'라는 개념이 나온다. 이 '우주'도 '집'이라는 의미를 내포한다. 즉, 장자에게 우주·하늘·대자연은 곧 우리가 사는 거대한 '집'이다. 장자는 만물이 우주 안에서 유기적으로 엮여 있다고 생각했다. 마치 한 집안에서 가족이 서로 유기적으로 엮여 있듯이 말이다. 현재는 디지털 사이언스 사회다. '지구촌global village' 곳곳에 스며 있는 네트워크를 통해서 우리의 인식은 무한히 확장될 수 있다. 네트워크 구조 양상이 점점 진화하면서 오늘날은 '만물인터넷' 시대라고 불리기도 한다. '만물인터넷'이란 개념은 만물제동萬物齊同·만물일체萬物一體·편재遍在가 실질적으로 실현되는 국면을 만들어 가고 있다. 모든 사물은 이제 어떤 특정 분야만이 아니라 우리의 모든 삶에 편재한다. 소셜 네트워크, 만물인터넷, 빅 데이터Big Data, 인공지능AI 등이 이런 양상을 잘 표현해 준다. 이러한 새로운 '산업 생태계' 구축은 '자연 생태계'로부터 따온 아이디어다. 산업 생태계는 더욱 촘촘히 발달해 가고 있는데, 자연 생태계는 점점 더 심각한 양상으로 파괴되고 있다. 이것이 바로 장자가 말하는 '천인합일'의 사유가 현재 사회에서 새롭게 요청되는 이유다.

3장.

평화주의의 극한,
묵가

노동자로 구성된 철학 공동체의 탄생

◦◦◦

묵가는 이른바 정의를 위해서만 칼을 들었다. 묵가 구성원의 협객으로서의 면모를 '묵협墨俠'이라 한다. 묵가 집단은 묵협으로서 중국 협객 문화의 중요한 한 축을 담당했다. 그리고 묵협의 정신과 무인으로서의 능력은 이후 잘못된 국가 권력에 대항했던 각종 비밀결사 조직에 흡수되었으리라 추측된다.

계층 의식을 뛰어넘은 철학자,
묵자

춘추시대에는 제후국들이 명목으로나마 주周나라의 권위를 인정했기 때문에, 서로 경쟁하더라도 전쟁 일변도로는 치닫지 않았다. 하지만 전국시대가 되자 제후국 사이의 전쟁은 일상이 된다. 강대국은 약소국을 호시탐탐 노렸으며, 약소국은 늘 어떻게 방어해야 할지 전전긍긍했다. 예나 지금이나 전쟁이 벌어지면 가장 피해 입는 측은 일반 민중이다. 이때 '서로 두루두루 사랑하라.'라고 하는 표어를 내걸고, 모든 침략 전쟁에 대해 단호하게 반대를 표명한 철학자가 나타났으니 바로 묵자다.

묵가墨家 사상의 창시자 묵자墨子; BC 479~381의 이름은 적翟이며 약소국이었던 송宋에서 태어났다. 그는 공자 이후에

묵자

나타난 첫 번째의 주요 사상가로, 활동 시기는 전국시대 초기였다. 공자가 주로 주나라 초기의 전통적인 제도 및 예악禮樂을 동경해 합리화하려 했다면, 묵자는 과거 여러 제도 장치에 대해 냉정한 비평을 가하면서, '보편적인 사랑'을 일구어낼 수 있는 사회 시스템을 만들고자 했다. 묵자도 원래는 유가였다. 하지만, 그는 유가의 '인仁'을 더욱 확장해 모든 계급을 타파한 보편적인 사랑으로 승화시키고자 했다. 묵자는 유가와는 달리 군자와 소인을 구별하지도 않았다.

묵자가 이끈 학문 집단의 성격은 그의 성인 묵墨에도 내포되어 있다. 묵자墨子에서 묵墨은 붓글씨 재료인 '먹'을 의미하지만, 죄인의 이마에 먹으로 자자刺字하는 묵형을 의미하기도 한다. 즉, 묵가墨家는 죄인들로 구성된 집단일 수도 있다. 또 '묵墨'이 건축이나 설비, 제작에서 사용되는 '먹줄'이라는 견해도 있다. 즉, 묵가 집단을 각종 노동, 특히 건축 관련 노동에 종사하는 노동자로 이루어진 집단으로 바라보는 의견이다. 그 의미야 어떻든 확실한 점은 묵가 집단의 구성원들이 주로 하층 계급이었다는 사실이다. 묵가 집단의 주된 구성원들은 주로 하급 무사·공인工人·죄인·무의巫醫 등이었다. 계층 간의 차별을 인정하지 않던 묵자답게 그는 출신이나 학력은 불문에 부치고 능력 있는 사람이면 관리로 발탁해야 한다고 주장했다.

옛 성왕들은 현자를 매우 중시했다. 능력 있는 자들을 등용하고 가까운 집안 사람들과 결탁하거나 부귀한 자들을 편애하지 않았다.

—— 「상현(尙賢)」 중편, 『묵자(墨子)』

비록 농사짓거나 물건을 만들어 파는 사람이라 할지라도 능력이 있으면 천거했다.

—— 「상현」 중편, 『묵자』

노동하는 인간

묵가의 기본적 인간상은 노동하는 인간이다.

묵자는 자기의 도에 대해 이렇게 말했다. "옛날 우禹는 홍수를 막고 양쯔강과 황하의 흐름을 끊어 헤쳐서 사방의 오랑캐 땅을 전국과 통하게 하려고 큰 강 삼백·작은 강 삼천, 그 밖의 수많은 작은 물줄기를 만들었다. 손수 삼태기와 보습을 들고 일을 해서 천하의 강을 모아 큰 강으로 흘러들게 했다. 그래서 장딴지와 정강이에는 털이 닳아 없어지고 장맛비에 흠뻑 젖은 채 모진 바람을 다 맞으면서 여러 나라의 경계를 설정했다.

—— 「천하(天下)」, 『장자』

묵가에게 이상적 인간형은 다른 사상과는 매우 달랐다. 묵자에 의하면 성인聖人이란 옷·수레·배 등을 만들어 인간의 삶에 직접적으로 도움을 준 기술자다. 순자荀子는 묵자의 가르침에 대해 '역부지도役夫之道', 즉 노동자나 하층민의 도라고 하기도 했다. 노동을 중시하는 묵자의 태도는 '검소함'을 중시하는 경향과도 연결된다.

묵자의 검소한 성향은 '묵돌부득검墨突不得黔'이라는 말에 잘 드러난다. 이 말은 "묵자의 집은 아궁이에 불을 지피지 못할 정도로 가난했기 때문에, 굴뚝에 검댕이가 없다."라는 의미다.

그의 검소한 태도와 관련해 이런 에피소드도 전해진다. 묵자는 한때 열흘 밤낮을 쉬지 않고 노魯나라에서 초楚나라까지 걸어갔다. 발가락이 갈라지면 바지를 찢어 동여매며 걸었다. 이는 대부大夫가 된 이후의 공자孔子가 유가의 예禮에 따라 대문을 나서면 반드시 수레에 올라탔던 것과는 선명한 대조를 이룬다.

묵자는 인간이 '운명'에 사로잡히는 태도를 강하게 비판했다. 이를 묵자의 개념으로 '비명非命'이라고 한다. 인간의 삶은 운명에 좌우되는 것이 아니라, 노동하는 행위에 영향을 받는 것이다. 인간의 삶은 노동을 통해 끊임없이 향상될 수 있다.

운명이란 포악한 군주가 만든 것이고, 궁한 사람의 자기변명이며, (……) 모든 백성을 속이는 것이니, 옛 성왕은 이를 근심으로 여겼다.

—— 「비명(非命)」 하편, 『묵자』

묵자에 의하면 개인이 굶주릴지 배부를지, 사회가 혼란에 빠질지 질서를 이룰지 등은 인간의 노력에 달린 것이지 운명으로 정해지는 것이 아니다.

군사 조직체로서 묵가 집단

묵가는 일종의 무사 집단이었다. 묵가 조직의 지도자는 거자鉅子로 불렸으며, 그는 집단 구성원에 대한 생살여탈권을 가졌다. 묵자는 이 묵가 집단의 초대 거자인 셈이다.

묵자를 따른 자들은 180인이었다. 묵자는 그들을 모두 불구덩이에 들어가게 할 수도, 칼날을 밟게 할 수도 있었다. 그런데 죽더라도 그들은 발꿈치를 돌리지 않았다.

—— 「태족훈(太族訓)」, 『회남자(淮南子)』

묵가 조직의 규율은 매우 엄격했으며, 거자에 대한 조직원의 믿음은 절대적이었다. 묵자에 이어 2대 거자였던 복돈腹敦과 관련된 에피소드는 묵가 집단의 규율이 얼마나 엄격했는지 잘 보여준다. 복돈의 아들이 진秦나라에서 사람을 죽이는 사건이 발생한다. 당시 진나라 왕이었던 혜왕惠王은 복돈에게 아들이 비록 사형죄를 저질렀으나 알아서 조치했으니 걱정하지 말라고 한다. 하지만 복돈은 묵가 집단의 규율은 누구나 지켜야만 한다면서 내부 규율에 따라 자기 자식을 처형해 버린다.

묵가는 전쟁과 폭력에 철저하게 반대했으나, 가끔 전투에 참여하기도 했다. 그러나 이는 각 나라 사이의 전쟁을 막기 위한 방어 전투였다. 『묵자』에는 각종 무기 제조법을 비롯한 방어 전술에 관한 사항이 많이 수록되어 있다. 묵가는 주로 약한 나라에 가서 성城의 수리, 방위 설비와 무기의 제작, 전투, 구호 등의 업무에 종사하곤 했다. 묵가 구성원 자체가 공인 중심이었기에 이러한 일은 어렵지 않았다. 묵자는 강한 나라가 어떤 약소국을 공격하면 다른 약소국들이 힘을 합해 구해야 한다고 주장했다. 이것이 패권 국가들의 전쟁을 막는 유일한 방법이라고 보았다.

묵자는 이런 문제의식을 지녔다. 왜 사람들은 개인을 해치는 절도 및 강도는 비난하면서, 그보다 몇백 배의 수준으로 사람들을 해치는 전쟁은 정당화하는 것일까?

묵자는 초나라가 송나라를 공격하려는 것을 막았고, 초나라가 정나라를 공격하려는 것을 막았으며, 제나라가 노나라를 공격하려는 것을 막았다. 묵자가 송나라를 지날 때 비가 내려서 마을 여각에서 비를 피하려 하였다. 그러나 문지기는 그를 들이지 않았다. 조용히 일을 처리하는 사람의 공로는 알아주지 않고 드러내놓고 싸우는 사람은 알아준다.

「공수(公輸)」, 『묵자』

서로서로 사랑하고,
서로서로 이롭게 하라

◦ ◦ ◦

맹자孟子는 묵자에 대해 이렇게 평가했다.

"묵자는 겸애를 주장했는데, 머리 꼭대기에서
발뒤꿈치까지 다 닳아 없어지더라도,
세상을 이롭게 할 수 있다면 그렇게 했다."

그러면서 차별 없는 사랑인 '겸애'를 이렇게 비판했다.

"묵자의 '겸애'는 어버이를 부정하는 개념이다."

보편적 사랑으로써 겸애와 교리

묵자가 처음 배운 학문은 공자의 인仁 사상이었다. 하지만 공자의 인은 모든 계층을 아우르는 사랑이 아니었다. 공자의 윤리는 그 적용 대상이 주로 사대부 계층에 한정된 것이었고, 군자와 소인을 엄격하게 나누었다. 이에 비해 묵자는 공자의 인 사상을 대폭 수정하고 확대하면서 '겸애兼愛; 서로 두루두루 사랑하라'라는 개념을 내놓았다. 게다가 묵자는 공자와 같이 군자와 소인을 구분해 차별하지 않았다. 묵가 집단의 구성원 자체가 피지배 계급인 소인에 해당했다. 묵자의 겸애는 모든 계층을 넘나드는 보편적 사랑이었다.

모든 계층을 넘나드는 또 하나의 보편적 사랑의 개념

으로 '교리交利'가 있다. '교리'란 서로서로 이롭게 하라는 의미다. 겸애兼愛와 교리交利는 묵자 철학의 핵심 개념이다. 묵자에 의하면 겸애는 그것이 오로지 도덕적으로 옳기 때문에 실천하는 것이 아니다.

묵가 집단은 노동을 중시하고 각종 공산품을 제작할 수 있는 공인이 주축이었기에, 구성원이 직능별로 잘 조직되어 있었다. 따라서 분업에 기초한 조직 사업의 결과로 얻어지는 전체의 이익이 개개인의 개별적인 노력으로만 얻어지는 이익의 총합보다 훨씬 많다는 점을 충분히 인식했을 것이다. 사업조직을 하는 과정에서 상대방에 대한 배려인 겸애와 교리가 곧바로 자신의 이익과 연결되고 또 전체의 이익에도 긍정적인 역할을 한다는 점도 직접 경험했을 것이다.

> 남을 사랑하는 사람은 남도 역시 그를 쫓아 사랑하며, 남을 이롭게 하는 사람은 남도 역시 그를 이롭게 한다. 남을 미워하는 사람은 남도 그를 미워하고 남을 해치는 사람은 남도 그를 해친다.
>
> —— 「겸애(兼愛)」, 『묵자』

> 그렇다면 겸애와 교리란 어떻게 하는 것인가? 묵자가 말하기를, 그것은 다른 나라를 자기 나라 보듯 하고, 다른 집안을 자기 집안 보듯 하며, 다른 사람 보기를 자기 보듯 해야 한다.
>
> —— 「겸애」 중편, 『묵자』

겸애는 모든 계층이 실천에 옮겨야 할 가치로, 부모 자식이나 형제 같은 인륜 관계와 사회 관계, 그리고 군신의 관계에서도 지켜야만 할 보편적 가치였다.

물질적 이로움으로써 겸애와 교리

한편 겸애의 반대 개념인 '별애別愛'는 구별하고 차별하는 사랑이다. 내 가족만 소중하게 생각하고 다른 가족에 대해서는 관심이 없는 태도가 바로 별애다. 묵자는 유가의 친족 중심의 사랑을 '별애'로 규정했다. 묵자는 사회적 혼란이 나와 남을 구별하는 차별에서 빚어졌다고 말하면서, 서로가 서로에게 이익이 되는 행위를 하라고 했다. 묵자에 따르면 어떤 행위가 사람들에게 이익을 가져다주면 그것이 바로 '의義'이고, 손해를 끼치면 '불의不義'다. 이렇듯 공적 유용성에 따라 '의'와 '불의'를 나누는 묵자의 입장을 오늘날의 철학 용어로 바라보자면 '공리주의Utilitarianism'에 가깝다. 공리주의에 따르면 도덕의 정당화는 더 많은 쾌락이나 이익에 대한 계산에 따른다.

묵자에게 겸애와 교리는 물질적인 이로움과 관련이 있다. 묵자는 백성의 고통을 크게 세 가지로 나누었다. 첫째, 굶주린 자가 먹을 것이 없는 경우다. 둘째, 추운 자가 입을 옷이 없을 때다. 셋째, 노동하는 자가 휴식을 얻지 못하는 것이다. 백성에 대한 군주의 사랑은 단순히 그들을 불쌍히 여기는 마음에만 머물러서는 안 된다. 굶주린 자에게 먹을 것을 주어야 하고 추운 자에게 옷을 주어야 하며 가혹한 노동으로 인해 지친 자는 충분히 쉬게 해주어야 한다. 군주야말로 힘이 있어야 백성을 사랑할 수 있고, 또 그 사랑을 실천하기 위해 백성에게 물질적인 이익을 제공할 수 있다. 유가에게는 예악禮樂의 정비와 인의仁義의 실천이 백성을 물질적으로 풍요롭게 하는 것보다 한층 더 중요했다. 하지만 묵자에게는 백성을 물질적으로 풍족하게 하는 것이 무엇보다 먼저 이루어져야만 했다.

겸애와 교리는 하늘의 뜻

묵자는 사람들이 겸애를 실천하도록 하기 위해 종교적 장치를 마련했다. 묵자에게 '천天'은 의지가 있는 인격신으로 길흉화복을 주관한다. 묵자에 의하면 '천'은 사람들을 두루 사랑한다. 그리고 모든 사람이 서로 겸애해야 하는 것이 '천의天意; 하늘의 뜻'다. 하늘은 정의를 원하지 불의를 바라지 않는다. 나아가 침략과 혼란, 약육강식과 권력의 횡포를 원하지 않으며, 사람들이 서로서로 은혜를 베풀기를 바란다. 또 하늘은 세상 모든 존재를 차별 없이 사랑하며 이롭게 한다. 사람들이 실천해야만 할 겸애와 교리는 이러한 하늘의 뜻에 대한 보답이다.

하늘은 부도덕한 행위나 죄를 환히 감시한다. 하늘은 겸애를 실천하는 자에게는 상을 주고, 겸애를 실천하지 않는 자에게는 벌을 준다. 묵자는 이렇게 말한다.

> 천의天意는 대국大國이 소국小國을 치는 것을 바라지 않고 큰 집이 작은 집을 어지럽게 하기를 바라지 않는다. 강자가 약자를 위협한다든지, 다수가 소수에 가혹한 짓을 한다든지, 간사한 무리가 어리석은 자를 속인다든지, 귀한 자가 천한 자에게 오만하게 군다든지 하는 따위를 바라지 않는다.
>
> ―― 「천지(天志)」 중편, 『묵자』

묵자에 의하면, 평민-사士-제후諸侯-천자天子로 올라갈수록 책임져야만 하는 윤리의 폭이 커진다. 이는 계층별로 일을 처리하는 능력에 편차가 있다는 것을 의미한다. 묵자에게 윤리의 주요 역할은 혼란을 바로잡는 것이다. 아랫사람이 아니라 윗사람만이 할 수 있는 일이다.

> 평민은 힘을 다해 직업에 종사할 뿐 제멋대로 바로잡지는 못한다. 이 경우, 바로잡을 권한이 있는 것은 사士이다. (……) 제

후諸侯는 힘을 다해 맡은 바 정치를 행할 뿐 제멋대로 바로잡지는 못한다. 이 경우 바로잡을 권한이 있는 것은 천자天子이다. 천자도 제멋대로 바로잡지는 못한다. 이 경우 바로잡을 권한이 있는 것은 하늘이다.

——「천지」 상편, 『묵자』

천자는 세상에서 가장 귀하고 부유한 사람이다. 하지만 지상 최고의 존재 위에 하늘의 뜻이 있으므로, 누구나 이를 따라야만 한다. 최고 수준의 윤리는 곧 '하늘의 뜻'이다. 묵자가 말하는 '하늘'은 기독교의 절대신을 연상시킨다. 그러면 묵자는 서양의 중세 시대에 존재했던 교부와 같은 존재일까? 묵자의 언급에 들어 있는 평등한 사랑, 희생정신, 하늘의 뜻에 『성경』에 나오는 주요 구절과 통하는 지점이 많은 것은 사실이다. 신부나 수녀 가운데 묵자를 연구하는 분들이 간간이 존재하는 이유도 바로 묵자의 '천' 사상과 기독교 교리와의 친화성 때문이다.

그렇지만 묵자가 인격신으로서의 '하늘'을 자기 철학의 최종 목표로 삼았다고 볼 수는 없다. 묵자의 방점은 '겸애'와 '교리'의 실천이었으며, '하늘'은 '겸애'와 '교리'의 실천을 끌어내기 위한 촉매 역할이었다. 묵자의 '하늘'에 내포된 종교적 성격의 깊이와 함의에 대해서는 더 많은 논의가 필요하다고 하겠다.

죽음으로 도의를 실천하다

◦ ◦ ◦

『묵자』는 2,000여 년 동안 잠수했다가
청대清代에 와서야 다시 빛을 보기 시작한다.
특히 민국 초기에는 양계초梁啓超, 호적胡適 등과
같은 중국 근현대 철학자들에 의해
크게 재조명된다.

유가에 대한 비판

유가와 묵가 사이의 논쟁은 전국시대 내내 치열하게 전개되었다. 묵가는 격렬하게 유가를 공격했다. 묵가에서 말하는 사랑이란 말로만이 아니라 사랑하는 사람을 물질적으로 이롭게 하는 것이다. 묵가가 보기에 유가는 예禮 규정이 너무 번잡하고 장례葬禮 의식이 지나치게 화려하며 음악 활동 또한 사치스럽다. 이러한 번잡함과 화려함, 그리고 사치스러움을 유지하기 위해서는 많은 돈이 필요한데, 이 돈은 결국 백성으로부터 착취하는 것이다. 따라서 묵가가 보기에 유가가 말하는 백성에 대한 사랑은 말뿐인 허위의식에 불과했다.

첫째, 유가는 낭비벽이 심하다. 묵자는 의식주에서 생존의 기본적 수요에 만족하는 것만을 추구하고, 그 외 필수적이지 않은 모든 것들은 낭비라고 생각했다.

> 옛 성왕들은 의복을 만드는 법에 대해 말했다. 겨울옷은 짙은 칡 베옷을 입는데 가볍고 따스해야 하고, 여름옷은 굵고 고운 옷을 입어야 하는데 가볍고 시원하면 된다. 그밖에 더 큰 비용을 들여서 백성의 이익에 전혀 도움이 되지 않으면 성왕은 하지 않았다.
>
> —— 「절용(節用)」 중편, 『묵자(墨子)』

둘째, 유가는 장례를 너무 후하게 치른다.

> 제후가 죽으면 곳간을 비우고 각종 보석으로 시신을 두르며 (……) 수레와 말을 무덤에 묻는다. (……) 죽은 자를 보냄이 마치 이사 가는 것 같다. 천자가 죽으면 많게는 수백 명, 적으면 수십 명을 순장하고, 장군이나 대부가 죽으면 많게는 수십 명, 적게는 여러 사람을 순장한다.
>
> —— 「절장(節葬)」 하편, 『묵자(墨子)』

셋째, 유가는 음악을 중시하는데 이는 백성들의 삶과는 아무런 관계가 없는 사치다.

> 묵자가 음악을 거부하는 이유는 큰 종과 북, 거문고와 비파, 생황 소리가 즐겁지 않다고 생각하기 때문이 아니다. (……) 귀는 그 즐거움을 알더라도 위로 그것을 생각해 보니 성왕이 이룬 일과 맞지 않고, 아래로 헤아려 보니 만백성의 이득에 맞지 않기 때문이다. (……) 큰 종을 치고 북을 울리며 거문고와 비파를 타고 생황을 불며 간척을 드는 따위로 백성이 먹고 입는 재물을 얻을 수 있는가? (……) 지금 왕공 대인은 오직 음악만을 즐겨 백성이 입고 먹는 재화를 빼앗아 악기를 두드리고 있다.
>
> ——「비악(非樂)」 상편, 『묵자(墨子)』

묵자는 음악과 미인, 맛있는 음식, 좋은 집과 멋진 방이 사람들에게 즐거움을 준다는 사실을 모르지 않았다. 문제는 지배층의 유희를 즐기기 위한 비용이 어디서 나오느냐는 점이다. 이는 결국 백성이 내는 세금에서 충당된다.

합리적인 표준

묵자 사상은 고대 중국의 다른 사상에 비해 상당히 합리적이고 실용적이며 논리적이었다. 이러한 정신은 묵자가 인간의 노력을 강조하고 운명을 부정하기 위해 제시한 '삼표三表; 3가지 표준'에 잘 드러난다.

말에 표준이 없는 경우, 이것은 비유하자면 움직이는 물레 위에서 동쪽과 서쪽을 확립하려는 것과 같아서, 옳고 그름, 이로움과 해로움의 구분에 대해 분명히 알 수가 없게 된다. 그러므로 말에는 반드시 세 가지 표준이 있어야 한다. 무엇을 세 가지 표준이라고 하는가? 그것은 곧 역사적 표본과 경험적 근거, 현실적 유용성이다. 무엇에서 역사적 표본을 찾는가? 옛날 성왕들의 사적에서 찾아야 한다. 무엇에서 경험적 근거를 찾는가? 백성들의 귀와 눈으로 듣고 본 사실에서 경험적 근거를 찾아야 한다. 무엇에서 현실적 유용성을 찾는가? 형벌과 정책을 시행하여 그것이 국가, 백성 그리고 인민의 이익에 부합되는가를 살펴보는 데서 알 수 있다.

—— 「비명(非命)」 상편, 『묵자(墨子)』

표준이 되는 첫 번째 사항은 역사적 경험이다. 경험에서 발굴한 사례는 현실을 읽어내는 좋은 지침이 될 수 있다. 이 사례는 백성이 지금 경험하는 현실에서 구체적으로 검증되어야 한다. 그래야 두 번째 표준이 될 수 있다. 마지막으로 백성의 이익에 부합하는 '공익성'을 지녀야만 한다.

이런 합리적인 표준은 나라를 이끌어갈 좋은 인재를 발굴하는 데도 그대로 적용된다. 묵가의 정치 담론은 '상현사능尙賢使能'으로 개념화할 수 있다. 이 개념은 혈연적 폐쇄성을 지양하고 차별 의식을 버려 현자와 능력자를 선발해야 한다는 의미다. 묵자에 의하면 사회적으로 말단에 속한 사람도 적극적으로 발굴해 등용해야 한다. 묵자는 귀족이라 해도 문제가 있는 사람은 내쫓아 가난하게 만들어야 한다고 주장했다. 묵자의 말을 들어보자.

> 순舜임금은 역산에서 농사를 짓고, 하빈에서 질그릇을 굽고, 어택에서 고기를 잡으며 지냈으나 요堯임금이 발탁해 천자로 삼았고, 이지伊摯는 유신씨有莘氏 집안의 노예로 요리사였으나 탕湯이 등용해 재상으로 삼았는데, 천하가 잘 다스려졌다.
>
> —— 「상현(尙賢)」 중편, 『묵자(墨子)』

> 관官이 항상 귀한 것은 아니며, 백성이 끝내 천한 것도 아니다. 능력이 있으면 등용하고 능력이 없으면 그만두게 한다.
>
> —— 「상현(尙賢)」 상편, 『묵자(墨子)』

묵가의 집단 자살

『여씨춘추呂氏春秋』에는 기원전 381년에 묵가 집단이 양성군陽城君의 부탁을 받고 그를 도와 초나라의 공격에 대항했으나 패하자, 거자鉅子 맹승孟勝 이하 183명이 성城 위에 누워 자살했다는 기록이 나온다. 묵가의 거자 맹승과 양성군은 매우 가까웠다. BC 381년 초나라의 왕이 죽고 왕위를 둘러싼 권력 투쟁에 양성군이 연루되는 일이 벌어진다. 양성군은 권력 투쟁에 밀려 자기 영지로 도망가고, 초나라 왕실은 그를 제거하기 위해 군사를 급파한다. 이때 맹승은 양성군에게 그의 영지를 지켜줄 것이라고 약속한다. 이렇게 맹승이 약속을 했으나 이것은 달걀로 바위 치기라는 사실을 맹승 자신도 잘 알고 있었다. 중과부적인 상황에서 맹승은 고민한다. 이윽고 맹승은 제자들에게 말한다.

> 약속했으니 신의를 저버릴 수는 없고, 그렇다고 싸우자니 상대의 수가 너무 많다. 우리 모두 이 자리에서 죽음으로써 신의를 지키자.

그의 제자인 서약徐弱이 스승의 말에 반박하며 말한다.

> 우리가 자결해서 양성군에게 도움이 된다면 죽어도 좋지만, 그렇지 않다면 자결이 무슨 소용입니까? 우리가 다 죽어서 묵가의 대가 끊긴다면, 이는 옳은 행동이 아닙니다.

그러자 맹승은 분명한 어조로 다시 말한다.

그렇지 않다. 양성군과 나의 관계는 스승이 아니면 벗이었고, 벗이 아니면 신하였다. 우리가 여기서 죽지 않는다면 앞으로 세상 사람들이 강직한 스승을 구하고자 할 때 우리 묵가는 제외될 것이다. 현명한 친구를 구할 때도 우리를 제외할 것이다. 또, 훌륭한 신하를 구할 때도 우리 묵가를 제외할 것이다. 우리가 여기서 장렬하게 죽음을 택해야 묵가의 도가 끊어지지 않고 이어질 수 있다.

이윽고 맹승은 송나라에 가 있는 전양자田襄子에게 거자 자리를 넘기고, 그의 제자 183명과 함께 자결한다. 동서고금을 막론하고 이런 식으로 집단 자결로 생을 마감한 철학 학파는 묵가가 유일할 것이다. 이렇듯 묵가는 자신이 표방하는 윤리적 가치를 철저하게 실천에 옮겼다. 이 사건 이후 묵가 세력은 약화되기 시작한다. 묵가는 한나라 무제武帝와 동중서董仲舒에 의해 유가가 국교가 되면서 자취를 감추게 된다.

묵자에 대한 평가

다음은 『장자』「천하」에 나오는 묵자에 대한 평가다.

> 묵자는 (……) 살아 있을 때는 노래가 필요 없고 누가 죽어도 상복 따위는 필요 없다고 했다. 묵자는 모든 사람을 두루 사랑하고 다 함께 이익을 나누어야만 한다고 했으며 전쟁을 반대했다. (……) 비록 묵자의 도는 뛰어나지만 노래하고 싶을 때 노래를 못 하고, 곡을 해야 할 때 곡을 못 하며, 즐겨야 할 때 즐기지 못 한다면 이것이 과연 인정에 부합된 일이겠는가? 묵자의 도를 따른다면 살아 있을 때는 힘들게 일만 하고 죽어서는 박대를 받는 것이니 이는 너무나 각박하다. (……) 이런 방식은 사람들의 자연스러운 마음을 거스르는 것이므로 이들은 감당해낼 수 없을 것이다. 비록 묵자는 이를 실천에 옮길 수 있을지 모르지만, 세상의 보통 사람들이 어찌 실천에 옮길 수 있겠는가? (……) 묵자나 금활리禽滑釐의 생각은 옳지만, 그것이 행동으로 나타났을 때는 옳지 않다. 후세의 묵가 제자들을 고생시키고 장딴지와 정강이의 털이 닳

아 없어짐과 같은 노동을 시키는 일이다. 이것은 세상을 어지럽히는 죄일뿐더러, 세상을 다스리는 효과도 없다. 그렇긴 해도 묵자는 진정으로 세상을 사랑했던 사람이다. 자신이 이상으로 생각하는 도를 이루지 못했을 경우 비록 자신의 몸이 바짝 마른 초목과 같이 야위게 되더라도 포기하지 않았다. 그는 정말 훌륭한 사람이었다.

4장.

법에 따른 통치로 세상을 바로 세우기, 법가

현실과 미래를 중시한 철학

∘ ∘ ∘

천하를 다스리는 원리에 대해 유가가

인·의·예와 같은 덕치주의가

근본이라고 주장했다면,

법가는 엄격한 법치주의가

근본이라고 주장하였다.

법가의 시대정신

춘추시대 약 360년은 중앙정부의 권위가 무너지기는 했지만, 아직 주周나라 종실宗室에 대한 대의명분이 남아 있었다. 하지만 진나라 통일에 이르기까지의 마지막 183년은 주나라 종실의 권위가 더는 남아 있지 않았으며 오로지 약육강식의 논리만이 지배하게 되었다. 전쟁에서 패망하지 않기 위해서는 기능과 구조를 갖춘 강력한 정부가 요청되었으며, 정의나 명분보다는 현실적이고 구체적인 정책 대안이 필요했다. 통치자에게 성인聖人이나 군자君子이기를 요구하는 철학은 점점 더 설 자리를 잃어가고 있었다. 이렇듯 사회적으로 지금까지와는 다른 지식인이 요구되면서, 법가法家 사상가들이 활약할 수 있는 여건은 한층 무르익어 갔다.

법가는 과거의 전통에 얽매이지 않고 현실과 미래를 중시했다. 그리고 최고 통치자에게 시대의 변화를 인정하고 새로운 방식의 정책 대응을 할 것을 강조했다. 천하를 다스리는 원리에 대해, 유가가 인·의·예와 같은 덕치주의가 근본이라고 주장했음에 비래, 법가는 엄격한 법치주의가 근본이라고 주장했다.

법가의 집대성자인 한비자는 시대를 상고上古·중세中世·당금當今으로 나누어, 먼 옛날인 상고는 도덕으로 다툰 시대였고 가까운 과거인 중세는 지략으로 갈등을 벌인 시대였으며 오늘날인 당금當今은 힘으로 경쟁하는 시대라고 말했다. 그리고 이렇게 시대별로 시대정신이 달라지는 이유는 물질적인 풍요로움의 차이에 따라 이익을 따지는 방식이 다르기 때문이라 했다.

이를테면 물질적으로 풍요로웠던 상고가 도덕적 견해 차이를 두고 싸우는 시대였다면, 중세에는 지모를 다투었으며, 한비자가 살던 시대인 당금에는 사람은 많아졌으나 자원이 한정되어 있기에 힘으로 경쟁을 벌이는 상황에 빠질 수밖에 없다. 따라서 시대가 바뀌고 이해관계가 바뀌면 통치술도 그에 맞춰 달라져야 한다.

한비자 이전의 법가 사상가

한비자는 법가 사상의 대표이지만, 법가 사상의 핵심 개념과 이념은 한비자 이전에 이미 갖추어졌다. 한비자는 여러 선배 법가 사상가들의 사상을 잘 취합해 집대성하고 그것에 자기의 통찰력을 입혀 법가 사상을 체계화한다.

한비자 이전의 법가로 지목할 인물로는 관중管仲 ; BC 725~645이 있다. 제齊나라 재상을 지내면서 나라를 비약적으로 발전시킨 그는, 고사성어인 '관포지교管鮑之交'의 주인공이기도 하다. 관중은 토지제도를 개혁하고, 조세와 병역 그리고 상업과 무역 등에 있어서 대폭적인 개혁을 단행했다. 그가 지은 『관자管子』에 의하면 군주는 백성을 위해 경제적인 부강을 추구해야 하며 이를 위해서는 중농정책을 시행해야만 한다. 그리고 공업과 상업은 국가의 부를 축적하는 데 큰 도움이 되므로 국영으로 운영해야 한다. 관중에게 도덕은 경제적 형편에 영향을 받는 것이었다.

> 창고가 가득 차야 예절을 알고, 입고 먹는 것이 넉넉해야 영예와 부끄러움을 안다.
>
> —— 「목민(牧民)」, 『관자(管子)』

다음에 언급할 신불해와 신도, 그리고 상앙의 법가 사상은 한비자에게 결정적인 영향을 준다. 우선, 한韓나라의 재상을 지낸 신불해申不害; BC ?~337의 경우 법가의 핵심 개념인 '법술세法術勢' 가운데 '술術'을 특히 중시했다. '술'이란 신하 각각의 관직을 명확히 정하고 평소의 근무 상태를 잘 감찰하여 상벌을 내리는 것을 말한다. 군주는 이 상과 벌을 무기 삼아 신하들을 잘 통제해야만 한다.

그리고 조趙나라 출신 신도愼到; BC 395~315는 '세勢'를 중시했다. 신하가 군주에게 복종하는 이유는 군주가 덕행이 뛰어나서가 아니라 그의 세력이 강하기 때문이다. '세'는 극단적으로 중앙집권을 강조하는 개념이다. 군주에게 모든 권세가 집중되어야만 비로소 신하와 인민을 호령하고 '신상필벌信賞必罰'을 할 수 있다는 것이다. 아울러 신도는 법률 제정에 의한 통치를 강조하는 '법法'과 신하를 다스리는 방법인 '술術'도 중시했다. 한편, 신도는 법가이지만 도가道家로 분류되기도 한다.

사실 법가와 도가는 통하는 지점이 있다. 단순히 법가의 집대성인 『한비자』에 노자에 대한 해설인 「해로解老」와 부연설명인 「유로喩老」 편이 있어서가 아니다. 법가와 도가는 정치적 이상에서 서로 통하는 측면이 있다. 우선 '법法'이란 글자는 氵(水; 물)+去(가다)가 합쳐진 글자다. 즉, '물이 흘러가는' 것이 '법'이다. 법가가 상정하는 이상적인 사회에서는 완비된 법률이 시행되어 군주와 신하, 그리고 백성이 특별히 무엇을 할 필요가 없다. 군주는 단지 법에 맡기기만 하면 되고, 신하는 법대로 시행하기만 하면 되며, 백성도 그저 법을 지키기만 하면 된다. 법가에 의하면 이상적인 사회란 모든 구성원이 특별한 행동을 하지 않아도 '물이 흐르듯이' 저절로 잘 흘러가는 사회다.

자기가 만든 법에 희생당하다

한비자 이전의 법가 사상가 가운데 가장 존재감이 강한 인물로 상앙商鞅, 또는 공손앙公孫鞅; BC 390~338을 들 수 있다. 그는 진秦나라 효공孝公을 도와 진나라를 부강하게 해 장차 진나라가 천하를 통일하는 데 초석이 되었다. 후대에 편집된 『상군서商君書』에는 그의 사상과 정책이 오롯이 담겨 있다.

상앙은 '법法'을 두드러지게 강조했다. 국가는 제정된 법에 따라 운영되어야 하며, 이 제정된 법은 누구에게든지 공평하게 적용되어야 한다고 했다. 상앙에 의해 새로운 법률이 만들어지고 난 뒤 얼마 지나지 않아 진나라 도성 남문 앞에는 나무막대 한 개가 꽂혔다. 그 옆에는 관리 한 사람이 서서 지나가는 사람들에게 이렇게 말했다. "이 지팡이를 북

상앙

문 앞으로 옮기는 사람에게 황금 십 냥을 주는 새로운 법률안이 제정되었다." 하지만 지나가는 사람들은 이 말을 믿지 않고 비웃기만 했다. 고작 나무막대를 옮기는 일에 황금 십 냥이라는 거금을 준다는 것이 말이 안 된다고 여겼기 때문이다. 그 누구도 나무막대를 옮기려 하지 않자, 상금을 오십 냥으로 올린다. 그제야 어떤 한 사람이 나타나 긴가민가하면서 나무막대를 북문으로 옮긴다. 그러자 관리는 그 사람에게 약속대로 황금 오십 냥을 지급한다. 이 이야기가 널리 퍼지자, 진나라 백성들은 법이란 제정된 그대로 한 치의 오차 없이 집행된다는 것을 믿게 된다. 상앙이 법에 대한 신뢰를 심어주기 위해 이러한 일을 벌인 것이었다.

상앙은 여러 새로운 정책을 내놓으면서 진나라에 전에 없던 활력을 불어넣는다.

① 귀족들에게 분봉分封 해왔던 영토를 군주 한 사람의 관할로 바꾸고 이것을 현縣 단위의 행정구역으로 편성하여 중앙관리를 직접 파견한다.

② 주민을 10호 또는 5호 단위로 편성하여 방범 체제를 정비하고 위반하면 엄하게 벌하고 밀고자에게는 상을 준다. 동아시아 문명의 중요한 틀 가운데 하나인 호적 제도를 창시한 사람 역시 바로 상앙이다. 그는 봉건제를 폐지하고 군주가 직할 통치하는 군현 제도를 확립시킨다. 그리고 이는 향후 중국 정

치 제도의 기본 체제로 자리 잡는다.

③ 도량형을 통일해 진나라 경제 질서에 큰 변화를 일으켰다.

④ 아들이 둘 이상일 때에는 분가를 명령했다.

⑤ 부지런히 일하여 많은 생산량을 내고 세금을 많이 낸 사람에게는 역역力役을 면제했다. 그리고 수확이 나쁜 자는 노예로 만들었다.

⑥ 귀족과 평민을 불문하고 군공軍功에 의하여 귀천을 나눈다.

특히 상앙은 성문법을 제정해 문서를 관청에 보관해야 한다고 주장했다. 그리고 그는 사법관청을 설치하고, 사법 전문 관리를 두어 존비귀천을 불문하고 법을 공평하게 적용해야 한다고 말했다. 이것은 귀족들이 누리던 특권을 폐지하고 군주의 절대적 권력을 뒷받침하는 것이었다.

상앙은 백성의 힘과 국력은 서로 반비례한다면서, 백성의 힘을 눌러 약하게 하는 것이 좋은 정치라 주장했다. 그에 따르면 백성 간의 연대 의식이 약해지면 나라가 강해지고 백성의 연대 의식이 강해지면 나라가 약해진다. 그가 주민을 10호 또는 5호 단위로 편성해 방범 체제를 정비하고 위반한 때에는 엄하게 벌하고 밀고자에게는 상을 주는 연좌 시스템을 고안한 이유도 바로 백성들이 연대 의식을 가지지 못하도록 하기 위함이었다.

당시까지만 하더라도 진나라는 '반읍국가半邑國家'라고

불릴 정도로 변방에 있는 작은 약소국에 불과했다. 하지만 상앙에 의하여 변법과 개혁에 성공하면서 장차 이루게 될 천하통일의 발판을 구축하게 된다. 그는 이렇게 진나라 통일의 기초를 닦았지만, 그 말로는 비참했다. 상앙이 밀어붙인 개혁 정책의 핵심 가운데 하나는 귀족이 누리던 각종 특혜를 폐지한 것이었는데, 그에게 피해를 본 귀족들이 복수의 칼날을 갈고 있었던 것이다. 그동안 그의 바람막이였던 효종이 죽자마자 귀족들이 벌떼처럼 일어나 그를 공격했고, 결국 상앙은 가장 끔찍한 형벌인 거열형車裂刑 : 수레에 매달아 찢어 죽이는 형벌에 처해져 생을 마감한다.

전하는 이야기에 따르면, 그는 효종이 죽자마자 위魏나라로 망명을 시도한다. 그는 밤에 국경인 함곡관에 이르렀지만, 새벽 첫닭이 울 때까지 관문을 열 수 없다는 진나라 법에 따라 여관에 묵으려 한다. 하지만, 주인으로부터 뜻밖의 소리를 듣는다. 상앙이 제정한 새로운 법률 때문에 낯선 사람을 재워줄 수 없다는 것이다. “자기가 만든 법에 자기가 희생되다.” 혹은 “자기가 놓은 덫에 자기가 걸리다.”라는 의미의 고사성어인 ‘작법자폐作法自斃’의 유래가 바로 이 일화다.

천하 통일의 시금석이 되다, 한비자

◦◦◦

이사는 동문수학한 친구인 한비자를
자신의 영달을 위해 죽음으로 내몰았다.
그러면 이사는 온전한 삶을 살았을까?
물론 그는 진시황을 도와 천하를 통일하고
권력의 정점에서 최고의 영예를 누렸다. 하지만
진시황이 죽은 이후 그는 권력투쟁에 밀려나
끔찍한 고문을 받고 처형된다.

한비자와 이사 그리고 진시황

법가의 대표 주자 한비자韓非子; BC 280~233는 전국시대 말기 한韓나라에서 태어났다. 한비자는 순자荀子의 문하에서 배웠다. 순자는 비록 유가였지만, 그의 예禮 사상은 공자와 달리 거의 법이나 다름없었다. 한비자는 스승의 예 개념을 '법' 개념으로 승화시킨다. 그리고 상앙의 '법'과 신불해의 '술', 그리고 신도의 '세'를 체계적으로 융합하여 법가를 집대성했다.

한비자에 의하면 군주는 절대적인 권세를 바탕으로 신하를 잘 통제하고 또 법의 권위를 확실하게 세워야만 한다. 한비자가 골몰한 주제는 어떻게 하면 모든 권력을 군주에게 집중시킬까 하는 것이었다. 한비자는 한韓나라 사람이지

한비자

진시황

만 정작 그의 조국은 한비자의 방안을 채택하지 않았다. 아이러니하게도 한비자의 글에 감탄한 것은 적국인 진秦나라의 왕이었다. 후에 시황제가 된 진나라 왕은 한비자가 쓴 『고분孤憤』과 『오두五蠹』편을 보고 "이 사람과 교류할 수 있다면 죽어도 여한이 없겠다."라고 말하기까지 한다. 당시 진나라 왕의 곁에는 이사李斯; BC ?~208가 있었다. 이사는 한비자와 함께 순자의 제자였다. 이사는 한비자를 진나라로 불러들이기 위하여 진나라가 한나라를 공격할 준비를 하고 있다는 유언비어를 흘린다. 예상대로 한나라는 한비자를 사신으로 보내 화친을 요청한다. 이때 한비자는 진나라 왕을 설득해 위험에 빠진 한나라를 구하리라 굳게 마음먹고 있었다.

진나라 왕은 한비자를 보자 크게 기뻐하면서 그를 진나라에 붙잡아 두려 했다. 이사는 자기가 한비자보다 부족하다고 생각했다. 이사는 그가 한나라로 돌아가면 자신이 몸담은 진나라가 위험하고, 만약 그를 설득하여 진나라에서 벼슬을 하게 된다면 자신의 지위가 위험하므로 그를 죽이기로 한다. 이사는 진나라 왕에게 한비자를 참소했으며, 그는 감옥에 갇힌다. 원래 이사는 한비자를 모함해 죽이려 했으나, 왕이 그를 아끼는 마음에 옥에 가두는 것으로 그친 것이었다. 하지만 이사는 옥에 갇힌 한비자에게 독약을 보내 자살할 것을 집요하게 강요한다. 한비자는 자신의 결백을 입증하기 위해 왕을 만나볼 기회를 간청했으나 받아들여지지 않았다. 결국, 한비자는 독약을 먹고 강요된 자살을 하고 만다. 진나라 왕은 뒤늦게나마 한비자를 석방하려 했지만, 이미 그가 자살한 후였다. 한비자가 죽고 3년 후에 한韓나라가 멸망하고, 이후 진나라는 조趙·위魏·초楚·연燕·제齊를 차례로 병합하여 기원전 221년에 천하를 통일한다.

인간의 악한 본성은 가르쳐도 바뀌지 않는다

한비자에 의하면 인간이란 각종 욕망에 휘둘리는 존재다. 인간은 편안함과 이익을 추구하고 위태롭고 해로운 것은 피한다. 이것이 인간의 본성이다. 이러한 그의 인간관은 스승인 순자에게 배운 것이었다. 순자에 의하면 인간은 많은데 재화는 한정되어 있기에 사회에는 분쟁이 끊임없다. 그리고 인간이란 이기적인 존재여서 가만히 내버려 두면 사회가 붕괴한다. 따라서 인간을 선한 존재가 되도록 좋은 교육으로 이끌어야 하고, 또 사회가 안정을 이루도록 예禮 질서를 구축해야만 한다. 인간은 비록 이기적이고 악하지만, 교육을 통해 선하게 만들 수 있다는 것이 순자 인간관의 핵심이다. 하지만 한비자에 의하면 선천적으로 이기적이고 악한 인간은 어떤 교육을 통해서든

선하게 변화하지 않는다. 이런 맥락에서 한비자는 유가儒家의 예악禮樂 사상을 철저하게 부정했다. 군주와 신민臣民; 신하와 백성의 이익은 항상 대립할 수밖에 없다. 군주가 신하와 백성을 관리하기 위해서는 법질서와 그에 따른 제재에 의존할 수밖에 없다.

> 군주의 이득은 능력이 있는 자가 관직을 얻어야만 생기고, 신하의 이익은 무능해도 관직을 얻는 데 있다.
>
> —— 「고분(孤憤)」, 『한비자(韓非子)』

> 신하가 군주를 섬기는 이유는 부자지간과 같은 혈육의 정이 아니라, 단지 군주의 위세에 눌렸기 때문이다. (……) 아내나 자식과 같은 혈육도 믿지 못하는 판에 그 외의 인간관계에서 믿음이 부질없다는 것은 말할 필요조차 없다.
>
> —— 「비내(備內)」, 『한비자(韓非子)』

한비자가 볼 때 인간이란 도덕이 아니라 이해관계에 의해 움직인다. 인간을 평가할 때에도 그가 어떤 이해관계에 처해 있는지를 살펴야지, 도덕의 잣대로 바라봐서는 안 된다.

> 수레를 만드는 사람은 수레가 완성되면 사람들이 부귀해지기를 바란다. 관을 만드는 사람은 관이 완성되면 사람들이 되도

록 빨리 죽기를 바란다. 수레를 만드는 사람은 인덕이 있고 관을 만드는 사람은 잔인해서 이런 생각을 하는 게 아니다. 사람이 귀하지 않으면 수레가 팔리지 않고, 사람이 죽지 않으면 관이 팔리지 않기 때문이다.

── 「비내(備內)」, 『한비자(韓非子)』

한비자에 의하면 지금은 서로 이익을 쟁취하려는 시대이기 때문에, 나라를 잘 다스리기 위해서는 전체의 공리公利를 추구하고 사적인 이익은 철저하게 통제해야만 한다. 유가가 강조하는 인의仁義는 먼 옛날에나 통했던 방법이다. 고대인들이 재화를 가볍게 본 이유는 당시에 재화가 많았기 때문이지, 그들이 인의를 갖추었기 때문이 아니다. 오늘날의 사람들이 툭하면 싸우는 것 역시 이들이 비열해서가 아니라, 재화가 부족하기 때문이라는 것이 한비자의 생각이었다.

상대의 마음을 헤아려라

『한비자』에는 인간 심리에 대한 예리한 통찰과 처세에 도움이 되는 우화가 많이 나온다. 우리가 삶에서 만나는 대부분의 어려움은 '인간관계'에서 비롯된 것이다. 인간은 누구나 살아가면서 피해를 보기 마련이다. 이때 나를 증오하는 사람이 있고 나를 사랑하는 사람이 있다고 하자. 만약 이 두 사람이 모두 필연적으로 나에게 손해를 끼칠 운명이라면, 둘 중 누가 나에게 더 큰 손해를 끼칠까? 상식적으로 생각할 때 당연히 나를 증오하는 사람일 것이다. 하지만 한비자는 그 반대일 수도 있다고 말한다.

> 증오하는 자를 아무리 방비해도 진정한 화근은 바로 내가 사랑하는 사람이다.
>
> ―― 「비내(備內)」, 『한비자(韓非子)』

사랑하는 사람이 적이 되었을 때, 원래부터 나를 증오했던 사람보다 더 치명적일 수 있다. 왜냐하면 평소에 나를 증오하던 사람은 그동안 잘 방어해 왔지만, 나를 사랑했던 사람은 나의 모든 약점을 다 알고 있기 때문이다. 다음과 같은 한비자의 언급은 누군가를 설득할 때 어떤 자세로 임해야 하는지 좋은 지침을 준다.

> 남을 설득하기 어려운 이유는 (……) 내가 하는 말을 그 상대의 마음에 맞추기가 어렵기 때문이다. 상대가 명예와 고결한 인품을 드높이는 데 관심이 많은데 경제적 이익으로 유인해 설득하려 한다면, 상대방은 자기를 천박한 사람으로 여기는 데

> 불만을 품고 나를 멀리할 것이다. 반대로 상대가 경제적 이익에 관심이 많은데 명예와 고결한 인품을 운운하며 설득하려 한다면, 상대는 내가 생각이 모자라고 철이 없다고 여길 것이다. (……) 상대를 잘 설득하기 위해서는 상대의 마음을 예리하게 간파하는 능력을 키워야만 한다.
>
> —— 「세난(說難)」, 『한비자(韓非子)』

상대의 마음을 꿰뚫기란 여간 어려운 게 아니다. 누군가를 설득하고자 할 때는 상대방의 성향을 철저하게 파악해 두는 것이 좋다. 한비자가 보기에 인간이란 매우 불안정하고 합리적이지 못하며 변덕스러운 존재다. 『한비자』는 군주를 위한 통치술뿐만이 아니라 신하가 군주를 대할 때 유념해야만 할 사항도 비중 있게 다루고 있다. 『한비자』와 가장 비슷한 책을 서양 고전에서 찾자면 바로 마키아벨리의 『군주론』이다. 『군주론』이 정치철학서이자 사회 생활에 도움이 되는 처세이듯이, 『한비자』도 군주를 위한 통치술을 설명한 책이면서, 조직을 이끌어가는 리더가 갖추어야만 할 자세와 조직 구성원이 조직의 수장을 대할 때 필요한 현명한 처세가 잘 정리되어 있는 자기계발서이기도 하다. 『한비자』「세난」에는 '역린逆鱗; 거꾸로 박혀 있는 비늘'의 출전인 유명한 이야기가 나온다.

옛날에 미자하彌子瑕란 미소년이 위衛나라 군주의 총애

를 받고 있었다. 그러던 어느 날, 미자하의 어머니가 병이 들었다. 그는 군주의 수레를 몰래 타고 어머니를 보러 나갔다. 본래 위나라 법상 군주의 수레를 몰래 타면 발이 잘리는 형벌을 받았다. 하지만 군주는 오히려 미자하를 칭찬했다. 그가 발이 잘리는 형벌을 감수하고 병이 든 어머니를 만나러 간 보기 드문 효자라는 것이었다. 한번은 군주를 모시고 과수원에 놀러간 미자하가 복숭아를 먹다가 너무 맛있어 다 먹지 않고 절반을 군주에게 주었다. 군주는 미자하가 맛있는 복숭아를 혼자 먹지 않고 자기를 주었다고 칭찬했다. 그런데 나이가 들어 미자하의 용모가 시들자 군주는 과거에 미자하가 일삼은 행동을 새삼스레 문제 삼는다. 한비자는 이 일화를 이렇게 평가한다.

> 미자하彌子瑕의 행동은 처음과 변함이 없었다. 하지만 이전에는 칭찬을 받았지만 지금 욕을 먹는 이유는 미자하를 향한 군주의 애증이 변했기 때문이다. (……) 따라서 신하가 군주에게 간언하거나 자기주장을 펼칠 때는, 자기가 지금 군주로부터 사랑을 받고 있는지 미움을 받고 있는지 잘 헤아린 이후에 말을 꺼내야만 한다. (……) 용의 턱 아래에는 길이가 약 30센티 정도의 역린이란 비늘이 있다. 만약 사람이 그 비늘을 건드리게 되면 용은 사람을 죽인다. 군주 역시 역린이 있다.
>
> —— 「세난(說難)」, 『한비자(韓非子)』

누군가를 설득할 때는 상대의 마음을 살피는 것이 무엇보다도 중요하다. 한비자에 의하면 나의 의견이 객관적으로 아무리 훌륭하다고 할지라도 상대의 마음을 헤아리지 못한다면 목적을 달성할 수 없다.

황제 지배 질서의 기틀을 세우다

◦ ◦ ◦

법가 사상은 진나라·한나라의 중앙집권적 고대 제국 구축에 큰 영향을 주지만, 한 무제 때 유가儒家가 국교화가 된 이후에는 역사의 뒤안길로 사라진다. 하지만 법가의 핵심 이념은 국교화된 유가에 깊이 스며들어 간다. 표면적으로는 법가가 자취를 감추게 되지만, 그 핵심 이념은 이후 중국의 황제 지배 질서 이념 안에 면면히 살아남게 된 것이다.

현실과 이상의 모순

초나라 상인이 시장에서 창과 방패를 팔고 있었다. 먼저 방패를 들고 이 방패는 세상에서 가장 단단해서 어떤 창으로도 뚫을 수 없다고 말한다. 이어 창을 들고서는 이 세상에서 가장 날카로워 어떤 방패도 뚫을 수 있다고 이야기한다. 이를 지켜보던 사람이 당신의 창으로 그 방패를 찌르면 어떻게 되냐고 물었더니 초나라 사람은 당황하면서 아무런 말도 하지 못했다. 이 이야기는 『한비자韓非子』「난세難勢」에 나온다. 창을 뜻하는 모矛와 방패를 뜻하는 순盾이 합쳐져서 이루어진 단어 '모순矛盾'의 출전이다.

한비자는 초나라 사람의 말이 앞뒤가 맞지 않는 것처

럼, 유가나 묵가가 주장하는 이념은 지금의 현실과 맞지 않는 공허한 이상론이라 했다. 한비자에 의하면 시대에 따라 대책도 변해야 한다. 지금의 현실에 맞지 않는 옛 이념을 추종하는 것은 현명한 태도가 아니다.

> 그러므로 성인聖人은 옛것을 따르려 하지 않고, 고정된 원칙을 본받으려 하지도 않는다. 성인은 시대 상황에 맞게 대책을 세운다.
>
> —— 「오두(五蠹)」, 『한비자(韓非子)』

고대의 제왕들이 시행한 옛날 정책으로 오늘날의 사회를 다스리려는 것은 "그루터기에 죽치고 앉아 토끼가 걸려 넘어지는 것을 기다리는"(수주대토守株待兎) 어리석은 일이다.

신하들의 충성심과 공포심을 활용하라

한비자에 의하면 군주는 법과 술을 잘 운용하여 통치의 효율성을 극대화해야 한다. 우선 법은 만천하에 드러나야 한다. 법은 명확하게 기록되어야 하고 공개적이어야 한다. 관청은 법조문을 잘 관리하고 백성들에게 잘 숙지시켜야만 한다.

법을 분명히 하고 형벌을 엄격하게 적용해 백성을 어려움에서 구제하고 세상의 재앙을 없애야 한다. 그래야만 강자가 약자를 능멸하지 못하고 다수가 소수를 학대하지 못하며, 노인들이 자기 수명을 다 누리고 나이 어린 고아가 제대로 잘 성장하며, 국경 지역에 전쟁이 사라지고 군주와 신하가 친밀하다.

—— 「간겁시신(姦劫弑臣)」, 『한비자(韓非子)』

또한 군주는 상벌을 잘 활용해 신하들을 효과적으로 다스려야 한다. 군주는 신하들의 충성심과 공포심을 잘 이용해야만 수월하게 통치권을 행사할 수 있다.

현명한 군주는 신하를 통제하기 위해 칼자루 두 개를 단단히 쥐고 있어야만 한다. 이는 형벌과 은덕이다. (……) 신하는 벌을 받아 죽는 것을 두려워하고 상을 받는 것을 이득이라고 생각한다. 따라서 군주가 이 형벌과 은덕을 직접 내리면, 모든 신하는 군주의 위세를 두려워하면서 상을 받기 위해 군주가 원하는 행동을 할 수밖에 없다. 하지만 간신은 그렇지 않다. 간신은 군주로부터 권한을 얻어내 자기가 미워하는 자에게 벌을 주고 좋아하는 자에게 상을 준다. 만약 군주가 상벌을 내리는 권한을 행사하지 못하고 신하의 말만 듣고 시행하면, 백성은 신하를 두려워하고 군주를 깔보게 된다. 백성은 신하를 따르고 군주를 버릴 것이다. (……) 호랑이가 개를 이길 수 있는 이유는 발톱과 어금니 때문이다. 만약 호랑이가 자기 발톱과 어금니를 떼어내 개에게 줘 버린다면, 호랑이는 이제 개에게 굴복당할 수밖에 없다. 군주란 형벌과 은덕으로 신하를 통제하는 자다. 만약 군주가 형벌과 은덕을 내릴 권한을 신하에게 떼어 준다면, 군주는 신하에게 통제받게 될 것이다.

—— 「이병(二柄)」, 『한비자(韓非子)』

군주가 형벌과 은덕이라는 두 개의 칼자루를 틀어쥐고 있으면 신하들을 자유자재로 부릴 수 있다. 만약 군주가 상벌의 권한을 스스로 행사하지 않고 신하에게 맡기면 백성은 그 신하를 두려워하고 군주를 만만히 본다. 이렇게 되면 백성의 인심은 신하에게로 향하게 된다. 그러므로 군주는 이 두 개의 손잡이를 절대로 놓아서는 안 된다.

그리고 군주는 결코 신하를 믿어서도 안 된다. 군주가 특정 신하를 너무 신뢰하면 그 신하의 호흡에 끌려다니게 될 가능성이 커진다. 겉보기에 아무리 충성스러워 보여도, 이는 신하가 군주의 위엄 있는 기세에 눌려 그런 것이지 군주를 진심으로 따르는 게 아니다. 신하는 늘 군주에게 달려들 기회를 노리고 있다. 군주가 조금이라도 정신을 놓으면 지위가 위태로워지고 때로 죽임을 당하기도 한다. 군주가 태자와 왕비를 무조건 신뢰하면 신하들은 태자나 왕비에게 접근해 자기들의 사사로운 욕심을 채우려고 할 것이다.

한비자에 따르면 군주는 자기의 아들과 아내도 믿어서는 안 된다. 나라에서 조칙으로 태자를 봉하면 그 태자를 옹립한 자들은 군주가 일찍 죽기를 원할지도 모른다. 아내도 마찬가지다. 아내란 본래 같은 핏줄이 아니기에 사랑이 식으면 남이나 다름이 없다. 한비자가 볼 때 모든 재난의 출발점은 '사랑'이다.

신하의 거짓말을 간파하라

한비자 사상에는 '형명참동刑名參同'이라는 개념이 있다. 이 개념의 의미는 신하들이 하는 말(명名)과 실제의 공로(형刑)를 비교해, 이 둘이 서로 잘 들어맞으면 상을 주고 그렇지 않으면 가차 없이 벌을 주어 신하들이 거짓말을 못 하도록 하는 것이다.

> 군주가 신하들의 간사한 짓을 미리 차단하기 위해서는, 신하가 완수한 일의 성과인 '형刑'과 신하가 하겠다고 약속한 말인 '명名'이 얼마나 잘 일치하는지 살펴야만 한다. 신하가 어떤 일에 대해 의견을 제시하면, 군주는 그 의견에 들어맞는 일을 맡기고 오직 그 일에 관해서만 성과를 따진다. 성과가 그 일과 들어맞고 일이 그 말과 딱 들어맞으면 상을 준다. 성과가 그

> 일과 들어맞지 않고 일이 그 말과 다르면 벌을 준다. (……) 성과가 적다고 벌을 준 것이 아니라, 성과가 말과 달랐기에 벌을 준 것이다. 또한 당초에 신하가 약속한 말보다 더 큰 성과를 낸 경우도 벌을 준다. 큰 성과가 기쁘지 않기 때문이 아니라, 단순히 성과를 내는 것보다 말과 성과가 들어맞지 않아서 생기는 폐해를 없애는 것이 더 중요하기 때문이다.
>
> ── 「이병(二柄)」, 『한비자(韓非子)』

'형명참동刑名參同'은 신하의 직무 능력을 심사하는 일종의 근무 평가다. 법·술·세 가운데 술의 차원이다. '형刑'은 신하가 실제로 완수한 일의 실적이고, '명名'은 신하 스스로 완수할 일의 목표를 군주에게 신고하는 것을 의미하며, '참동參同'은 양자를 함께 놓고 평가하는 것을 뜻한다. 군주는 신하의 실적만 평가해서는 안 되고 '실적'과 '말'을 종합해서 따져야 한다. '형명참동'에 따르면 신하가 신고한 대로 업무를 주고 그 결과가 같으면 상을 주고 다르게 나오면 벌을 준다. 뜻밖에도 한비자는 목표를 초과 달성해도 벌을 내려야만 한다고 말한다. 속이 엉큼한 신하가 실제로 달성할 수 있는 큰 성과를 일부러 적게 신고하여 상을 가로채려 했기 때문이다. 군주를 속이려 하는 신하의 모든 행위는 근절되어야만 한다.

해충 다섯 마리와 잘못 열 가지

한비자는 국가를 좀먹는 해충과 같은 존재를 다섯 부류로 제시했다.

1. 쓸모없는 학설을 주장하면서 영달을 꾀하는 유가와 묵가를 비롯한 학자. 이들은 선왕의 도道와 인의仁義를 빙자하고 용모와 의복을 꾸며 화려한 말솜씨로 법을 의심하게 하고 군주의 마음을 흐린다.
2. 외세를 이용해 사복을 채우는 종횡가縱橫家.
3. 절개와 의리를 앞세워 명성을 얻으려는 검객.
4. 군주와 중신의 회견을 주선해 뇌물을 거두는 측근.
5. 투기적인 거대 이윤을 올리며 농민을 학대하는 상공인들.

한비자는 이 다섯 부류를 국가를 내부로부터 좀먹는 해충들(오두지류五蠹之類)이라고 했다.

또 한비자는 군주가 절대로 해서는 안 되는 열 가지 잘못을 열거하기도 했다.

1. 작은 업적에 정신이 팔리면 큰일을 도모하지 못한다.

2. 작은 이익에 얽매이면 큰 이익을 얻지 못한다.

3. 감정 내키는 대로 난폭한 행동을 하면 몸을 망친다.

4. 정사를 돌보지 않고 음악에만 빠져 있으면 곤란한 지경에 이른다.

5. 지나치게 욕심을 부리면 나라를 망치고 목숨을 잃을 수 있다.

6. 여자의 무악舞樂에 빠져 국정을 돌보지 않으면 나라가 망할 것이다.

7. 도성을 떠나 멀리 놀러 다니면 위험에 빠질 수 있다.

8. 충신의 의견을 무시하고 제멋대로 행동하면 명성을 잃고 비웃음을 당할 것이다.

9. 자신의 힘을 제대로 헤아려 보지도 않고 외세에만 의지하면 영토를 잃을 수 있다.

10. 강한 나라를 우습게 보면 대가 끊길 것이다.

5장.

유교와 도가 사이의
한판 대결,
중국 철학

사상 통합의 선구자,
황로 도가

○ ○ ○

황로黃老 도가는 유교를 중심으로
제자백가 사상이 통합되기 전에 먼저
사상 통합의 비전을 제시한 중국 지성사에서
사상 통합의 선구자다.

황제와 노자의 만남

진秦나라 시황제는 법가法家 이론을 기반으로 BC 221년에 천하를 통일했다. 역사 속에서 진시황은 만리장성을 축조하느라 많은 사람을 죽게 만들고, 유교 경전을 비롯한 여러 학파의 주요 경전을 불태우며 유림 460여 명을 파묻어버린 분서갱유焚書坑儒를 단행하는 등 폭군의 전형으로 평가받는다. 하지만 그는 지역마다 제각각이었던 도량형과 화폐를 통일해 경제 질서의 안정을 꾀하기도 했다. 그러나 진나라는 연속적인 반란을 거치면서 약 15년 만에 멸망하고 만다. 이후 한漢왕조BC 206~AD 220가 들어선다. 한 왕조 초기에는 도가道家의 통치 방식이 유행했다. 사실 가만히 따져보면 강력한 통치 지배 질서를 확립하고 합리적인 정치 운영을 이루어내는 데는 제자백가 중 유가 사상이나 법가 사상이 제격이다. 하지만 한나라를 건국한 유방劉邦과 그의 대부분의 신하들은 전문적인 독서를 기반으로 한 지식인 계층이 아니었다. 또한 건국 초기의 혼란스러운 상황은 학문에 관심을 기울이기 어렵게 만들었다. 한나라 초기에는 도가 사상이 유행한다. 이때 유행한 도가를 황로黃老 학파 혹은 황로黃老 도가라고 한다. 황로 도가는 노자의 사상을 기반으로 묵가墨家·명가名家·법가法家 등의 사상을 흡수하여 '청정무위淸淨無爲'의 정치사상을 내세웠다. '황로黃老'라는 명칭은 중국 전설에 나오는 황제黃帝와 도가 사상의 시조인 노자老子를 합친 용어다. 전국시대에는 중국의 시조이자 최초의 제왕으로 여겨지는 황제를 숭앙하는 황학黃學이 성행했다. 황학은 노자의 학설을 기반으로 하는데, 한 초기에는 황학과 노자의 학설을 하나로 합해서 황로학黃老學이라고 불렀다.

정치 이념이 된 도가 사상 『회남자』

새롭게 건국한 한나라 왕조의 시급한 과제는 진나라의 영향에서 벗어나는 일이었다. 진나라는 엄격한 법과 제도에 기반해 강압적인 통치를 시행했다. 그러한 진나라의 정치·사회적 유산을 없애려 했던 한나라의 입장에서는 '억지로 하는 것이 없는 자연 그대로'의 정치, 즉 무위無爲 정치가 필요했다. 또한, 한 나라가 통일하기 직전까지 있었던 참혹한 전쟁도 도가적 무위 정치를 실행하게 했다. 무제武帝 이전에는 황제의 권력이 크지 않았으며, 지방 세력들이 나름대로 주도권을 유지하고 있었다. 지방 정부의 자율성은 도가적인 통치 이념에 걸맞은 것이었다.

황로 학파는 음양陰陽 사상뿐 아니라, 묵가墨家·명가名家·유가儒家·법가法家 사상의 장점을 폭넓게 흡수하여 노장사상과는 다른 도가 사상의 새로운 흐름을 형성했다. 황로 학파는 노자 사상을 중심으로 제자백가를 통합하려 했다. 황로 학파는 노자의 도道 개념을 발전시켜 자연을 일정한 법칙과 규칙들로 이해하려 했으며, 도道를 물질적인 기氣 개념으로 파악하여 '기일원론氣一元論'의 철학적 전통을 세웠다. 나아가 우주 만물과 인간·국가가 같은 이치에 의해 지배된다고 보고, 청정무위의 도道로 수신修身과 치국治國·평천하平天下를 모두 이룰 수 있다고 하였다. 여기서 '수신-제가-치국-평천하'는 유가의 통치 이념 가운데 핵심을 차지하는 개념들이다.

황로 학파의 결정판은 바로 전한前漢 시기 회남왕淮南王 유안劉安; BC 179~122이 편찬한 『회남자淮南子』다. 『회남자』는 전한 초기 회남淮南지역의 제후였던 회남왕 유안의 주도하에 그의 여러 빈객이 공동으로 저술한 집단 저작이다. 이 책은 제자백가의 학설을 도가의 입장에서 모은 것이기 때문에, 형이상학·천문·지리와 같은 자연과학적 지식·정치학·병학·개인의 처세훈 등 방대한 내용으로 구성되어 있다. 『회남자』는 도가는 물론이고 음양가·법가·유가·병가 등 주요 제자 사상들이 망라되어 있다. 『회남자』는 기존에 단편적으로 흩어져 있던 우주론 또는 생성론에 관련된 사고들을 하나로 끌어모아, 종합적이고 체계적인 우주 생성론을 전개했다. 『회남자』에서는 인간이 자연을 닮았다는 근거로 자연계의 구조와 인간 신체의 구조가 비슷하다는 점을 든다.

> 머리가 둥근 것은 하늘을 본뜬 것이요, 발이 모난 것은 땅을 본뜬 것이다. (……) 하늘에 '풍우한서風雨寒暑'가 있듯이 사람에게는 받고 주고 기쁘고 성내는 것이 있다. 그러므로 쓸개는 구름이 되고, 폐는 기氣가 되며, 간은 바람이 되고, 내장은 비가 되며, 비장은 천둥이 된다. 이러한 기관들은 천지와 조응하며 마음이 이 모든 것들을 주관한다. 그러므로 눈과 귀는 태양과 달이며, 혈血과 기氣는 바람과 비이다.
>
> ―― 「정신」, 『회남자』

'무위'와 '유위'의 융합

『회남자』의 가장 중요한 특징은 도가 사유의 핵심인 '무위無爲; 자연 그대로 있으면서 아무런 인위적인 행위를 하지 않음'와 사회철학적 성격을 가지고 있는 '유위有爲; 인위적인 행위'가 적절하게 배합되어 있다는 점에서 찾을 수 있다. 이를 도표로 정리해 보자.

무위(자연성)	유위(인위성)
자연의 이치	사회적 가치 규범
자연 세계의 일원	사회나 역사의 일원
선천적인 본성	후천적인 본성
유희하는 인간	일하는 인간
자족하는 인간	목표지향의 인간
자연주의	문명주의

『회남자』의 편자인 유안은 한 고조漢 高祖 유방의 서자인 회남여왕 유장劉長의 아들이며, 아버지가 모반죄로 죽은 뒤 두 동생 형산왕 유발, 여강왕 유사와 함께 그 영토를 나누어 받아서 회남왕이 되었다. 유안은 한 무제와는 삼촌과 조카 사이였다. 유안은 『회남자』를 자신의 조카인 무제에게 헌납했다. 유안은 도가를 중심으로 제자백가를 통합하려 했으며, 바로 이 황로 도가가 통일왕조를 위한 기초 이념이 되

기를 희망했다. 하지만 현실은 유안에게 녹록지 않았다.

당시 한나라 조정은 제후의 권력을 줄여서 중앙으로 집중시키려 했다. 그동안 지방의 정치적 자산을 인정하며 느슨하게 진행되던 도가적 통치에서, 드디어 중앙 집권의 절대적 통치 체제로 전환하려 하고 있었다. 한 무제의 즉위와 더불어 이러한 정책은 가속도가 붙는다. 한 무제는 이미 유가를 중심으로 사상 통합을 준비하고 있었다. 이 분위기 속에서 유안은 여전히 황로 도가에 의한 정치를 주장했다. 이는 삼촌과 조카 사이에서 갈등의 불씨가 된다. 결국, 기원전 122년에 이르러 유안은 모반의 음모가 있다는 혐의를 받아 강요받은 자살을 하고, 나라는 몰수되어 버리고 만다. 이후 한나라 정부는 군신君臣 질서를 존중하는 유교적 이데올로기 속에서 본격적으로 중앙집권정책을 추진하게 된다.

『회남자』에는 오늘날까지 널리 회자되는 촌철살인의 명언들이 많이 실려 있다. 일부만 소개해 보자.

① 사슴을 쫓는 사람은 산을 보지 못하고, 돈을 움켜쥔 사람은 사람을 보지 못한다.

② 열 명이 우기면 평지가 숲이 되고, 날개 없이 날 수 있다.

③ 나뭇잎 하나가 떨어지는 것을 보고 가을이 온 것을 안다.

④ 인생의 길흉화복은 늘 바뀌어 변화가 많다.

⑤ 자유자재로 출몰해 그 변화를 예측할 수 없다.

유교의 국교화를 이루어내다, 동중서

◦ ◦ ◦

인간이 올바른 성품을 지니기 위해서는 국가의 도움이 필요하다. 여기서 국가는 곧 도덕의 최고의 체현자다. 유가 사상은 기본적으로 윤리 도덕을 위한 국가의 역할을 강조해 왔지만, 이를 확실한 정치이념의 반열까지 끌어올린 것은 동중서였다.

지식인이 지배층이 되다

한 무제는 통일왕조의 안정된 정치 질서를 창출하기 위해 새로운 정치 이념을 원했다. 무제는 조서를 내려 어떤 이념으로 국가를 다스리는 게 좋을지 학자들에게 물었다. 전한의 유학자 동중서董仲舒 ; BC 170~120도 바로 이때 시험에 응시한다. 그는 '현량대책賢良對策'을 제출해, 유교를 중심으로 사상 통합을 이루자고 주장했다. 무제는 수많은 학자가 제출한 대책 가운데 동중서의 의견을 채택한다. 그 구체적인 실행은 '오경박사五經博士'의 설치로 나타난다.

동중서는 유가만을 한漢 왕조를 위한 정통이념으로 승화시켰다. 당시 무제의 측근으로는 개인의 학문 실력으로 출세한 신흥 관료가 많았다. 봉건적인 특권이 배제되면서 능력 본위의 인사 체계가 마련되었기 때문에 가능한 일이었다. 여기서 '지식인=지배층', '일반인=피지배층'이라는 도식이 생긴다. 이때부터 남을 통치하는 지식인 계층이 경제적으로는 농민에 의존하고 농민이 지식 계층을 봉양해야 한다는 지배층과 농민 사이의 역할 구분이 확실히 자리 잡게 된다.

동중서는 과거 시험의 기반을 마련했다. 당시 이 제도 아래에서 사람들은 문벌이나 재산에 구애받지 않고 오로지 학문 실력에 의해 관직에 임명될 수 있었다. 과거 시험은 전국적으로 실시되었으며, 비록 시대적인 한계는 있었으나 수험 기회가 각계각층에게 공평하게 부과되었다. 비록 과거 제도가 보편화되지 못하고 수 세기 이후에야 자리 잡지만, 동중서가 과거제의 기틀을 다졌음은 분명하다. 과거 시험과 같은 성격의 공무원 시험이 서양에서 처음 실행된 것은 1791년의 프랑스였다. 당시 프랑스에서는 혁명 이후 합리적인 공무원 채용 시스템을 구축할 필요성이 있었다. 이후 서양에서 공무원 시험은 1800년에 동인도회사에서 공무원 시험이 실행되고, 또 영국에서 1855년에 문관 채용 시험 규정이 마련되면서, 점차 안착하게 된다. 서양이 18세기 후반에 접어들어서야 처음 실행했던 공무원 채용 시험을 동양에서는 이미 기원전에 마련한 것이다.

한 무제

동중서

유교가 승리한 이유

유가가 다른 제자백가 사상을 누르고 승리하게 된 결정적인 배경은 어디에서 찾을 수 있을까? 첫째로 명분의 문제가 있다. 법가는 법에 따른 합리적인 통치를 주창하면서 모든 권력을 황제에게 집중되도록 했다. 법가의 논리는 통일왕조를 유지해 나가는 데 도움이 되는 이론 체계다. 진나라가 중국 최초로 통일에 성공한 결정적인 원인 중 하나는 법가의 수용이었다. 그런데 진나라가 멸망하고 두 번째로 통일 왕조를 이루어낸 한나라는 이런 법가를 외면하고 유교를 국교로 선택했다. 왜 그랬을까? 가장 중요한 이유는 명분의 문제였다. 한나라는 진나라를 멸망시키면서 등장한 국가였기에, 진나라의 이데올로기였던 법가를 수용하기 어려웠다.

둘째로 권력의 경제성 문제를 들 수 있다. 즉, 법가보다 유교가 권력을 유지하는 데 비용이 덜 들었다. 법가에 의한 통치는 강력한 경찰력에 의해 유지되므로 유지비가 많이 들었다. 하지만 반역을 경계하며 복종을 익히도록 유도하는 유교의 도덕은 권력 유지 비용을 절약할 수 있게 했다. 게다가 국교화가 된 이후 유교는 법가의 황제 중심 사상과 법에 따른 통치와 같은 법가 통치술의 장점을 교묘하게 수용하고 있었다.

셋째로 유교는 정치적 권력과 도덕적 권위가 일치되는 데 유리했다. 국가 권력을 노골적으로 발동해 백성들에게 굴종을 강요하는 것은 효율적이지 못하다. 도덕적 권위에 대한 자발적인 순종이 정치적 지배 질서를 공고하게 유지하는 데 더 도움이 된다. 권위의 승인을 구하여 복종의 동기를 환기하는 첩경은 국가 권력과 유교적 권위의 동일화다. 이에 성공한다면 국가에 대한 복종이 도덕적 규범에 대한 경건한 순응으로 의식되어 권력의 요구가 유교적 권위로 착각하게 만들 수 있는 것이다.

넷째로 유교는 황제 지배 체제를 이념적으로 보증해 주었다. 즉, 유교는 천명天命이나 성인聖人 등의 개념을 통해 황제권의 정통성을 뒷받침해준다. 유교는 예禮를 강조하기 때문에 황제의 권위를 의례화儀禮化하는 데에도 도움이 된다.

자연 세계와 인문 세계의 소통

동중서에 의하면 인간은 천天의 일부이고 인간 행위의 정당성은 하늘의 운행에 달려 있다. 그는 음양오행陰陽五行설에 근거하여 천天과 인人의 상호작용을 주장했다. 동중서는 인간을 대우주에 대응하는 소우주로 여겼다. 사람에게는 360개의 뼈마디가 있는데 이는 하늘의 둘레인 360도에 해당한다. 사람의 형체와 뼈와 살은 땅의 두터움에 해당하고, 몸의 구멍과 혈맥은 시내와 골짜기에 해당한다. 또 마음의 희로애락은 사계절에 해당하고, 수水·목木·화火·토土·금金 오행五行은 인체의 오장에 해당한다. 자연의 바람은 사람의 입과 코에 의한 호흡에 해당한다.

> 천天·지地·인人은 만물의 근본이다. 천은 만물을 낳고, 지는 기르고, 인은 완성한다.
>
> ―― 「입원신(立元神)」, 『춘추번로(春秋繁露)』

동중서 우주론의 또 하나의 중점은 '천인상응天人相應' 논리다. 이는 하늘의 질서와 인간의 질서가 똑같은 기氣를 공유하기 때문에, 그 원리가 상통한다는 의미다.

> 우주에는 음양의 기氣가 있다. 마치 물고기가 언제나 물속에 잠겨 살듯이 인간은 언제나 기氣 속에 잠겨 살고 있다.
>
> ―― 「천지음양(天地陰陽)」, 『춘추번로』

원래 춘추전국시대의 원시 유가는 자연이나 초자연의 문제를 거의 논하지 않고 사회적인 문제를 주로 다루었다. 한편, 음양설과 오행설은 사회적 문제보다 주로 자연의 물리적 현상에 주안점을 두었다. 동중서는 이 관점을 하나로 융합한다. 동중서의 철학은 한 마디로 자연 현상과 인문 현상을 혼합한 '혼종 유학'이다.

군주가 잘못하면 자연재해가 발생한다

동중서 사상의 의의는 군주에 대한 통제권 마련에서 찾을 수 있다. 동중서는 군주권에 대한 통제 장치로서 '천天'을 상정한다. 군주권이 철저하게 하늘의 제어를 받는다는 견해다. 동중서가 마련한 두 번째 군주권에 대한 통제 장치는 바로 '재이災異'설이다. 여기서 재災는 자연재해를 말하고, 이異는 머리가 두 개 달린 가축이 태어나는 것과 같은 괴이한 현상을 뜻한다. 군주의 잘못된 통치가 하늘을 불쾌하게 만들면, 지진·일식·월식·가뭄·홍수·유전자 변형 등이 야기된다는 것이다. 만약 군주가 농번기에 백성들에게 부역을 강제한다면, 백성의 원망이 하늘에까지 닿아 자연재해가 발생한다.

자연재해나 기이한 현상의 원인을 군주의 잘못된 정치에서 찾는 재이설을 동중서가 진심으로 믿고 설파한 것일까? 기본적으로 유가는 다른 어떤 사상보다도 합리적인 이념 체계를 지닌 사상이다. 게다가 동중서가 활동할 당시의 중국은 합리적 사고와 제도적 체계가 상당한 수준으로 정착해 가던 시기였다. 이런 상황에서 동중서와 같이 통일 왕조의 이념을 설계하는 역할을 맡은 큰 사상가가 미신이라 볼 수 있는 재이설을 진심으로 주창했으리라고는 생각하기 어렵다.

얼핏 이런 상상을 해본다. 지금 군주가 정치를 매우 잘못하고 있다. 군주의 사람됨이 아주 고약해 말로는 설득하기가 어려운 상황이다. 이 난국을 어떻게 타개할 것인가? 동중서는 각 지방으로 사람을 보내 극심한 자연재해나 샴쌍둥이가 태어난 것과 같은 기이한 일이 벌어진 사례를 수집하게 한다. 어느 시대, 어느 공간이든 일부러 찾는다면 자연재해나 기이한 사례는 반드시 발견되기 마련이다. 동중서는 이렇게 모은 사례를 군주에게 보여주며 잘못된 정치를 그만두도록 압박한다. 군주는 동중서의 주장을 의심하면서, 자신도 따로 사람을 보내 정말로 그러한 일이 발생했는지 확인해 본다. 군주가 보낸 사람은 돌아와서 틀림없이 그러한 일이 발생했다고 보고한다. 이때 군주는 어떤 생각을 할까? 만약 동중서가 학문이 깊은 학자답게 군주의 잘못된 정치로 인해 자연재해나 괴이한 일이 발생했다는 사실을 앞뒤 문맥이 잘 맞도록 안배하면서 그럴듯하게 설명해 낸다면, 군주는 자신의 잘못을 시정할 가능성이 커진다. 동중서의 의도는 바로 이런 것이 아니었을까?

유가와 도가의 하이브리드 철학, 위진 현학

○ ○ ○

현학玄學에서 현玄은 『노자』「1장」에 나오는 개념이다. 노자에 의하면 현玄은 모든 미묘함이 나오는 문이다. '현'은 이름 붙일 수 없는 신비한 그 무엇으로서, 하늘이고 허공이며 만물이 생겨난 근원이기도 하다.

황하 농경 문명과 북방 유목 문명의 융합

후한後漢 말기가 되면 전국적으로 농민 의거가 빈번하게 발생한다. 안제安帝가 즉위107한 뒤로 약 7~80년 사이에 100번도 넘는 의거가 일어난다. 특히 '태평도太平道'에 의해 영제靈帝 원년184에 일어난 이른바 '황건의 난'은 가장 유명한 농민 의거다. 소설 『삼국지』에도 등장하는 황건의 난은 20년이 넘게 지속되면서 후한 제국을 붕괴시키는 결정적 요인이 된다.

그런데 후한 제국이 멸망한 이후 본격적으로 나타나는 주목할 만한 사실이 있다. 후한이 멸망한 다음 해부터 수隋나라가 다시 중국을 통일한 시기까지를 위진남북조魏晉南北朝 시대라고 부른다. 그런데 바로 이 위진남북조시대부터 북방 계열의 여러 민족이 중국 본토에 본격적으로 진출하기 시작한 것이다. 예컨대 위魏나라 조조曹操는 북중국에 자리 잡은 유목민을 널리 포용해 자기 군대에 편입시킨다. 그에게 정예 부대와 탁월한 기병·사수들을 제공한 것이 바로 북방 유목민이었다. 또한 조조는 흉노족의 핵심 세력을 오늘날의 산서성 동남방에 해당하는 지역으로 이주시켜 정착할 수 있도록 도와준다. 이와 같은 북방유목민의 중국 진출은 중국 문화를 더 다채롭게 만들었다. 진나라와 한나라의 문화가 거의 황하 유역에서 생겨난 농경문화의 소산임에 비해, 중국의 북방에는 유라시아 내륙을 지나 오리엔트와 유럽에 달하는 스텝 지대가 있고 일찍부터 서방 문명의 영향을 받은 유목문화를 발전시키고 있었다. 위진남북조는 농경과 유목이 대통합을 이룬 시대였다. 이는 중국에 이전에 없었던 새로운 활력을 불어넣었다. 외래 종교인 불교가 위진남북조 이래 대대적으로 보급될 수 있었던 이유도 다양한 문화가 공존했기 때문이었다.

당唐나라에 이르면 문화적 다양성이 최고조에 달하면서 중국은 진정한 의미의 대제국으로 성장한다. 중국의 고전 문화를 집대성한 진나라 및 한나라와 비교하면, 수나라와 당나라는 아주 '이교異敎'적인 색채를 띠고 있다. 이는 위진남북조 시기 이루어진 북방 계열에 의한 문화적 다양성이 기반이 되었기 때문에 가능한 일이었다. 향후 수당제국은 이러한 다양한 조류를 하나로 융합시켜 동아시아의 여러 지역으로 세력을 넓히게 되고, 이 영향은 동아시아 여러 국가에 깊은 잔영을 남긴다.

유불도儒佛道의 융합

위진 현학

현학玄學이란 위진魏晉시대의 학문적 경향을 통칭하는 말이다. 현학에서는 삼현三玄, 즉 『노자老子』, 『장자莊子』, 『주역周易』을 중시한다. 현학은 이전 사상에서는 찾아보기 힘들 정도로 매우 세련된 형이상학적 체계를 갖추었다. 이는 현학이 도가와 유가 그리고 불교를 나름대로 종합해서 나온 사유 체계였기 때문에 가능한 일이었다. 현학은 앞으로 다룰 성리학의 선구자 노릇을 한다. 현학은 중국 지성사에서 최초로 나타난 유불도가 융합된 철학이다. 현학에 의해 유가와 도가는 진정한 의미에서 대통합의 길을 걷는다. 물론 위진 이전인 한대漢代에도 이러한 경향은 존재했다. 동중서의 철학은 유가적 체계에서, 『회남자』는 도가적 체계에서 다른 사상을 끌어들였다. 하지만 이는 철저하게 중심 사상을 가운데 두고 다른 사상들을 부분적으로 끌어들인 제한된 통합이었다. 반면, 위진 현학에서는 유가와 도가의 통합이 거의 동등하게 이루어진다. 그리고 현학은 유가와 도가뿐만 아니라 불교의 이론 또한 흡수하면서 점차 정밀한 이론 체계를 갖춘다. 여러 사상이 융합된다는 건 그만큼 세상을 읽어내기 위한 논리적 기반이 더욱 충실하게 갖추어졌다는 것을 의미한다. 다음 문장은 현학의 사상 통합을 아주 적절하게 표현하고 있다.

> 왼쪽 손에 『효경』과 『노자』를 쥐게 하고, 오른쪽 손에 『반야경』과 『법화경』을 쥐게 하라.
>
> ── 「권41」, 『남제서(南齊書)』

여기서 『효경』은 유가 경전이고, 『노자』는 도가 경전이며, 『반야경』과 『법화경』은 불교 경전이다.

순수 예술의 출현

학문적 경계를 허무는 현학의 열린 태도는 서화書畫를 주로 하는 각종 예술 분야에도 영향을 끼친다. 이 시기에 장자의 '소요유逍遙遊'와 같은 자유 경지를 드러내는 도가의 여러 입장이 동양 미학 전반에 깔리게 된다. 위진남북조 이전에 예술은 도덕 수양의 방편이었다. 하지만 위진남북조 시기 이후부터는 예술 자체가 목적이 됨으로써 순수 비평과 감상이 나타나기 시작한다. 즉, '순수 예술FINE ARTS'이 출현한 것이다. 이 시대에는 서예 이론인 서론書論과 동양화 이론인 화론畵論이 대거 출현한다. 동양화의 대표인 산수화山水畵가 본격적으로 나타난 것도 바로 이 시기다. 이전의 회화가 주로 인물화였다면, 예술 작품을 도덕적 판단과는 상관없이 미학적 탁월성에 따라 평가하는 태도는 이 시대가 낳은 독특한 현상이었다.

동아시아의 전통 예술은 기교보다는 정신을 중시하는 경향이 있다. 이는 도가, 그중에서도 장자 사상으로부터 유래된 것이다. 장자 사상의 열쇠 개념인 '허虛'는 동양 미학의 전통 중에서도 핵심이다. 시에서는 '운외지치韻外之致; 자구 밖의 묘미'로, 서화에서는 '기운생동氣韻生動; 생동하는 기의 리듬'으로, 음악에서는 '허향지음虛響之音; 소리 너머의 울림'으로 표현된다. 또한 중국 고대의 화론에는 '형사形似'와 '신사神似'라는 개념이 있는데, 전자는 외적 형태와 닮게 그리는 것을 뜻하고, 후자는 내면의 특징을 그려내는 것을 의미한다. 화론에서는 '형신겸비形神兼備; 형과 신은 겸비해야 한다'에 이르도록 하는 것이 궁극적인 목표지만 '신사'를 더욱 강조했다. 이는 정신을 강조하는 장자 사상의 전통과 관련이 있다. 한편, 문학에서는 비평이 획기적인 발전을 이룬다. 대표적인 업적으로 유협劉勰의 『문심조룡文心彫龍』과 소통蕭統의 『문선文選』을 꼽을 수 있다.

죽림칠현

죽림칠현竹林七賢은 자연을 즐기고 예술을 사랑하며 유유자적하게 살아가고자 하는 위진남북조 시기의 낭만주의 기조를 잘 대변한다. 죽림칠현은 혜강嵇康·완적阮籍·산도山濤·유영劉伶·완함阮咸·향수向秀·왕융王戎을 가리킨다. 유의경劉義慶이 지은 『세설신어世說新語』는 다음과 같이 말한다. "이들 일곱 사람은 늘 죽림 아래에 모여 자유로이 기분 내키는 대로 술을 마셔 죽림칠현이라 일컬어졌다." 흔히 죽림칠현 하면 세상과 동떨어져 청담淸談을 논하면서 술을 즐기고 현실 세계의 난맥상을 마음껏 비웃으며 고결하게 살아간 부류로 인식한다.

『세설신어』는 이들의 기이한 행적에 관해 여러 일화를 전한다. 이를테면 유영劉伶은 술 마시러 갈 때 늘 몸종에게 술병과 함께 삽을 들고 따라오게 했는데, 자기가 술을 마시다 죽으면 그대로 묻어버리라는 의도였다고 한다. 특히 유영은 손님이 방문하든 말든 자기 방에서 완전히 벌거벗고 사는 버릇으로 악명이 높았다. 하루는 방에 들어온 사람들에게 이렇게 말했다고 한다. "나는 천지天地를 집으로 삼고, 방을 잠방이로 삼는다. 그대들은 왜 내 잠방이 속에 들어왔는가?" 또 이런 일화도 있다. "완적阮籍과 그의 조카 완씨 일가들은 모두 술을 잘 마셨다. 그들이 모두 한자리에 모였을 때는 보통의 술잔으로 술을 따라 마시는 것이 아니라, 큰 동이에 술을 담고 둘러앉아 서로 큰 술잔으로 퍼마셨다. 때때로 돼지 떼가 몰려오면 이들과도 함께 마셨다."

죽림칠현은 일부러 예법禮法을 무시하면서 매우 격렬한 주장을 내놓곤 했다. 예를 들어, 당시 최고 권력자인 사마씨가 '명교名教 ; 유교 도덕의 가르침'의 중요성을 강조하자 이를 비판하면서 예법禮法과 군자君子를 바지 속의 서캐로 비유하기도 했다. 특히 혜강은 공개적으로 유교 전통에서 가장 중시하는 역사적 인물들인 탕湯·무武·주공周公·공자孔子를 경멸했다.

그러나 죽림칠현의 '명교'에 대한 공격에는 자신들의 사상적 입장을 순수하게 표현한 것만이 아니라, 자신들의 열악한 정치적 입지에 대한 불만으로부터 비롯된 측면도 있다. 즉, 사마씨의 권세에 밀린 것에 대한 분노와 불만이 크게 작용한 측면도 들여다볼 필요가 있다. '죽림칠현'은 사마씨의 압력 밑에서 매우 빨리 분화되어 간다. 혜강은 피살되는 반면에 산도山濤는 관직에 오르며 완적阮籍의 경우는 사마씨가 황제가 되는 것을 권장하는 문장을 기초하기도 한다. 향수向秀 또한 이들과 비슷한 시기에 죽림竹林을 떠나 낙양洛陽으로 가서 사마씨에게 의탁한다.

왕조의 교체는 천명에 따른 것이다

동중서는 전국시대 사상가 추연鄒衍의 오덕종시五德終始설을 수정해 '삼통三統설'을 주창했다. 이는 왕조 교체에 관한 언급이다. 추연은 맹자보다 약간 늦게 등장한 것으로 추측되며, 음양오행설을 제창한 가장 대표적인 사상가다. 추연의 오덕종시설에 의하면, 먼 옛날 황제黃帝가 다스리던 시절에는 하늘이 큰 지렁이와 개구리를 보냈으며 토기土氣가 강력했다고 한다. 그러므로 황제는 황색을 숭상했다. 하나라를 세운 우임금 때는 하늘이 초목을 가을이나 겨울에도 죽지 않게 했다. 이때는 목기木氣가 강했으며, 청색을 숭상했다. 은나라를 세운 탕임금 때는 하늘이 칼날을 물속에 나타나게 했으며, 금기金氣가 강했다. 그러므로 백색을 숭상했다. 주나라를 세운 문왕 때는 하늘로부터 붉은 새가 붉은 종이를 입에 물고 나타나는 일이 벌어졌다. 그러므로 화기火氣가 강했으며, 적색을 숭상했다. 추연은 수기水氣가 화기를 대신할 것이며 이때 제왕은 검은 색을 숭상하게 될 것이라고 예견한다. 이후 다시 토기로 돌아간다는 것이 추연이 설파한 오덕종시설의 결론이다. 동중서는 이러한 추연의 '오덕종시설'을 '삼통설'로 수정한다. 삼통이란 흑통黑統·백통白統·적통赤統을 가리킨다. 고대 중국 왕조에서 하왕조는 흑통을, 은왕조는 백통을, 주왕조는 적통을 각각 대표한다는 주장이다. 이후 새로 생긴 왕조도 이 주기를 되풀이한다는 것이 삼통설의 핵심이다. 동중서에 따르면 주왕조를 계승한 것은 진왕조도 아니고 심지어는 한왕조도 아니다. 그는 천명天命을 받아 주왕조에 이어 '흑통'을 계승한 것은 바로 공자孔子라고 주장했다. 공자가 중국 철학의 역사에서 거의 신격화의 수준으로 자리매김하는 순간이었다.

6장.

우주와 자아의
합일을 꿈꾸다,
인도 철학과 불교

윤회를 너머서 해탈로, 베다 사상

∘ ∘ ∘

베다veda 사상은 인류에게 요가Yoga라는 큰 선물을 선사했다. 베다 사상에 의하면 요가는 '범아일여梵我一如 ; 브라만과 아트만의 합일'를 위한 신체적 조건을 만드는 방법이다. 가장 일반적으로는 체조 형태를 띠지만, 요가에서 가장 중요한 요소는 차분한 호흡을 바탕으로 한 명상이다.

'베다'의 출현

인도에는 BC 3000년 중엽부터 약 1000년간 인더스강 유역을 중심으로 번영한 고대문명인 인더스 문명이 있었다. 이후에는 인도-아리안족이 BC 1500년경부터 이룩한 베다 문화가 1000년 가까이 발전한다.

'베다Veda'는 '알다'라는 의미의 산스크리티어 어근 'vid'에서 파생한 말이다. 베다 사상은 신에 대한 예배와 제사 의식을 목적으로 만들어진 것이었다. 『베다』는 책 한 권이 아닌, 다수의 문헌을 총칭한다. 그러나 신에 대한 제식이 점점 복잡해짐에 따라 그 제식을 주관하는 직분도 네 개로 나뉘고, 『베다』도 『리그베다Rigveda』·『야주르베다Yajurveda』·『아타르바베다Atharvaveda』·『사마베다Samaveda』와 같이 4종으로 구별된다.

『리그베다』는 신들에 대한 1,017개의 찬가로 이루어져 있다. 『야주르베다』는 공물을 바치는 제의에 관한 지식이고 『아타르바베다』는 주술의 『베다로』 마법에 관한 지식이다. 『사마베다』는 가요의 『베다』로 노래에 관한 지식이다. 이 중에서 종교적으로나 철학적으로 가장 중요한 가치를 지닌 것은 『리그베다』다.

'베다'의 네 가지 구성 요소

『베다』는 각 베다마다 또 다시 네 개로 분류된다. 첫 번째, '만트라mantra'는 신에 대한 찬가와 기도인 마력적魔力的인 어구다. 베다 사상으로부터 절대적인 영향을 받은 불교에서 만트라는 매우 중요하다. 한자 문화권인 동아시아 불교에서는 만트라를 주呪·신주神呪·밀주密呪·밀언密言 등으로 번역했다. 하지만 만트라 주문 자체는 번역어가 아니라 본래 인도의 산스크리트어 발음으로 된 만트라를 그대로 음사音寫; 소리 베낌하여 외운 것이다. 사람들은 만트라를 소리 내서 외우면 재액이 물러가고 번뇌가 사라진다고 믿었다. '나무아미타불', '옴마니반메훔'과 같은 어구가 바로 만트라다. 두 번째, '브라흐마나Brahmana'는 제의의 방식과 의미에 관해 설명한다. 세 번째, '아라냐카Aranyaka'는 『삼림서』로 숲에 사는 은자들을 위한 글이다. 마지막, 『우파니샤드Upanisad』는 심오한 가르침으로 철학적으로 가장 중요한 문헌이다. 『리그베다』는 우주의 창조에 대해 이렇게 말한다. 이른바 「나사디야 수크타Nāsadīya sūkta ; 無有雅歌」로 불리는 우주 창조에 관한 노래다.

> 그때는 유有도 없었고, 무無도 없었으며, 창공도 없고 그 위의 천계도 없었다. (……) 그때는 죽음도 없었고, 불멸도 없었으며, 밤의 표징도, 낮의 표징도 없었다. 자신의 충동으로, 저 유일자가 호흡 없이 호흡하였으니, 그 외엔 아무것도 없었다. (……) 어디에서 창조가 생겨난 것일까? 신들도 창조된 것이다. 창조가 어디에서, 누구에 의해서 행해졌는가를, …… 최고의 천상에서 세계를 굽어보는 이, 진실로 그만이 알고 있으리라. 어쩌면 그 또한 모를지도 모른다.
>
> —— 「나사디야 수크타」

비밀스러운 가르침, 우파니샤드

우파니샤드는 『베다』의 궁극적

췌지라는 의미에서 '베단타Vedānta'라고도 불린다. 우주와 인간의 궁극적 진리에 관한 비밀스러운 가르침이다. 어원적으로 볼 때, 우파니샤드는 자격을 갖춘 제자가 스승 '가까이upa - ni'에 '앉음sad'을 의미한다. 우파니샤드는 가장 특출난 일부 제자들에게만 전해졌다. 인도 문헌에는 "이 내용은 수제자에게만 전수되어야 한다."라는 구절이 무수히 나온다. 우파니샤드의 주요 문헌에 나오는 핵심 개념은 브라만과 아트만, 그리고 윤회와 해탈이다.

'브라만梵, Brahman'은 보편적인 세계 창조의 원리다. 원래 이 세상은 브라만이었고, 이 브라만이 신을 창조했다. '아트만我, ātman'은 원래 '입김'이나 '호흡'을 의미했는데, 나중에 가서는 '본래의 자아'라는 의미로 사용된다. 아트만은 자아의 가장 심층적인 영역에 존재한다. 인간에게서 육체의 껍질을 벗기고, 또 의지와 생각·느낌·욕망 등을 덜어내면 비로소 나타나는 근원적인 자아이자 영혼이다. 브리하다란야까 우파니샤드Brihadaranyaka Upanishad 3장 9편 26절에서는 아트만에 대해서 다음과 같이 언급한다.

> 그것은 '아니요, 아니요/이것도 저것도 아니다neti neti / neither this nor that.'의 아트만이니 (……) '잡히지 않는 존재'라고 하고 (……) '멸망하지 않는 존재'라고 하며, (……) '붙지 않는 존재' (……) '고통이 없는 존재'라고 부른다.

아트만은 일상적인 방식으로는 인식할 수 없고, 또 정확히 무엇이라고 표현할 길도 없다. 아트만은 규정될 수 없으며, 그것을 알기 위해서는 "아니요, 아니요."라고 하면서 계속 현상적인 것들을 부정해야만 한다. 아트만은 끊임없이 부정하고 걷어내어 사회적 의미의 자아Ego 너머에서 만나게 되는 '그 무엇'이다.

브라만과 아트만의 합일

우파니샤드 사상의 핵심은 브라만과 아트만의 합일이다. 바꾸어 표현하면 브라만이 아트만이고, 아트만이 브라만이다. 세계에는 오직 하나의 본질만이 존재한다. 이 본질이 세계 전체에서 발견되면 브라만이라고 부르고, 개별 존재에게서 인식되면 아트만이라고 부르는 것이다. 우리 눈에 보이는 '현실'은 그다지 중요하지 않다. 세계의 본질로 가는 길은 우리 내면에 있다. 우리의 감각기관이 접하는 공간과 시간 속의 사물 세계는 단지 환영이자 미망에 불과하다. 이를 '마야Maya'라고 한다. 마야에 관한 지식은 참된 앎이 아니라 거짓이다.

아트만을 보고 듣고 이해하고 인식한 사람은 이 모든 세상의 이치도 깨닫게 된다.

—— 「브리하다란야까 우파니샤드 Brihadaranyaka Upanishad」

연구만으로는 아트만에 이르지 못하며, 천재적 능력이나 많은 독서를 통해서도 이를 수 없다. (……) 브라만 승려는 학습을 단념하고 아이처럼 되어야 한다. (……) 브라만 승려는 말이 많아서는 안 된다."

—— 「카타 우파니샤드 Katha Upanishad」

브라만은 모든 존재의 바탕이므로 지각에 의해서는 알 수 없지만, 아트만을 통해 인식할 수 있다. 브라만은 곧 인간 내면의 아트만이다. 이는 한자어로 '범아일여梵我一如'라 한다. 여기서 '범梵'은 브라만이고, '아我'는 아트만이다. '범아일여'는 원어 발음으로 '탓-트밤-아시Tat-tvam-asi'라고 한다. "그대가 곧 그것이다.", "내가 곧 브라만이다." "아트만이 브라만이다." 등의 의미다. 나의 내면에 아트만과 같은 신神적인 자아가 있다는 믿음은 철학자이자 시인인 칼릴 지브란Kahlil Gibran ; 1883~1931 시의 한 수를 떠올리게 만든다.

신은 빛이 비치는 길로 우리를 이끌도록 저마다 영혼 속에 길잡이를 하나씩 심어 주었다. 그렇지만 많은 사람은 그것이 그들의 내면에 있다는 것을 의식하지 못하는 채로 바깥에서의 삶을 추구한다.

윤회와 해탈

윤회와 해탈은 인도의 종교와 철학에서 가장 기본이 되는 개념이다.

> 애벌레가 잎사귀 끝에 다다르면 다른 잎사귀를 붙들고 넘어가듯이, 영혼도 육신과 무지를 떨쳐 버리고 나면 다른 육신으로 옮겨간다. (……) 한 존재는 그것이 무엇으로 이뤄지는가에 따라, 어떤 행동을 하는가에 따라, 어떤 삶을 사느냐에 따라 새롭게 태어난다. 선을 행했다면 선한 자로 태어나고, 악을 행했다면 악한 자로 태어난다.
>
> ——— 「브리하다란야까 우파니샤드」

윤회란 '업業; Karma'에 따라 끊임없이 새롭게 태어난다는 우주의 법칙이다. 진정한 구도자라면 끝없이 되풀이되는 삶과 죽음의 자리바꿈을 끝내야만 한다. 더는 삶과 죽음이 교체되지 않는 상태, 이것이 바로 해탈이다. 해탈은 인도어로 모크샤Mokscha라고 한다. 해탈은 변화도 없고 끝도 없는 휴식의 상태이자, 절대 정적靜寂의 완전한 긍정 상태다. 말하자면 기어가 중간에 놓인 것과 같다. 해탈하기 위해 갖추어야만 할 기본 자세는 금욕이다. 그리고 만물은 고정되어 있지 않고 영원히 변화한다는 '무상성'을 철저히 인식한 상태에서 내면 깊숙이 도사리는 아트만의 세계에 닿아야 한다. 이것이 깨달음이고 곧 해탈이다.

> 욕망이 없는 사람, 욕망에서 자유로운 사람, 욕망을 진정시킨 사람, 스스로가 자신의 욕망인 사람은 활력을 잃은 사람이 아니다. 그런 사람이 바로 브라만이며, 브라만과 동화된 사람이다.
>
> —— 「브리하다란야까 우파니샤드」

완전한 자유의 길

베다 사상은 인생을 네 시기로 나눈다. 가장 상위 계층인 브라만은 이를 꼭 실천해야만 한다. 첫 번째 시기는 학생기인 브라마카린Brahmacarin이다. 이 시기에는 구루Guru ; 스승에게 『베다』 성전을 습득한다. 이 시기가 끝나면, 곧 가장기인 그리하스타Grihastha로 들어가 결혼을 하고 가정을 이루면서 사회인으로서 맡은 바 책무를 다한다. 이후 자식이 독립할 시기가 되면 아내와 같이 삼림으로 들어간다. 이것이 삼림기인 바나프라스타Vanaprastha로 조용히 삼림 속에서 인생의 의미를 생각하는 시기다.

마지막으로 고령에 이르면 현세를 포기한 산니아시Sannyasi에 다다른다. 이때부터 그는 모든 재산을 버리고 아내와 헤어져 완전한 금욕 생활을 한다. 아무것도 소유하지 않은 채 걸인이 되어 방랑을 하는 것이다. 그는 마치 떠다니는 구름과 같이 방랑하며, 그 무엇에도 속박되지 않은 완전한 자유의 삶을 살아간다.

인간은 왜 번뇌에 시달리는 것일까, 석가모니

◦ ◦ ◦

대중이여!

나는 이제 그대들을 떠난다.

존재하는 것은 무엇 하나

'무상無常'하지 않은 것이 없다.

부지런히 수행하여 자기를 구제하라.

새로운 구도자의 출현

석가모니가 활동하던 BC 6세기 경 인도는 사회적·정치적·경제적·사상적으로 큰 전환점을 맞았다. 이 시기에 갠지스강 상류에 국한되어 있던 철기 기술이 중류로 확산해 대규모의 농토 개간이 이루어진다. 이를 토대로 상공업과 화폐 경제가 발달한다. 인구 증가와 도시 형성에 따라 브라만 중심의 카스트 제도에 균열이 가기 시작한다. '브라만(사제)→크샤트리야(무사와 귀족)→바이샤(농민과 상인)→수드라(노예)'라고 하는 계급 질서가 흔들리면서 사회적 분화가 가속화되었으며, 이에 따라 새로운 철학과 종교가 들불처럼 일어났다. 정치적으로는 종전의 촌락을 바탕으로 한 부족장 중심에서 점차 도시를 중심으로 한 군주제로 바뀌어 갔다. 석가모니가 활동할 당시 인도에는 16개국이 있었으며, 대부분 갠지스강 유역에 있었다. 그 가운데서도 국력이 강했던 나라는 마가다Magadha, 코살라Kosala, 밤사Vamsa, 아반티Avanti, 네 군주국이었다. 석가모니가 태어난 카필라kapila 왕국은 석가모니가 살아 있는 동안 코살라국에 의해 멸망한다. 당시 인도는 중국의 춘추전국시대와 여러 방면에서 비슷했다.

석가모니가 활동했던 당시 인도에서는 수많은 '사문沙門; 스라마나 sramana; 구도자'이 각각 자신의 이론을 펼쳤다. 이 점은 중국의 춘추전국시대 당시 제자백가가 활동하던 양상과 비교될만하다. 당시 인도와 중국 모두 철제 기구의 발달이 생산력을 증가시켰고, 이것이 사회 분화를 촉진하면서 수많은 철학 사유가 등장한다. BC 6세기경 인도에서는 진리 탐구에 있어 계급적 제한을 받지 않고 어느 계층에서나 철학자나 구도자가 출현했다. 이들은 세속적인 의무와 책임을 벗어버리고 '시여施輿, 탁발'에 의해 기본 생활을 유지하면서 진리를 탐구했다. 카필라 왕국의 왕자였던 석가모니도 세속을 등지고 사문이 되어 6년간의 탐구 끝에 '부처Buddha; 깨달은 자'가 되었다.

세상을 등지고 '깨달은 자'가 된 왕자

불교Buddha-dharma란 깨달은 자Buddha의 가르침dharma이란 의미다. BC 500여 년경에 나타난 불교는 베다 사상으로부터 유래되었지만 카스트 제도와 각종 제사에 대해서는 부정했다. 불교가 베다 사상으로부터 받아들인 것은 인과응보 사상·윤회의 관념·고통의 문제·해탈·요가와 명상 등이다.

석가모니고타마 싯달다 Gotama Siddhārtha ; BC 563~483는 히말라야 산맥 남쪽의 작은 나라 카필라 왕국의 왕자로 태어났다. 그가 태어날 무렵 왕국에는 이런 예언이 있었다. "왕비가 낳을 아이가 만약 왕궁에 머문다면 세계를 제패할 왕이 될 것이고, 왕궁을 떠난다면 '깨달은 자'가 되어 세상을 덮은 무지의 베일을 벗겨낼 것이다." 석가모니의 아버지인 슈도다나Suddhodana 왕은 아들이 자신의 왕위를 잇기를 바랐다. 그는 왕자가 왕궁 안의 호화로운 삶만 보고, 세상을 보지 못하게끔 갖은 노력을 다했다. 하지만 석가모니는 세상에 만연한 여러 고통을 직접 목격하게 된다. 이 과정에서 세상의 모든 고통을 초월한 듯 평온하게 살아가는 구도자도 만나게 된다. 석가모니는 궁정 안에서나마 진지하게 수행을 시작한다. 이윽고 석가모니는 사치스러운 삶에 회의를 느끼고, 모든 재산과 왕위 계승을 포기한다. 어느 날 밤, 석가모니

석가모니

는 아내와 갓난아이를 버려둔 채 궁성을 떠난다. 이때 그의 나이는 29세였다.

석가모니는 본격적으로 깨달음을 위한 수행을 이어나간다. 하지만 마가다국에서 고행한 6년 동안은 이렇다 할 진전이 없었다. 지나친 고행의 결과 석가모니의 몸은 앙상하게 뼈만 남는다. 고행으로는 깨달음의 경지에 닿을 수 없다고 깨달은 석가모니는, '가야Gaya'의 보리수 밑에서 명상을 시작한다. 그는 깨달음을 얻기 전에는 절대 자리를 떠나지 않으리라 굳게 결심한다. 그렇게 수행에 정진하던 그는 만물의 순환을 표현하는 초자연적인 환영을 보게 된다. 즉, 윤회를 깨달은 것이다. 그의 나이 서른다섯의 일이었다. 도를 깨달은 후 그는 녹야원에 가서 최초의 설법으로서 중도中道 사상과 사성제四聖諦, 그리고 팔정도八正道를 세상에 내놓는다.

이후 석가모니는 45년에 걸쳐 교화 활동을 벌이면서 많은 제자와 귀의자를 얻는다. 후일 석가모니는 아버지의 나라인 카필라 왕국에 다시 찾아와 그때까지 정조를 지킨 아내를 위로했다고 한다. 그리고 자기 아들을 교단에 받아들인다. 그는 오랜 수행과 설법의 기간을 거쳐 쿠시나라Kusinara에서 80세로 생을 마감한다. 그는 다음과 같은 유언을 남겼다.

대중이여! 이제 나는 그대들을 떠난다. 존재하는 것은 무엇 하나 '무상無常; 만물은 고정되어 있지 않고 영원히 변화함'하지 않은 것이 없다. 부지런히 수행하여 자기를 구제하라.

—— 『마하파리닙바나 숫타 Mahāparinibbāna Sutta』

번뇌를 넘어서

석가모니는 베다 사상과는 달리 '아트만'을 부정하는 안아트만anātman; 무아(無我)을 주장했다. 석가모니는 당시 인도 사상에서 복잡하게 전개되던 형이상학적 논쟁을 무의미하다고 여겼다. 무엇보다도 가장 중요한 것은 '고통의 문제'라고 생각했다. 그가 보기에 세상 사람들은 변하지 않는 '아트만'에 집착하고, 점점 더 윤회에서 벗어나지 못하게 된다. 석가모니의 가장 핵심적인 문제의식은 '도대체 왜 인간이 번뇌에 시달리는 것일까?'였다.

석가모니가 가장 먼저 설법한 내용은 중도中道 사상과 사성제四聖諦 그리고 팔정도八正道였다. 그는 출가 전의 '낙행樂行; 세속의 쾌락을 추구하는 삶'도 출가 후의 '고행苦行; 고통을 감수하고 오직 수행에만 정진하는 삶'도 모두 한편에 치우친 극단이라고 보고, 고락苦樂의 양면을 떠나 몸과 마음의 조화를 얻는 중도에 설 때 비로소 깨달음의 경지에 이를 수 있다고 말했다. 이것이 바로 중도 사상의 핵심이다.

사성제四聖諦란 고집멸도苦集滅道를 말한다. 첫째로 '고苦'는 인생 그 자체가 고통이라는 인식이다. 고통에는 '태어나고'·'늙고'·'병들고'·'죽는' 네 가지 고통인 '사고四苦, 生老病死'가 있고, 또 여덟 가지 고통인 '팔고八苦'가 있다. '팔고'란 태어나고 늙고 병들고 죽는 네 가지의 고통에, 다음과 같은 네 가지의 고통을 더한 개념이다. ①사랑하는 사람과 이별하는 고통(애별리고愛別離苦) ②미워하는 사람과 만나는 고통(원증회고怨憎會苦) ③구하는 것을 얻지 못하는 고통(구부득고求不得苦) ④온갖 욕망이 쉬지 않는 고통(오음성고五陰盛苦)이다. 둘째, '집集'이란 괴로움의 원인으로, 깨달음에 방해가 되는 세 가지의 번뇌를 말한다. 여기서 세 가지 번뇌란 탐욕貪慾·진에瞋恚; 화냄·우치愚癡; 어리석음를 가리킨다. 이는 줄여서 '탐·진·치'라고도 한다. 셋째, '멸滅'이란 모든 번뇌가 사라진 평안한 상태를 뜻한다. 넷째, '도道'란 해탈의 수단으로서, 팔정도八正道를 가리킨다.

팔정도八正道는 다음과 같다.

1. 정견正見; 바른 견해
2. 정사유正思惟; 바른 마음
3. 정어正語; 바른 언어
4. 정업正業; 바른 몸가짐
5. 정명正命; 바른 사회생활

6. 정정진 正精進 ; 올바른 노력

7. 정념 正念 ; 바른 주장, 기억

8. 정정 正定 ; 정신의 통일

불교는 마우리아Maurya 왕조가 인도를 최초로 통일한 뒤, 제3대 왕 아소카Asoka ; BC 269~232에 의해 BC 3세기경에는 스리랑카, 히말라야 및 중앙아시아, 미얀마, 그리스와 이집트까지 광범위하게 전파된다. 이때부터 불교는 세계적인 종교가 된다.

불교든 베다 사상이든 인도 철학에는 아주 중요하게 생각하는 신성한 음절 '옴Aum'이 있다. 스님들의 염불에 많이 등장하는 '옴마니반메훔'에도 '옴' 음절이 있다. 인도 철학에서는 아직 걸음마 단계의 유아가 무심코 내뱉는 '엄마'·'음마'·'마마'와 같은 음절은 바로 '옴'과 관련된다. '옴'이란 내면 깊은 곳에 잠재된 아트만을 깨우는 소리이자, 신神을 부르는 음절이다. 히브리어에서는 '아멘Amen'으로 발음되는 우주의 모든 진동이 응축된 근원적 음절이자, 태초의 소리이다.

중국 불교의 특이성, 분파불교

。。。

구마라집과 현장은 인도 불경의
한역漢譯에 지대한 공헌을 했다.
두 사람이 번역한 불경은 동아시아
불교가 발전하는 원동력이 되었다.

번역, 중국 불교의 발전을 이끌다

인도로부터 중국에 이르는 방법으로는 육로와 해로가 있었는데, 대표적인 육로로는 실크로드인 천산남로天山南路와 천산북로天山北路가 있다. 인도 불교는 이 길을 통해 중국 돈황敦煌으로 전파된다. 중국에 불교가 처음 전해진 시기에 대해서는 의견이 분분하지만, 대체로 후한後漢의 명제明帝; AD 58~75 이전일 것으로 추측된다.

위진남북조 시기가 되면 인도로부터 건너온 불교 경전의 '한역漢譯; 한문으로 번역하는 것'이 크게 유행한다. 이때 노자와 장자를 대표로 하는 도가 사상은 번역을 위한 좋은 지침이었다. 불교를 노장사상에 의지해 이해한 것을 '격의불교格義佛敎'라고 한다. 인도 불경을 노장사상에 기대어 해석한 이유는 불교와 유사한 점이 많았기 때문이다. 예컨대, 노장의 '무無'로 불경의 '공空'을, '무위無爲'로 '열반涅槃'을 이해하는 것이다. 특히 '좌망坐忘'과 같은 개념들은 불교의 명상을 이해하는 데 큰 도움이 되었다.

인도 불경의 제대로 된 한역은 '구마라집鳩摩羅什, 쿠마라지바 Kumārajāva ; 343~413'으로부터 비롯되었다. 구마라집은 중앙아시아에 있던 구자국龜玆國 ; 쿠차 Kucha 출신이다. 실크로드에 위치한 구자국은 타클라마칸 사막의 북쪽 가장자리에 있었다. 아버지는 인도인으로 구자국에 와서 국왕의 고문이 되었는데, 왕의 누이와 결혼해서 구마라집을 낳았다. 구마라집은 7세 때 출가해 소승불교와 대승불교를 골고루 습득했으며, 그의 명성은 서역과 중국에 널리 알려졌다. 그는 여러 복잡한 경로를 거쳐 중국에 진출하게 되는데, 중국에서 그가 12년 동안 벌인 인도 불경의 한역은 중국에서 불교가 안착하는 데 결정적인 역할을 한다. 당시 그의 문하에는 3천여 명에 이르는 제자가 있었다고 전해진다. 그 가운데 가장 유명한 제자는 승조僧肇 ; 383~414와 도생道生 ; ?~434이다. 구마라집의 불교사상은 삼론종三論宗이 개창되는 데 영향을 끼쳤으며, 천태종天台宗과 선종禪宗의 사상적 기반이 되기도 했다. 그가 번역한 불경은 오늘날에도 불교 연구의 기초 자료로 쓰이고 있다.

중국 불교사에서 두 번째로 중요한 인도 불경의 한역

은 당唐나라 때 현장玄奘; 600~664에 의해 이루어졌다. 그는 인도로 구법求法 여행을 떠나 17년 만에 당나라의 수도 장안으로 돌아왔다. 현장은 귀국 후 자은사慈恩寺의 번역원飜譯院에서 인도에서 가져온 불경을 번역하면서 인도 여행담인 『대당서역기』를 저술한다. 『대당서역기』는 사람들에게 서역이라는 미지의 세계에 대한 생생한 동경을 불러일으켰다. 그러한 동경이 상상의 나래를 펼쳐 탄생한 전통 SF 소설이 바로 『서유기』다. 현장은 이 소설에서 손오공과 저팔계, 사오정의 스승인 삼장법사로 등장한다.

현장의 번역은 무려 20여 년이나 진행된 방대한 사업이었다. 그는 이 기간에 75부 1,335권에 이르는 경론을 번역한다. 그의 번역은 매우 치밀하게 진행되어 사람들은 현장 이전의 번역을 옛 번역이라는 의미의 구역舊譯이라 불렀으며, 현장의 번역에는 새로운 번역, 즉 신역新譯이라 이름을 붙였다.

누구나 깨달음의 세계에 닿을 수 있다

인도 불교는 '원천 불교'이고, 중국 불교는 '분파 불교'라는 말이 있다. 여러 분파로 갈라진 중국 불교의 특질을 표현한 용어다. 여기서는 천태종·화엄종만을 언급하고자 한다.

천태종天台宗은 천태산에서 수련한 수隋나라 지의智顗; 538~597에 의해 성립되었다. 천태종은 화엄종과 더불어 중국 불교의 꽃이라고 불린다. 천태종 교의의 핵심 개념은 제법실상諸法實相·원융삼제圓融三諦·일념삼천一念三千이다.

'제법실상'은 문자 그대로 '우주의 만물은 있는 그대로 진실한 자태'라는 의미다. '연기緣起'로 인해 드러나는 각각의 존재가 진리를 인식할 수 있다는 의미다. 여기서 '연기'란 모든 현상은 무수한 원인과 조건이 상호 관계하여 성립한다는 말이다. '제법실상'에는 깨달음을 얻을 수 있는 존재가 따로 있는 게 아니라 누구나 그 세계에 닿을 수 있다는 의미가 내포되어 있다. 서로가 패턴이 다른 각각의 존재는 제각각 진리를 인식할 수 있다. 그리고 이러한 실상은 공空·가假·중中이라는 삼제三諦로 설명된다.

'원융삼제'에는 세 가지 차원이 있다. 첫째 공제空諦는 모든 존재가 독립된 실체가 아니라 '공'하고 서로 촘촘히 연결되어 있어 순수하게 독립된 존재가 없다는 의미다. 둘째 가제假諦는 일시적으로 잠시 존재한다는 뜻이다. 공제와 가제는 한 존재의 두 가지 양상이다. 즉, 모든 존재자는 존재하지 않는 동시에 존재한다. '부재'와 '존재'의 깜박임이다. 마지막 셋째는 '공허함'에 치우치거나 일시적인 현상에도 집착하지 말고 존재의 참모습을 알아야 한다는 중제中諦

다. 천태종은 한 존재에 공空·가假·중中의 세 가지 진리가 모두 갖춰져 있다고 했다.

'일념삼천'이란 하나의 생각에 삼천 세계가 다 들어 있다는 의미다. 즉 우리의 생각에 지옥과 극락의 모든 세계가 다 들어 있다. 따라서 우리가 표출하는 한순간의 생각으로 지옥을 맛볼 수도 있고, 극락을 맛볼 수도 있다. 결국 인간은 무한한 가능성과 자유의지를 가진 존재로 그 자신이 어떤 마음을 지니느냐에 따라 순간순간 지옥에 갈 수도 있고 극락에 갈 수도 있다.

본체와 현상의 관계는 곧 파도와 바다의 관계

화엄종華嚴宗은 『화엄경』을 특별히 중시하는 불교 종파다. 화엄종은 법장法藏; 643~712에 의해 창시되었다. 그는 중국 역사에서 유일한 여성 황제였던 측천무후則天武后; 624~705로부터 총애를 받았다. 화엄종의 핵심은 '사법계四法界' 사상이다. 사법계란 사법계事法界·이법계理法界·이사무애법계理事無碍法界·사사무애법계事事無碍法界를 말한다. 여기서 '법계'란 사물의 성질을 의미한다. '사법계'는 갖가지 차별로 얼룩진 현실 세계를 의미하고, '이법계'는 순수한 본래 세계다. '이사무애법계'란 현실 세계와 본체의 세계가 서로서로 밀어내는 관계가 아니라, 포용하는 관계라는 뜻이다. '사사무애법계'란 각종 사물 사이에도 서로 밀어내는 관계가 아니라, 서로 포용하는 관계를 유지한다는 것을 가리킨다.

이 법계 네 가지는 우주에 존재하는 만물의 존재 양상을 말하는 동시에, 사람들이 세계를 이해하는 방식이기도 하다. 간단히 말해 물질세계이자 현상세계는 '사법계'이고, 본체의 세계이자 정신세계는 '이법계'다. 본체와 현상이 비록 두 개로 나뉘었지만, 현상세계는 본체의 세계에, 본체의 세계는 현상의 세계에 의지한다는 것이다. 본체와 현상의 관계는 마치 파도와 바다의 관계와도 같다.

또 화엄종에 의하면 순수한 본체는 곧 '여래장如來藏'이며, 모든 존재는 '여래如來; tathāgata'의 성품이 발현된 것이다. 여기서 '여래'란 부처에 대한 10가지 칭호 중 하나로 '진리의 체현자'라는 의미다. 여래장은 중생의 내면에 있으므로, 인간은 누구나 성불할 수가 있다.

불교에서 말하는 시간 단위는 '겁劫'이다. '겁'이란 세계가 탄생해 발전하다가 파괴되어 무無로 돌아가는 극대의 시간이다. 『잡아함경雜阿含經』에는 이런 이야기가 나온다. 사방과 상하로 1유순由旬; 약 15킬로미터이나 되는 쇠로 만들어진 성城안에 겨자씨를 가득 채우고 100년마다 겨자씨 한 알씩을 꺼낸다. 이렇게 겨자씨 전부를 다 꺼내도 1겁은 끝나지 않는다. 또한, 사방이 1유순 크기의 큰 바위를 100년마다 한 번씩 옷깃으로 스친다. 그렇게 해서 바위가 다 마멸되어도 1겁은 끝나지 않는다. '나무아미타불'이란 아미타불에게 귀의한다는 의미인데, '아미타불'에서 '아미타'는 '무한한 수명'이라는 의미다. 정토종淨土宗도 중시하는 부처인 '아미타불'은 '무한한 수명을 가진 부처님'이라는 뜻이다.

중국적인 너무나 중국적인, 선종

◦ ◦ ◦

진리란 하늘의 달과 같다. 문자란 내 손가락이다.
손가락은 달의 위치를 가리킬 수는 있어도
달 자체는 아니다. 달을 봤으면 손가락은 치워라.

달마가 동쪽으로 오다

중국의 불교 선종禪宗은 인도 불교가 노장 사상의 영향을 받아 새롭게 탄생한 불교 분파다. '격의불교'가 극대화된 사례라고 볼 수도 있다. 인도 철학은 베다 사상이든 불교든 우주의 본질이나 윤회를 비롯한 내세의 문제 등 형이상학적 주제를 중심에 둔다. 반면, 중국의 철학은 대체로 현실 중심적이어서 삶에 밀착되어 있다. 선종은 이러한 중국 철학의 특징을 잘 반영한다.

선종禪宗에서 '선dhyana'이란 나와 우주의 합일인 '사마디samadhi' 직전 단계의 '깊은 명상'이다. 선종은 중국의 남북조시대에 들어온 인도의 승려 보리 달마를 시작으로 혜가慧可 → 승찬僧璨 → 도신道信 → 홍인弘忍을 거쳐 육조 혜능六祖慧能에 이르러 조사선祖師禪의 전통이 확립된다.

인도의 승려 보리 달마菩提 達磨; Bodhidharma; ?~528는 남북조南北朝 중 하나인 양梁나라에 와서 양 무제 소연武帝 蕭衍; 464~549을 면담한다. 달마는 불교 신봉자인 양 무제와의 대화 속에서 권력으로부터 비호받는 형식적인 종교 활동을 비판한다. 양 무제가 달마에게 물었다. "나는 왕위에 오른 뒤 절을 많이 짓고 승려가 되고자 원하는 이들을 도왔으며, 경전을 간행하는 일을 헤아릴 수 없이 많이 하였는데 그 공덕이 얼마나 되겠는가?" 그러자 달마가 이렇게 대답한다. "아무 공덕이 없습니다. 그러한 일들은 모두 생사에 윤회하는 원인이 될 뿐입니다. 비록 그림자가 있기는 하나 실체가 아닌 것과 매일반입니다." 양 무제는 못마땅한 말투로 다시 묻는다. "그렇다면 어떤 것이 진실한 공덕인가?" 그러자 달마가 "청정하고 원만하게 밝은 지혜를 얻는 공덕이 참된 것이나, 이것은 세속의 공덕으로는 얻지 못하는 것입니다."라고 답했다. 마지막으로 양무제가 "그러면 나와 지금 이야기를 나누고 있는 당신은 도대체 누군가?"라고 묻자, 달마는 끝내 "모릅니다."라고 답했다.

이후 달마는 소림산少林山에 틀어박혀 9년간 절벽을 향해 묵언 수행을 한다. 이를 '벽관壁觀'이라 한다. 면벽 수련이라는 말이 여기서 유래된 것이다. 이 선법이 혜가慧可; 487~593에게 전수되면서 선종禪宗은 하나의 학파로 발전된다.

달마

달마와 혜가 사이에는 다음과 같은 일화가 있다. 혜가는 눈이 쏟아지는 와중에 달마가 거처하는 소림사 달마정達磨亭 밖에 오랫동안 서 있으면서 제자로 받아줄 것을 청했다. 달마는 혜가에게 "흰 눈이 붉은색으로 변하면 제자로 받아들이겠다."라고 말한다. 그러자 혜가는 그 자리에서 자기 왼팔을 잘라 눈 위에 피를 뿌렸고, 달마는 그를 제자로 받아들인다. 오늘날 달마정이 입설정立雪亭이란 이름으로 불리게 된 것은 이 설화에서 유래한다. 이후 소림사의 제자들은 한 손밖에 쓸 수 없었던 혜가를 기리기 위해 한 손만을 바로 세우는 독특한 예법을 행했으며, 가사 한쪽 자락으로 왼쪽을 가리는 옷차림을 했다. 중국 무협 영화에서 소림사 고수들의 독특한 인사법은 이를 묘사한 것이다.

달을 봤으면,
이제 손가락은 필요 없다

선종이 중국 특유의 불교로 자리 잡은 것은 육조 혜능六祖 慧能; 618~907 때부터였다. 혜능은 땔나무를 팔아 연명하던 가난한 나무꾼으로, 홍인弘忍의 문하가 되어 불교를 배운다. 하루는 홍인이 문하생을 불러 모아 자기의 의발衣鉢; 의복과 식기을 물려받고자 하는 사람은 선종의 요지를 시로 읊어보라고 했다. 불교에서는 스승이 수제자를 정할 때 자신의 의발을 물려주는 전통이 있다. 그때 홍인의 문하생 중 가장 높은 만형인 신수神秀가 먼저 시를 읊는다. "몸이 보리수라면 마음은 맑은 거울. 조심조심 부지런히 거울을 닦아, 먼지가 끼지 않게 하라." 그러자 또 다른 문하생 혜능이 이를 받아 시를 읊는다. "마음이 보리수라면 몸은 맑은 거울. 맑은 거울은 본래 깨끗한데, 어디가 티끌과 먼지에 물들리오." 신수는 마음의 존재를 인정했으나, 혜능은 마음의 존재를 인정하지 않은 것이다. 홍인은 혜능에게 자기의 의발을 물려준다.

홍인 이후에 선종은 신수를 추종하는 세력과 혜능을 추종하는 세력으로 나뉜다. 신수는 주로 북중국에서 활동했기에 '북종선北宗禪'이라 불렸으며, 혜능은 줄곧 남중국에서 교화했기에 '남종선南宗禪'이라 일컬어졌다. 북종선은 점진적으로 단계를 밟아 성불에 이르는 수행 방식을 선호했다. 그에 비해 남종선은 점진적인 과정을 거치지 않고 단번에 깨닫는 '돈오頓悟'를 중시했다. 처음에는 북종선이 번성했지만, 나중에는 남종선이 뛰어난 제자를 많이 배출했다. 이후 선종이라 하면 남종선을 의미한다. 남종선의 특징은 다음 일화에서도 잘 드러난다.

> 하루는 혜능이 한 여승에게 이렇게 말했다. 진리란 문자와 무관하다. 진리란 마치 하늘의 달과 같다. 반면에 문자란 흡사

혜능

그대와 나의 손가락이나 다름없다. 손가락은 달의 위치를 가리킬 수 있어도 달 자체는 아니다. 달을 보는데 반드시 손가락을 거칠 필요는 없지 않은가?

혜능에 의하면 언어는 깨달음의 경지에 도달하는 단순한 수단일 수는 있으나 필수적인 요소는 아닌 것이다.

깨달음에 이르는 데 필요한 것들

선종은 다른 종파와 달리 어떤 틀이나 규율에도 얽매이지 않으려 했다. 불경 읽기를 중심에 두지도 않았다. 선종의 요지는 다음과 같다.

첫째, 교외별전敎外別傳이다. 교외별전이란 언어를 쓰지 않고, 마음에서 마음으로 진리를 전한다는 의미다. 둘째, 불립문자不立文字다. 가르침은 문자로 세우는 것이 아니라는 주장이다. 셋째, 직지인심直指人心이다. 사람의 마음을 곧바로 가리킨다는 의미로, 눈을 밖으로 돌리는 게 아닌 자기 내면을 잘 들여다봐야 한다는 주장이다. 모든 진리는 이미 내 마음에 다 갖추어져 있기 때문이다. 넷째, 견성성불見性成佛이다. 인간이 본성을 깨치면 누구나 부처가 될 수 있다는 뜻이다. 직지인심과 비슷한 맥락이다. 자기 본성 안에 이미 모든 해답이 갖추어져 있기에, 밖에서 찾을 필요가 없다는 의미이다. 선종에서 말하는 깨달음의 과정을 간략히 도식화해보자.

사회적 의식을 해체하기 시작 → 세상에 존재하는 갖가지 고통 원인에 대해 보편인식을 시작 → 고통의 원인을 점차 줄여나감 → 고통의 원인에 대한 해답을 위해 '화두話頭'를 참구하거나 명상을 실천함 → 어느 순간, 순식간에 깨달음(돈오)

선종, 중국 철학의 주요 구성원이 되다

마조 도일馬祖 道一; 709~788은 신라 출신의 선승인 무상無相의 지도를 받기도 했다. 마조는 이렇게 말했다.

대중이여, 각자 자신의 마음이 부처임을 믿도록 하라. 이 마음이 바로 부처의 마음이다. 도道는 닦을 것이 없으니, 물들지만 말라. 평상심平常心이 곧 도이다. 평상심이란 조작이 없고, 옳고 그름을 따지는 것이 없으며, 선택하고 버리는 것이 없고, 순간과 영원도 없으며, 평범한 자와 성인聖人의 나뉨도 없는 것을 의미한다.

하루는 마조가 좌선하는 동자를 보고 묻는다. "좌선하는 이유가 무엇이냐?" 동자가 성불하기 위해서라고 대답하자 마조는 아무 말 않고 벽돌을 주워 숫돌에 갈기 시작한다. 스승의 괴이한 행동을 보고 동자승이 이유를 묻자 마조는 말한다. "이것을 갈아서 거울을 만들려 한다." 즉, 좌선조차 쓸데없는 짓이라는 의미다. 마조에 의하면, "자성自性은 본래부터 갖추어져 있으므로, 다만 선善이니 악惡이니 하는 일에 머물지 않기만 하면 도道를 닦는 사람이라고 할 수 있다."

마조는 문하에 1,000여 명의 제자를 두었다고 전해진다. 강서江西의 마조 도일과 호남湖南을 중심으로 법을 펼친 석두 희천石頭 希遷은 당시 최고의 선승이었다. 이로부터 중국 남종선南宗禪의 융성기가 시작되는데, 무협지나 무협 영화에서 흔히 거론되는 강호江湖는 강서와 호남에서 한 글자씩 따와 만들어진 말이다. 임제 의현臨濟 義玄; ?~867의 간화선看話禪도 선종에서 큰 비중을 차지한다. 그는 있는 그대로의 자기가 부처라면서 부처를 밖에서 구하지 말라고 가르쳤다. 임제는 "가는 곳마다 주인이 되면, 서 있는 곳이 모두 진실이다隨處作主, 立處皆眞."라면서 일체의 권위를 부정했다.

> 안으로나 밖으로나 무언가를 만나면 반드시 죽여라. 부처를 만나면 부처를 죽이고 조사를 만나면 조사를 죽이고 나한을

만나면 나한을 죽이고 (……) 그래야만 비로소 해탈할 수 있다.

그 어떤 권위도 따를 필요 없다는 주장으로, 심지어 부처의 권위마저 부정된다. 임제는 참자아를 가리는 어리석음을 깨기 위해 제자 앞에서 고함을 지르기도 하고 방망이로 때리기도 했다. 또한, 분석적인 사유에서 나온 제자의 질문에 그와 전혀 관계없이 보이는 답을 주기도 했다. 이는 제자에게 강한 의구심을 일으켰고, 그는 이 의구심을 해결하기 위해 깊이 참구할 수밖에 없다. 이는 곧 공안公案을 통한 수행 방식이다. 공안 1,700개를 말할 때는 '공안'이라고 표현하고, 공안 중 어느 하나를 지적할 때는 '화두'라고 말한다. 공안 혹은 화두는 깨달음에 장애가 되는 번뇌를 제거해 주는 역할을 했다. 화두에 의지해 몰입하면 번뇌에서 벗어나기가 쉬워진다고 바라본 것이다. 이러한 '간화선'풍은 우리나라에도 커다란 영향을 끼쳤다.

당唐나라 말기 무종武宗; 841~847의 치하에서 선종을 비롯한 불교는 정부로부터 대대적인 탄압을 받는다. 이 탄압의 주요 동기는 경제적인 문제였다. 박해는 842년에 시작되어 이후 3년 동안 계속된다. 845년에는 불교의 모든 설비를 파괴하고, 모든 승려를 환속시켰으며, 약 150,000여 명으로 추정되는 사찰에 딸린 모든 노비를 해방했다. 중국 역사에서 어느 시대에도 불교가 이처럼 탄압받은 예는 없었다. 무종은 외래 종교인 불교를 탄압하고 중국 전통 종교인 도교를 숭배했다. 국수주의적 행태를 보인 것이다. 당나라는 중국 통일 왕조 가운데 가장 주목할 만한 대제국이었다. 당나라는 막강한 통일 왕조였으며, 당나라 수도 장안은 세계의 중심지였다. 그런데 무종 이후부터 국수주의적으로 돌아서게 된 것이다. 모든 외래 문화에 대한 배척은 국력이 약해졌다는 신호다. 오늘날 강대국 가운데 가장 국수주의적 행태를 보이는 나라는 어디일까?

자이나교

자이나교Jainism는 불교와 마찬가지로 기존의 브라만교를 비판하면서 태동했다. 석가모니와 같은 시대를 살았던 크샤트리아 출신인 마하비라Mahavira가 창시했다. 자이나교는 최고의 완성자를 지나Jina라 불렀다. 교조敎祖의 출신과 지리적·문화적 배경, 교단 성립의 경위도 불교와 유사했다. 그런데 자이나교는 불교와 달리 대중성이 넓지 않았고 교단이 체계적으로 성립되지 못한 탓에 세계로 뻗어 나가지 못했다. 물론 종파가 없는 것은 아니었다. 우선 북인도를 중심으로 활동한 백의파Svetambara가 있었는데, 이들은 하얀 옷을 착용했으며 마하비라의 가르침을 자유롭게 해석해 여성의 출가나 구원을 인정했다. 그리고 공기가 곧 의복이니 옷을 입을 필요가 없다고 주장하며 남인도를 중심으로 활동한 공의파Digambara가 있었다. 이렇게 종파가 존재했으나 자이나교는 끝내 체계화된 교단을 꾸리지 못한다. 자이나교는 업에 따라 윤회한다는 관점, 출가 이후 수행하는 방식과 불살생, 엄격한 채식주의, 금욕주의, 열반에 관한 생각 등이 불교와 매우 유사했다. 하지만 불교가 수행 방법에서 '중도中道'를 강조했다면, 자이나교는 극단적인 고행을 중시했다. 그리고 불살생을 실천하는 방식도 매우 극한적이었다. 오늘날에도 자이나교도들은 항상 빗자루를 들고 다니는데, 자기도 모르게 길바닥에 있는 작은 생명체들을 죽일지 모르기 때문이다. 어떤 자이나교도들은 공기 중의 아주 작은 곤충까지 죽이지 않기 위해 숨 쉬는 것조차 신경을 써 마스크를 착용하기도 한다. 현재 인도에 남아 있는 순수한 형태의 자이나교도는 약 200만 명 정도로 주로 봄베이와 구자라트주에 거주한다. 이들은 상호부조의 성격이 강하고 상인이나 금융업자가 태반인지라 경제적 영향력이 막강하다. 철저한 불살생 교리 때문에 생명을 살해해 이익을 취하는 군인·도살업·농업 등의 직업을 택하기 어려웠던 것이다. 그런 그들의 주업종은 불살생을 염려할 필요가 없는 직업인 상업이었다. 신용이 좋았던 이들은 뛰어난 상인 집단으로 자리매김한다.

7장.

존재와 의식의 관계를 탐색하다, 신유교

유불도의 하이브리드 철학, 성리학

◦ ◦ ◦

성리학이 일구어낸 여러 사상의 통합은
이전에 있었던 사상 통합과는 질적으로
차원이 다른 것이었다. 원시 유학과 도가 사상,
그리고 불교는 서로 화학적으로 결합하면서,
성리학이라는 완전히 새로운
사유 체계를 탄생시켰다.

유불도의
화학적 융합

신유교新儒教는 공맹孔孟의 원시유교가 음양오행陰陽五行설 등의 형이상학적 논리로 재무장한 동중서의 유교로 탈바꿈한 이래, 또 한 번의 혁명을 겪으면서 탈바꿈한 새로운 유학이다. 신유교의 대표는 성리학(주자학朱子學)과 양명학陽明學이다.

성리학자들이 중시하는 수양 방법인 '정좌靜坐'는 불교의 '좌선坐禪'에서 영향을 받은 것이며, 성리학에서 흔히 쓰이는 '복초復初·만물일체萬物一體·무욕無慾·무극無極 등의 개념은 본래 노장사상에서 볼 수 있는 용어다. 이런 유가 철학에 대한 도가 및 불교의 영향은 양명학에서도 극명하게 드러난다. 성리학과 양명학은 명실상부 전대의 유학과는 다른 새로운 경지를 열었으며, 훨씬 세련되고 보다 심층적인 범위에서 여러 사상의 융합을 이루어냈다.

성리학이 자리 잡은 이후 본격적으로 등장한 사대부士大夫는 이전과는 다른 성격의 지배층이었다. 사대부는 당唐나라 때 과거 제도의 확립과 함께 일어나 송대宋代에 이르러 확고부동한 세력으로 자리 잡는다. 사대부는 지식인 계급으로 경제적으로 보면 대체로 지주였다. 한대漢代를 이끌었던 세력은 호족 세력이었다. 이어 위진남북조시대는 귀족의 시대였다. 호족이나 귀족 모두 지식보다는 가문을 중시했다. 이와 비교할 때 사대부는 선명한 특징을 보인다. 사대부는 출생을 따지는 폐쇄적인 신분이 아니라 능력을 우선으로 삼는 개방적인 계층이었다. 그 능력이란 유교 경전을 이해하는 교양을 가리킨다.

송나라 이전에는 『역경易經』, 『서경書經』, 『시경詩經』, 『예기禮記』, 『춘추春秋』, 즉 오경五經을 교재로 했으며, 여기에 덧붙여 『논어論語』와 『맹자孟子』를 중시했다. 하지만 송대가 되자 주희에 의해 『대학大學』과 『중용中庸』이 새롭게 편입된다. 이른바, 『논어論語』, 『맹자孟子』, 『대학大學』, 『중용中庸』이라는 사서四書 개념이 확립된 것이다. 이후 유교 사상은 오경 중심에서 사서 중심으로 바뀌게 된다. 주희가 성리학을 집대성한 이후 역대 중국 왕조는 학교 교육과 과거 시험에서 주희가 정식화한 사서를 기본 교재로 삼게 된다. 이렇듯 주희는 성리학의 태두이지만 주희 이전에 영향을 끼친 학자가 여럿 있었다.

주돈이周敦頤

무극이 태극이다

성리학 논리는 주돈이周敦頤; 1017~1073의 『태극도설太極圖說』로부터 시작한다. 『태극도설』은 주돈이가 송나라 초의 도사道士; 도교의 출가 수행자 진단陳摶; 871~989의 〈무극도〉를 보고 영감을 받아 작성한 것이다.

『태극도설』에는 무극無極·태극太極·중정中正이라는 세 가지 중요한 개념이 나온다. 태극은 『역경』「계사전」의 "역易에는 태극이 있고, 태극은 양의(음양)를 낳는다."라는 말에서 유래한 용어다. 태극은 음과 양이라는 상반된 기운이 함께 있는 어떤 궁극적 실체다. 그리고 무극은 『노자』「28장」에 나오는 말로, 일체 차별이 없는 만물의 근원이 되는 본바탕을 의미한다. 또한, 중정은 『역경』에서도 자주 등장하며, 『중용』에서 말하는 중화中和; 중용의 경지에 다다른 상태와 맥락이 닿는다. 요컨대 주돈이의 『태극도설』은 유가와 도가의 혼종 텍스트다.

주돈이는 『태극도설』 첫머리에서 "무극無極이면서 태극無極"이라고 말한다. 주희의 설명에 따르면 태극이 공간적인 제약 없이 어디에나 편재하고, 물리적인 형태를 지니지도 않으며, 특정 장소에 있는 것이 아니라는 사실을 강조하기 위해 무극이라는 개념이 사용되었다. 『태극도설』은 '태극太極'에서 '음양陰陽'으로, '음양'에서 '목木-화火-토土-금金-수水'의 '오행五行'으로, 오행에서 사물로 이어지는 성리학의 우주론과 존재론의 기초를 세운다. 또 주돈이는 이어서 음양이라는 두 기氣가 교감하여 만물이 생성되는 중에 사람이 가장 빼어난 기를 받아 생겨남으로써 가장 영험한 존재가 되었다고 말한다.

장재張載

우주적 가족주의

기본적으로 중국 철학에서 기氣라는 개념은 사물을 구성하는 물질적 근원·활동적 근원 등의 의미로 새길 수 있다. 특히 기는 도가 사상 중에서도 핵심 개념 가운데 하나다. 장재張載; 1020~1077는 만물의 근원을 '태허太虛'라고 했다. 그는 이 '태허'로부터 나온 기가 음과 양의 활동을 통해 응집되어 사물이 된다고 생각했다. 기가 흩어지면 사물은 모양을 잃고 다시 태허로 돌아간다. 물이 엉기어 얼음이 되었다가 녹는 것처럼 사람이 죽으면 그 몸이 흩어져 태허로 돌아간다. 모양을 갖추기 이전의 기가

'태허'라면, 수렴되고 확산하며 분화하는 작용으로서의 기는 '태화太和'다. 그리고 그러한 여러 작용의 법칙은 '리理'라고 불린다. 이러한 장재의 개념은 성리학의 우주론 및 생성론의 기본 골격이 된다.

장재는 '모든 사람은 나의 동포'라고 생각하면서 '우주적 가족주의'라는 이상을 품었다. 그는 『서명西銘』에서 다음과 같이 말한다.

> 하늘을 아버지라고 부르고 땅을 어머니라고 부르니, 우리는 모두 하늘과 땅 사이에 서로 섞인 미미한 존재들이다. 천지天地의 기氣가 나의 몸체를 이루고, 천지의 근원이 나의 본성이 된다. 따라서 사람들은 모두 한 뱃속 형제이며, 만물은 나의 친구다. 나이 많은 어른을 모실 때는 자기 어른을 모시듯이 모시고, 약하고 외로운 사람을 돌볼 때는 자기 아이를 사랑하듯이 사랑하라. 살아 있는 동안 나는 하늘과 땅을 부모처럼 섬기고, 죽을 때는 편안히 그 안에 안기리라!

장재가 볼 때 모든 인간이 공통으로 똑같은 '기氣'를 공유하고 있기에 모든 사람은 나의 가족이자 동포다.

형제 유학자,
정이程頤와 정호程顥

정이程頤와 정호程顥는 형제 사이다. 정호程顥; 정명도程明道; 1032~1085가 형이고 정이程頤; 정이천程伊川; 1033~1107가 동생이다. 장재가 기氣 중심의 사유를 펼쳐 나갔다면, 정호와 정이는 모두 '리理'를 강조했다. 정호와 정이의 '리' 개념은 장재의 '기'가 구체적인 성격을 지닌 데 비하여 추상적이다. '리'는 '기'가 모여 이루어진 사물에 내재해 있는 관념적인 원리이다.

정호와 정이가 비록 형제 사이이긴 하지만 사상적으로 미묘한 차이점이 있었다. 정호는 인간의 본성 그 자체는 선과 악의 구별이 없다고 생각했다. 이에 비해 정이는 모든 인간은 선험적으로 선하다는 성선설의 견해를 가진다. 정이에 의하면 우주의 보편적인 원리로서의 리理는 선하고 순수하다. 그리고 인간은 이 보편적인 리를 부여받았기에 선하고 순수하게 태어난다. 그에 의하면, 단지 기氣가 맑은지 탁한지에 따라 선하거나 선하지 못한 구별이 있게 되는 것이다. 따라서, 인간은 기질을 변화시켜 본래의 선한 성품이 드러나도록(복성復性) 공부를 해야만 한다. 공부의 구체적인 방법은 마음을 고요하게 하고 늘 반성하는 '경敬'과 하나하나의 사물을 차근차근 연구해 나가 참된 이치를 깨닫는 '치지致知'다.

한편 정호는 차근차근 이치를 깨달아 나가는 방법보다는 한꺼번에 깨닫는 것을 선호했다. 그는 정이에 비해 불교적 성향이 더 짙었다. 정호는 하나하나의 사물에 대해 일일이 그 이치를 연구해 나가는 방법보다는, 만물이 이미 내 내면에 모두 갖추어져 있다는 믿음을 바탕으로, 이 갖추어진 마음을 밝히기만 하면 만물이 형성된 이치를 단번에 깨달을 수 있다고 보았다.

정이의 사상은 주희의 이기이원론理氣二元論 형성에 결정적 영향을 주었다. 한편 정호의 학문 방법은 심학心學에 영향을 끼쳤다.

성리학의 집대성자, 주희

◦ ◦ ◦

주희는 학문의 방법으로 '경敬'을 중시했다.
경은 마음을 오직 한곳에 집중시킨 상태로 계속
유지하여 '본연지성本然之性'을 지키는
마음 자세를 말한다. 우리 조선 시대에서
퇴계 이황이 이 방법을 특별히 강조했다.

기氣는 만물의 물질적 토대다

성리학은 남송南宋 때의 인물 주희朱熹; 1130~1200에 의해 집대성된다. 주희는 흔히 주자朱子로 높여 부른다. 주희의 출현은 성리학 혹은 주자학이 영향을 미치는 곳이 단순히 중국에만 머물지 않았다는 점에서 동아시아적인 사건이다. 주희 이후의 중국 유학은 주희가 제시한 틀로부터 크게 벗어나지 못했다. 이러한 사정은 한국의 유학도 마찬가지이다.

주희에 의하면 모든 존재는 끊임없이 운동하는 '기氣'에 의해 구성된다. 이 기는 끊임없이 운동한다. 운동의 정도가 클 때 그것을 양陽이라고 하고, 고요한 상태에 있을 때 음陰이라고 한다. 그러나 양의 기와 음의 기가 따로 존재하

주희

는 것이 아니라 상황에 따라 양의 기 혹은 음의 기가 되는 것이다. 기는 일기一氣→음양陰陽→오행五行으로 분화한다. 오행이 다시 다양하게 짝을 이루면 만물이 생겨나며 기가 응집되는 양상에 따라 그 사물의 성격이 결정된다. 예컨대 목기木氣가 우세한 사람은 애정이 깊고, 화기火氣가 우세한 사람은 예의가 바른 성격이 된다.

주희는 세계의 생성 과정을 기의 운동으로 설명한다. 음양의 기氣는 회전운동을 계속하는데, 회전이 급속하면 각 부분의 마찰로 안쪽에 찌꺼기가 쌓인다. 그 찌꺼기는 나갈 곳이 없기에 퇴적하여 땅을 형성한다. 땅은 중앙에서 움직이지 않고 그 바깥쪽에서 정교한 기가 회전운동을 한다. 하늘이 격렬하게 회전하고 있기에 땅은 떨어지지 않고 있을 수가 있는 것이다.

사람은 기가 뭉쳐 생겨나고 기가 흩어지면 죽는다. 다만 사람의 기는 다른 존재들과 비교할 때 맑고 치우치지 않을 뿐이다. 죽음이란 인체를 구성하는 기가 본래의 바다로 돌아가는 것일 뿐이다.

누구나 자기만의 리理를 타고난다

주희 사상에서 '리理'는 가장 치

열한 논쟁을 불러온 개념이다. 이 글자는 본래 옥玉 표면에 있는 결을 뜻하지만, 고전에서는 정치적 의미에서 '다스린다.'라는 의미로 사용된 예가 많다. 본래, 리理는 불교에서 즐겨 사용하는 개념이었다. 불교에서 리理는 참된 실재이고 사事는 차별적인 현상계를 의미한다. 불교의 '리理-사事'는 성리학의 개념인 '리理-기氣'에 대응한다.

모든 존재는 단순히 있는 것이 아니라 '있어야 할' 모습으로 있는 것이다. 이것이 바로 리理의 차원이다.

> 천하의 사물은 반드시 각각 그런 까닭과 당연히 그러해야 할 법칙이 있는데, 바로 이것이 이른바 리인 것이다.
>
> ——— 『대학혹문(大學或問)』

모든 사물에는 그러한 성격을 지니게끔 하는 이치가 제각각이다. 인간은 인간답게, 개는 개답게 된 이유는 인간과 개의 '리'가 다르기 때문이다. 그런데 이 모든 개별적인 '리'를 관장하고 천지 만물을 포괄하는 총체적인 '리'의 차원이 있다. 그것은 바로 '태극太極'이다. 태극이란 개별적인 리理를 관장하는 궁극적인 리다. 주희는 말한다.

> 하나의 태극만이 있는데 이것이 만물의 각각에 품수稟受되었다. 또 각 만물은 모두 하나의 태극을 공유하고 있다. 그것은

> 마치 하늘에 있는 달과 같다. 하나뿐인 달이 강과 호수에 반사되어 가는 곳마다 보이지만, 달이 나누어졌다고 말할 수 없는 것과 같다.
>
> ── 「권94」, 『주자어류(朱子語類)』

여기서 하나뿐인 달은 태극太極이자 천리天理를 가리키며, 강에 반사된 달은 각각의 리理를 뜻한다. 이런 비유법도 불교로부터 받은 영향이다. 이렇듯 주희에게 리 개념은 부분과 전체를 다 반영한다. 리는 인간 내부에 있는 리(성性)임과 동시에 인간의 외부에 있는 천지자연의 리, 즉 천리다. 이렇듯 인간 개체의 리와 자연의 리는 연속되어 있다.

천리天理를 보존하고 인욕人欲을 제거해라

기본적으로, 주희는 리理가 기보다 먼저인지 기氣가 리보다 먼저인지 확정 짓기는 어렵다고 보았다. 하지만 결국 리理 차원에 무게중심을 두었다.

> 리理란 형이상形而上의 도道이며, 만물을 생성하는 근본이다. 기氣란 형이하形而下의 사물이며 만물을 생성하는 재료이다.
>
> ── 『답황도부서문집(答黃道夫書文集)』

주희는 인간을 포함한 모든 존재의 리는 심장 속의 빈 곳에 있다고 말하기도 한다. 주희에게 리는 만물의 존재 근거다.

> 천지天地가 생성되기도 전에 리理가 있었다. 이 리가 있었기에 바로 천지가 생성될 수 있었다.
>
> ―― 「권1」, 『주자어류(朱子語類)』

예컨대 인간이 배와 자동차를 만들기 이전에도 이미 배와 자동차의 리는 존재했다. 주희의 관점을 쫓다보면, 배와 자동차는 발명된 것이 아니라 배와 자동차의 리를 인간이 발견한 것에 불과하다. 주희는 리와 기의 관계를 다음과 같이 비유했다.

> 리理가 기氣 안에 있는 것은, 예를 들면 맑은 구슬 한 알이 물 속에 있는 것과 같다. 리가 맑은 기 안에 있는 모습은 구슬이 맑은 물 가운데 있어서 구석구석까지 비추고 있는 것과 같고, 리가 탁한 기 안에 있는 모습은 구슬이 탁한 물 가운데 있어서 밖에서는 그 빛이 보이지 않는 것과 같다.
>
> ―― 「권4」, 『주자어류(朱子語類)』

리와 기의 관계를 한마디로 정리해 보자면, 리는 만물

이 제각각 존재하게끔 하게 하는 근본적인 이치이며, 기는 그러한 이치를 바탕으로 형태를 이루게끔 하는 요소를 가리킨다. 리理는 서양 철학에서 말하는 '형상形相; eidos, form'에 가까우며, 기氣는 '질료質料; hyle, matter'에 가깝다. 같은 돌(질료)이라도 그것을 재료로 석상을 만들 때 동물의 석상과 인간의 석상은 '형상'이 다르기에 다른 의미를 띠게 될 것이다. 주희의 논리로 다시 표현하면, 인간 모양의 석상과 동물 모양의 석상을 다르게 취급하는 이유는 이 둘 사이에 '리'가 다르기 때문이다.

주희는 유가 예교禮教의 윤리 덕목을 '천리天理'라고 규정하고 인간의 물질적인 욕망을 '인욕人欲'으로 단정했다.

> 천리天理를 보존하고 인욕人欲을 제거해야만 한다.
>
> —— 「권12」, 『주자어류(朱子語類)』

주희에 의하면 인간의 마음은 천리天理와 욕망이 엇갈려 싸우는 전쟁터다. 인간에게는 기질지성氣質之性; 선할 수도 있고 악할 수도 있는 후천적인 본성과 본연지성本然之性; 선천적으로 타고난 선한 도덕적 본성이 있다. 여기서 욕망은 기질지성과 관련이 있고, 천리는 본연지성에 해당한다. 인간은 기질지성을 올바르게 잘 다스려 본연지성에 복귀해야만 한다.

주희는 인간의 등급과 명분名分도 선천적으로 정해진

'예禮'의 구현이라고 보았다. 사회적 등급은 원래부터 '자연적'으로 정해져 있다. "어떠한 사물이 있기 전에 이미 그 리가 존재하므로", "군신君臣이 있기 전에 이미 군신의 리가 존재했다." 어떤 누군가가 군주가 될 수 있었던 이유는 그에게 군주의 리가 있었기 때문이다. 이런 측면에서 주희의 리 개념에는 일정 부분 위아래를 확실히 나누는 등급 논리가 분명히 들어 있다.

존재와 의식을 구분한 근대적 사유

우리는 주희의 사상으로부터 근대적인 맥락을 추출해 볼 수도 있다. 주희는 학문의 방법론으로 '격물치지格物致知'를 중시했다. 주희는 '격물치지'를 "사물의 이치를 그 궁극적인 데까지 탐구하여 지극한 앎에 이른다."라고 해석했다. 다음은 주희가 '격물치지'에 대해 설명한 것으로 유명한 '격물보전格物補傳'이다.

> 오랫동안 노력하는 동안에 어느새 활연히 툭 터져 관통(활연관통豁然貫通)하게 되면 모든 사물의 안과 밖, 정밀함과 거칢이 모두 파악되어 내 마음의 전체全體; 본래 완전한 본질, 대용大用; 위대한 작용이 모두 명백하게 된다.

격물치지에 대한 주희의 이러한 해석은 연역법과 귀납법 가운데 귀납법에 해당한다. 귀납법이란 개별적인 특수한 사실이나 원리로부터 그러한 사례들이 포함되는 좀 더 확장된 일반적 명제를 끌어내는 방법을 말한다. 실험을 중시하는 과학 분야에서 주로 사용하는 방법이다. 연역법은 귀납법과는 거꾸로 보편적인 원리를 먼저 상정해 놓고 그에 부합하는 개별적인 사례들을 찾아 나가는 방법이다. 주로 '합리론'적인 철학 분야에서 사용하는 방법이다. 주희의 격물치지는 그 두 방법 가운데 귀납법에 가깝다.

우리는 주희의 사상으로부터 또 한 가지의 근대적인 맥락을 뽑아낼 수 있다. 어찌 보면 이것은 사상사적인 면에서 가장 중요한 주희의 업적일지도 모른다. 주희는 윤리 도덕의 범주에 가까운 '리理'와 물질적인 범주에 가까운 '기氣'를 나누었으며, 마찬가지 맥락에서 정신적인 차원의 '심心'과 물질적인 차원의 '물物'을 분명히 나누었다. 여기서 심은 '의식'이며 물은 '존재'라고 볼 수 있다. 서양에서 근대 철학의 시작은 정신과 물질, 혹은 존재와 사유를 분명히 나누었던 데카르트Descartes를 기점으로 삼는다. 데카르트의 주장과 비슷하게 보이는 주희의 이분법적 사유는 데카르트보다 400여 년이나 앞선 것이었다.

마음 철학의 탄생, 심학

。。。

앎과 지식은 실천의 시작이며,

실천은 앎과 지식의 완성이다.

심학心學의 집대성자

왕양명

심학心學은 주희朱熹와 비슷한 시기에 살았던 육구연陸九淵; 1139~1193에 의해서 시작되었다. 주희가 경서 연구를 중시한 데 비해, 육구연은 경서 연구보다는 마음을 수양하는 데 중점을 두었다. 주희와 육구연은 서로의 학문적 견해 차이를 두고 논쟁을 벌이기도 했는데, 이후 유학이 성리학과 심학으로 갈라지는 계기가 된다. 비록 주희와 육구연이 학문적 경쟁 상대이기는 했지만, 두 사람은 서로를 인간적으로 존경했다.

> 우주는 곧 나의 마음이고, 내 마음은 곧 우주이다.
>
> —— 「권33」, 『상산전집(象山全集)』

주희가 인간의 본성을 인간에게 부여된 보편적인 리理라고 생각했다면, 육구연은 인간의 마음이야말로 보편적인 리理라고 보았다. 심학은 육구연이 첫발을 디딘 이래 여러 학자를 거쳐 발전해 오다가 명대明代 중기 인물인 왕양명王陽明; 1472~1528에 의해 본궤도에 오르게 된다. 심학은 왕양명의 이름을 따서 양명학陽明學이라고 부르기도 한다.

왕양명은 35세 때에 당시 최고 권력가인 환관 유근劉瑾에 대한 반대 운동에 참여했다가 핍박을 받는다. 이후 멀리 귀주성貴州省 용장역龍場驛의 역승驛丞에 임명되었는데, 이는 유배나 다름없는 것이었다. 당시 용장은 귀주성에서도 서북쪽으로 요족 등 소수 민족 지대였고 미개척의 산지로 언어가 통하는 사람들은 도망친 죄인밖에 없었다. 왕양명은 이곳에 석실을 만들어 놓고 그 안에서 정좌하고 명상하면서 자기만의 철학 세계를 구축해간다.

누구나 양지良知가 있다

왕양명은 성리학에서 가장 중요한 개념인 리理의 차원을 심心의 차원으로 전환한다.

> 심心은 곧 리理일 뿐이다.
>
> —— 「서애록(徐愛錄)」, 『전습록(傳習錄)』

왕양명은 심心을 우주 만물의 근원으로 보면서, 심과 리를 완전히 합일시킨다. 주희의 사상은 기본적으로 리理와 기氣를 나누는 이원론이다. 주희에 의하면 리는 맑고 순수하지만 기는 맑을 수도 있고 탁할 수도 있다. 따라서 사람의 마음은 리理의 순수성을 잃을 가능성이 있다. 이런 위험성에서 벗어나기 위해 인간은 각종 욕망을 제어하고 사물의 리理를 궁구하면서 고요하게 도덕심을 함양해야만 한다. 하지만 왕양명은 리와 기는 같은 차원에 대한 다른 이름일 뿐이라고 생각했다. 사람의 마음을 순수한 리의 차원과 여러 요소가 섞인 기의 차원으로 구분할 수는 없다. 마음은 온전히 하나일 뿐이다. 요컨대 왕양명은 모든 차원을 하나의 마음으로 수렴시키면서 주희의 이원론을 일원론으로 바꾸었다.

왕양명의 '마음'에 대한 이해는 '양지良知'로부터 출발한다. 그에 따르면 인간은 옳고 그름을 분별할 수 있는 능력을 선천적으로 지녔다. 이 선천적인 능력이 바로 '양지'이며, 모든 자연 대상은 양지가 있다. 양지란 태어날 때부터 갖추어진 근원적인 앎의 능력이다. 왕양명에 의하면 양지는 위대한 성인聖人이든 보통 사람이든 누구든 있다.

왕양명은 '양지'를 길러서 온전하게 발휘하는 것, 즉 '치양지致良知'를 자기 학문의 골격으로 삼았다. 양지를 기르는 노력은 유교 경전을 열심히 공부하거나 외면적인 예禮를

왕양명

익히는 데 있지 않다. 자기 내면에 잠재된 근원적인 앎의 능력을 밖으로 표출시켜야만 한다. 도덕적인 마음도 배우는 것이 아니라, 선천적으로 내재된 선한 마음을 깨우는 방식으로 드러내는 것이다. 예컨대 효도는 배워서 아는 것이 아니라 부모를 사랑하는 마음이 자연스럽게 표출된 것이다.

지행합일

왕양명은 '격물치지格物致知'를 주희와는 다르게 해석했다. '격물치지'는 "우리 마음의 '양지良知'를 모든 사물에 이루는 것"이다. 이것은 일종의 연역법이다. 양명학이 '지행합일知行合一'의 학문이라 일컫는 이유는 이런 점에서 유래한다. 왕양명의 관점에 따르면, '지知; 아는 것'는 곧 '행行; 실천'의 시작이며, '행'은 '지'의 완성이다. 즉, '양지'의 의미는 단지 관념적 실체로 마음속에 '양지'라는 근원적 앎의 능력이 존재한다는 사실을 강조하는 것만으로 그치는 것이 아니다. '양지'는 하나의 실천 동기로 작용한다. '양지'는 또한 왕양명 사상의 독특한 측면이기도 한 '광기'의 의식과도 관련이 있다.

> 이제는 양지良知를 믿고 옳은 것을 옳게, 그른 것을 그르게 마음에 비치는 그대로 실천할 뿐 어떤 것을 꾸미고자 하는 마음

이 없다. 나는 이제야 '광자'의 마음을 품게 되었다. 세상 사람들이 모두 언행이 일치될 수 없는 쓸데없는 이상이라고 비난해도 좋다.

—— 「황성증록(黃省曾錄)」, 『전습록(傳習錄)』

이런 왕양명의 입장은 향후 '광狂; 미쳐버리는 것'이 성인이 되기 위한 진정한 길이라고까지 주장하는 제자들까지 출현하게 만든다. 다음은 왕양명의 수제자 중 하나인 왕용계王龍溪의 언급이다.

광자는 뜻이 너무 높아서 실행이 사실상 따르지 못할지도 모른다. 그러나 어떠한 허식도 없고 아무것도 숨기는 것이 없으며 마음에 있는 그대로 솔직히 행동한다. 만약 잘못을 범하면 고치기만 하면 된다. 이것이야말로 성인의 경지로 들어가기 위한 진정한 출발점이다.

—— 「권1」, 『용계왕선생전집(龍溪王先生全集)』

양명학의 근대적 의의

양명학의 성과는 이렇게 정리할 수 있다.

첫째, 모든 인간이 양지를 갖추고 있기에 평범한 인간도 얼마든지 성인聖人이 될 수 있다. 누구나 다 성인이 될 수 있다는 주장은 인간에 대한 이해의 폭이 확대되고 발전된 것이다. 모든 사람이 양지가 있다는 점에서 지배자이든 피지배자이든, 사대부이든 천민이든 차별은 존재할 수 없다. 어느 날 제자인 왕심재王心齋가 외출하고 돌아오자 왕양명이 무엇을 보고 왔느냐고 물었다. 왕심재는 "거리의 사람들이 모두 성인인 것을 보고 왔습니다滿街聖人."라고 대답한다. 이에 왕양명은 "상대도 그대가 성인인 것을 보았을 것이다."라고 말했다고 한다.

둘째, 양명학은 인간의 욕망에 대해 긍정하는 논리적 근거를 마련해 주었다. 만약 "마음이 곧 리理"라고 한다면 인간의 '마음'에 자연스럽게 내재한 욕망 또한 긍정할 수밖에 없기 때문이다.

셋째, 양명학의 '개인'에 대한 강조는 근대적인 '개체의식'과도 연결될 수 있는 여지가 있다.

넷째, 왕양명이 강조하는 '지행합일知行合一'은 향후 중국 철학사의 흐름에서 실천을 강조하는 철학 분야에 커다란 영향을 끼쳤다.

왕양명의 사후 양명학은 이른바 '양명 우파'와 '양명 좌파'로 나뉜다. 물론 여기서 말하는 '우파'나 '좌파'는 왕양명이 죽은 이후 양명학이 분화되어 간 양상에 대해 오늘날의 학자들이 붙인 용어다. 온건한 입장이었던 양명 우파는 인간의 마음은 본래 선하다고 간주하면서, 불교적인 개인의 정신적 수양을 중시했다. 반면에 급진적인 입장이었던 양명 좌파는 인간의 마음은 본래 선하지도 악하지도 않다면서, 일체의 도덕적 속박을 벗어난 절대 자유를 주장했다.

완전한 해방을 꿈꾸다, 양명 좌파

◦ ◦ ◦

양명 좌파는 백성의 생활에 필요한
물질적인 욕구를 적극적으로 긍정하면서,
식욕·색욕 등의 욕망은 자연스럽게
표출되어야만 한다고 보았다.

나 자신을 위한 행동이 이타적인 것이 되게 하라

양명 좌파의 시조는 왕용계王龍溪; 혹은 王畿; 1498~1583와 왕심재王心齋; 혹은 왕간(王艮); 1483~1540다. 왕용계는 별다른 수양이나 공부 없이 내 속에 '양지'가 존재한다는 사실을 믿는 것이 무엇보다도 중요하다고 설파했다.

실질적인 양명 좌파의 기점은 왕심재로부터 잡는 것이 타당하다. 왕심재는 오늘날의 강소성江蘇省 태주현泰州縣 출생으로 소금을 생산하고 판매하는 염업 노무자 출신이다. 그가 태주현 출신이었기 때문에 그를 시조로 한 학파를 태주학파泰州學派라고 부른다. 왕심재는 서민이든 도공陶工이든 혹은 나무꾼이든, 직업의 귀천을 가리지 않고 제자를 받아들였다. 태주학파는 왕동, 왕벽, 하심은, 나여방, 이지 등 당대 영향력 있는 걸출한 인물을 다수 배출한다. 이 가운데 가장 급진적인 인물은 다음 절의 주인공이기도 한 이지李贄다.

왕심재의 주된 학설은 '회남격물淮南格物'설이다. 그에 따르면 나 자신과 천지 만물은 하나다. 그리고 그는 내 몸이 근본이고 천지 만물은 말단이라고 주장하면서, 천지 만물이 자신에게 의지하는 것이지 자신이 천지 만물에 의지하는 것이 아니라고 생각했다. 이것은 매우 강력한 개체 의식이다. 이 논리는 "만물은 나의 반려이기 때문에 세상을 구제해야만 한다."라는 '추선鰍鱔설'로 연결된다. 어느 날 한 도인道人이 한가하게 시장을 거닐다가 가게에서 작은 통 속에 가득 들어 있는 뱀장어를 보았다. 뱀장어는 다닥다닥 붙어 있어 전부 죽은 것 같았다. 그런데 이때 미꾸라지 한 마리가 통속에 들어가 쑤시고 다니자 뱀장어들은 숨통이 트인다. 이 모습을 보고 도인이 한마디 한다.

> 나와 사람들이 세상에 함께 있는 것은 뱀장어와 미꾸라지가 한통속에 있는 것과 같은 것이 아닐까?
>
> —— 「권4: 추선부(鰍鱔賦)」, 『중전심재왕선생전집(重鐫心齋王先生全集)』

이 우화는 우리에게 깊은 가르침을 준다. 한 가지 상상을 해보자. 지금도 재래시장에 가서 보면 자그마한 통에 뱀장어를 잔뜩 넣고 파는 상인을 가끔 볼 수 있다. 뱀장어는 피부가 미끄럽고 탄력이 좋아 통이 작더라도 많은 양을 넣을 수 있다. 뱀장어는 전체 호흡을 5로 보았을 때, 5분의 3은 아가미로 호흡하고 나머지 5분의 2는 피부호흡을 한다. 지금 통 속에 있는 뱀장어들은 너무 가깝게 밀착되어 있어 제대로 피부호흡을 하기 어려운 상황이다. 이때 뱀장어를 파는 상인은 어떻게 하면 좋을까? 미꾸라지 한 마리를 뱀장어가 가득 들어 있는 통에 넣는 것이다. 미꾸라지도 뱀장어 못지않게 미끄럽고 탄력이 좋은 탓에, 빽빽한 뱀장어 틈을 이리저리 잘 쑤시고 다닐 수 있다. 이제 어떤 일이 벌어질까? 미꾸라지가 이리저리 몸을 비틀면서 좁은 뱀장어 틈을 헤집고 다닌 덕에 뱀장어들은 다시 원활하게 피부호흡을 할 수 있게 된다. 여기서 주목해야 할 지점이 있다. 이 미꾸라지 한 마리는 과연 뱀장어가 불쌍했을까? 그래서 뱀장어들의 숨통을 터주기 위해 뱀장어들 틈 속을 헤집고 다닌 것일까? 미꾸라지는 단지 자신이 좁은 뱀장어들 틈에 들어가게 되자 답답해서 몸부림을 친 것에 불과하다. 하지만 미꾸라지가 자신을 위해 한 행동은 결과적으로 뱀장어에게 도움이 되었다.

우리는 이타적인 행동을 어떤 방식으로 해야만 할까? 올바른 행동을 해야 한다는 신념만으로 실천하는 이타적인 행위는 오래가지 못한다. 어떤 행위든 '즐김'을 동반하지 않으면 지치기 마련이다. 우리는 스스로 즐기는 행위가 자연스럽게 타자를 위한 것으로 연결되는 방안을 고민해 보아야만 한다.

중국 철학사 최대의 이단아, 이지

태주학파 이지李贄; 1527~1602는 중국 역사상 가장 급진적인 사상가 가운데 한 사람이다. 이지가 20~30세까지 살았던 천주泉州는 광동廣東과 함께 당唐 왕조 이래 중국 최대의 대외 무역항이었다. 이지 가문은 천주의 상인 집안이었다. 이지의 학문적 경향은 한 가지 분야에만 머무는 게 아니라 다양한 학문의 횡단이었다. 그는 양명학을 학문적 기반으로 했으나 노장老莊과 선종禪宗, 심지어는 기독교까지 두루 섭렵한다. 이지는 스스로 이단을 자처하면서 평생 성리학의 말기적 폐단을 지적하면서 각종 위선적 태도를 폭로하고 비판했다. 이지는 그의 급진성으로 평생 박해를 받는데, 1602년 2월에 체포되어 3월 16일 북경北京 옥중에서 76세로 자살하고 만다. 이후 그의 모든 저작과 판본은 소각되었고 청조淸朝에 들어서도 금서로 지정된다.

이지는 기존의 유교 전통을 혹독하게 비판했다. 이지에 의하면 공자는 상갓집 개처럼 여러 나라를 떠돌면서도 권세에 빌붙지 않았고, 재물에 초연하였으며 빈부귀천을 따지지 않고 교육에 힘썼다. 이지는 이러한 '인간 공자'를 흠모했다. 하지만 이지가 볼 때, 유학자 대부분은 공자의 권위에 기대어 사복을 채우고 그저 공자를 추종만 할 뿐 공자의 정신을 본받는 것에는 관심이 없다. 그는 이렇게 당시 유학자들의 이중적인 태도를 비판했지만, 자기 자신도 비판의 표적으로 삼았다.

> 나는 공자를 존경했지만, 공자에게 어떤 존경할 만한 점이 있는지 알지 못했다. 그야말로 난쟁이가 광대놀음을 구경하다가 사람들이 잘한다고 소리치면 따라서 잘한다고 소리 지르는 격이었다. 나이 오십 이전의 나는 정말로 한 마리의 개에 불과했다. 앞의 개가 그림자를 보고 짖으면 나도 따라서 짖어댔다. (……) 아! 나는 오늘에서야 우리 공자를 이해했고 더는 예전처럼 따라 짖지는 않게 되었다.
>
> ―― 「성교소인(聖教小引)」, 『속분서(續焚書)』

여성들을 해방하라

이지는 성리학자들의 "천리天理에 머물러 욕심을 버려야 한다."라는 주장에 반대했다. 인간이 일상에서 자연스럽게 표출하는 욕망은 존중되어야만 한다는 것이다.

옷을 입고 밥을 먹는 것이 바로 윤리이고 만물의 이치다.

— 「권1」, 『분서(焚書)』

이지는 논의의 출발점을 천리가 아닌 온갖 욕망으로 들끓는 바로 그 현실에 두었다. 이지가 볼 때 천리와 같은 도리를 추구하는 것 자체도 하나의 사적인 욕망이다. 특히 이지가 못마땅하게 여긴 점은 욕망이 없는 척 가장하는 당시 학자들의 위선적인 태도였다. 이지는 또 능력에 있어 남녀의 선천적인 차별은 존재하지 않는다고 생각했다.

사람에 남녀가 있다고 말하는 것은 옳지만, 견식의 차이에 남녀가 있다는 말이 어찌 가당하겠는가? 견식이 길고 짧음이 있다고 말하는 것은 괜찮아도, 남자의 견식은 하나같이 길고 여자의 견식은 하나같이 짧다고 말하는 것이 어떻게 가당하겠는가?

— 「권2」, 『분서(焚書)』

이지는 여자들의 재혼을 적극적으로 장려했다. 그는 당시 통념을 부정하면서 여성의 재능을 긍정하고 그들에게도 남성과 똑같이 교육 기회를 제공해야 한다고 주장했다.

그리고 이런 주장을 말로만 한 것이 아니었다. 이지는 실제로 매담연을 비롯한 징연, 선인 등의 여성과 함께 학문을 토론하고 편지를 주고받았다. 그와 가장 깊이 교류했던 매담연은 친구였던 매국정의 둘째 딸로 남편을 잃고 출가한 인물이었다. 이들 사이의 학문적 교류는 비극적 결말을 가져온다. 숱한 거짓이 회자되면서 매담연은 음탕한 여승으로 몰리고 급기야는 자살하고 만 것이다.

어린아이의 마음으로 돌아가자

이지 사상의 핵심은 '동심설童心說'이다. 이지에 의하면 잃어버린 '동심童心'을 다시 찾아야만 한다. 이지가 볼 때, 사람들이 육경六經, 『논어論語』, 『맹자孟子』 등의 유가 경전을 그저 추종만 하면 '동심'은 상실되고 만다. 서양의 철학자 가운데 이지와 비견될 수 있는 인물은 바로 니체F. Nietzsche다. 일부 학자들은 이지를 '동양의 니체'라고 부르기도 한다. 니체는 '변화된 자'가 되기까지의 과정을 '낙타-사자-어린아이'라는 재미있는 비유로 설명했다. 여기서 낙타란 주인의식이 없이 그저 남이 시키는 대로 행동하는 인간형을 가리킨다. 사자는 기존의 가치 기준에 의문을 제기하는 비판적 인식의 소유자를 의미한다. 그리고 어린아이는 인습에 사로잡히는 일 없이 새로운 가치를 창조하는 자유로운 존재다. 이지에게도 '어린아이의 마음'을 지닌 자는 그 무엇에도 얽매이지 않고 자기를 있는 그대로 드러내는 자유로운 존재다.

이지는 이 같은 '동심설'에 근거하여 소설과 희곡을 중시했다. 그는 특히 소설 『수호지』를 '발분지서發憤之書: 잘못된 사회에 대한 분노를 토로한 책'라고 높이 평가하면서, 오경五經 가운데 하나인 『시경詩經』에 견주기도 했다.

이지도 왕양명이나 왕용계와 같이 '광자狂者: 미친 사람'의 의미를 새롭게 조명하면서, 속박으로부터의 탈주를 모색하고, 있는 그대로의 솔직한 감정을 표현하는 걸 강조했다.

> 광자狂者는 옛 인습을 따르지 않고 지난 자취를 밟지 않으며 식견이 높아, 이른바 천길 위를 나는 봉황이다. 누가 당할 수 있겠는가?
>
> ——「권1」, 『분서(焚書)』

제대로 된 학자라면 인간을 옥죄는 모든 억압에 저항하면서 자기의 생각을 솔직하게 토로해야만 한다. 이것이 바로 동심설의 핵심이다. 이지의 동심설은 명대 중엽 이후 출현한 사상해방 운동과 인문주의 조류를 잘 반영하고 있다.

억압에 대한 이지의 마지막 저항은 자살이었다. 이지는 76세라는 고령에 체포되어 옥에 갇힌다. 이지는 죽기 직전 옥중에서도 평소와 다름없이 책을 읽고 글을 지으면서 지냈다. 하루는 시종이 이발하러 오자 "아무것도 바랄 게 없다."라는 말을 툭 던지고는 시종으로부터 이발하는 칼을 빼앗아 스스로 목숨을 끊는다.

만약 이지와 동시대를 살았던 주류 유학자들이나 지배층이 그를 죽음으로 몰고 가는 대신 그의 도전을 받아들여 당당하게 논전을 펼쳤다면 어떤 결과를 빚어냈을까? 이지의 비판 의식이 주류에 편입되어 건강한 학문적 갈등을 촉발했다면, 모르긴 해도 중국사상은 지금까지 진행된 흐름의 양상보다도 훨씬 높은 수준의 지적 도약을 이루어냈을 것이다.

이지의 저항 정신은 그의 책 제목에서도 잘 드러난다. 그의 주저 가운데 하나인 『분서焚書』에서 '분焚'은 '불사른다'라는 의미다. 이지는 자신의 저서가 불태워지리라는 것을 이미 예견하고 있었기에 자신의 책 제목을 '분서焚書'라고 지은 것이다. 또 다른 그의 저서 『장서藏書』도 마찬가지 맥락이다. '장서藏書'란 '감추어져야 할 책'이란 의미다.

신유교는 유불도의 통합 사상이다

성리학은 도가와 불교로부터 깊은 영향을 받았다. 당나라 말기의 유학자로 성리학의 이론적 토대를 세운 이고李翺; 774~836는 『복성서復性書』에서 '성性'의 고요하고 맑은 상태를 회복할 것을 강조했다. 여기서 '성'은 불교의 '진여眞如; 모든 현상의 있는 그대로의 참모습'나 천태종天台宗의 '지관止觀'과 비슷하다. '지관'이란 마음을 고요히 가라앉혀 현재의 참모습을 관찰하는 것을 말한다. '명상'을 떠올리면 된다. 성리학의 대표적인 개념인 '리理'는 원래 불교 진영에서 주로 사용하던 용어였다. 불교 문헌에서 '리理'는 주로 '사事'와 짝을 이루어 사용되는 개념이다. 여기서 리理는 평등한 본체·현상계의 본질·참된 실재 등을 뜻하고, 사事는 상대적인 차별 현상·현상계·모든 현상 등을 의미한다. 불교의 '리理-사事'는 성리학의 개념인 '리理-기氣'에 대응된다. 그리고 주희의 핵심 주장인 '이일분수理一分殊; 보편적인 리가 만물에 각각 구현되어 있음'도 "하나의 달이 무수한 강물 위에서 헤아릴 수 없이 많은 것처럼 비치지만 원래의 달이 쪼개진 것은 아니다."라는 불교 경전『화엄경』의 비유와 문맥이 통한다. 성리학자들이 중시하는 수양 방법인 '정좌靜坐'도 불교의 '좌선坐禪'에서 영향을 받은 것이다. 또한, 성리학은 도가로부터도 짙은 영향을 받았다. 성리학의 핵심 개념인 복초復初: 원시 자연 상태로 돌아감, 만물일체萬物一體, 무욕無慾, 무극無極, 허虛, 정靜 등은 본래 노장사상에서 사용되던 용어다.

8장.

중국 근현대 철학과 서양의 근대성

명말청초의 철학 사조
근대를 예비하다

◦ ◦ ◦

황종희는 학교를 의정 기관으로 봐야 한다고 주장했다. 그는 세상을 다스리는 시책이 학교에서 나와야 한다고 주장했다. 그에 의하면, 학교는 정치를 논하는 권한을 가지면서 또한 정치에 대한 감독 기능도 가져야만 한다.

동림학파
다시 성리학적 방법으로

명明대 사회는 만력萬曆; 1573~1620 시기부터 몰락의 길을 걷기 시작했다. 각종 고질적인 문제가 명나라의 숨통을 조이고 있었다. 토지의 집중·중소지주층의 몰락·농민의 빈곤화는 이제 더는 어찌할 수 없는 구조적인 문제가 되어 버렸고, 대외군사비 증대를 명목으로 증세가 계속되자 농민들은 점점 더 나락의 길로 빠져들어 가고 있었다. 조정에서는 환관까지 가세한 관료들의 세력 다툼이 끊이지 않았다. 이러한 총체적 난국과 함께 쓰러져 가는 국가를 어떻게든 일으켜 세우기 위한 운동이 일군의 학자 그룹에 의해 일어나게 된다. 그 대표가 바로 동림학파東林學派였다. 동림학파의 핵심 인물은 고헌성顧憲成; 1550~1612이다. 동림학파는 사대부들이 모여 붕당을 이룬 야당 조직이다. 당시 명나라는 대외적으로 만주족의 흥기로 인해 심각한 군사적 압박을 받고 있었는데, 이러한 상황에서 환관들이 전횡을 일삼았다. 동림학파는 위충현魏忠賢을 필두로 하는 환관파와 대립한다. 동림학파는 군주에게 충성하고, 환관과 권문세족의 횡포를 꺾어 조정과 민생의 혼란을 바로잡고자 노력했다. 이들은 유교 특유의 절의節義를 중시했으며 경서를 강조했다. 이전 시기의 양명 좌파는 인간의 자율적인 의지를 강조하면서 지나치게 경서에만 몰두하는 태도를 문제 삼은 바 있다. 동림학파는 이러한 태도에 반대하면서 다시금 성리학을 강조한 것이다.

이들의 정치적 운동은 매우 활발하게 전개되었다. 1625년, 위충현 일파에 의해 대대적으로 탄압을 받은 많은 동림학파 인사들은 죽거나 체포당했다. 양명 좌파는 '욕망'을 긍정하는 반유교적 이론 때문에 탄압받았지만, 동림학파는 '천리天理'라는 정통 유교로 인해 탄압받았다. 인간 개인의 욕망을 긍정하거나 강력한 개인의 자율의지를 강조하는 사상이 탄압받는 사례는 동서양의 지성사에서 흔하게 발견되는 일이다. 어떤 시대든 진보적 시각은 기존의 지배계층으로부터 견제를 받기 마련이다. 그런데 흥미로운 점은 동림학파의 입장과도 같이 천리天理라는 지극히 도덕적이며 이상적인, 생각하기에 따라서는 기존체제를 안전하게 유지하고자 하는 수구적인 느낌이 드는 이념을 내세운 경우도 대대적인 탄압을 받을 수가 있다는 사실이다.

백성을 주인으로 군주를 손님으로

황종희黃宗羲; 1610~1695는 명나라 말기를 대표하는 근대적 개혁사상가다.

> 태어날 때부터 사람은 (……) 각자 자신의 이익을 도모하기 마련인데 (……) 군주가 된 사람이 (……) 세상 사람들에게는 감히 자신의 사사로운 이익을 도모하지 못하게 한다. 그리고 군주 자신은 사사롭게 (……) 천하를 자기 재산으로 삼아 자손 대대로 세습하면서 부귀영화를 한없이 누린다. (……) 그러므로 천하에 가장 해로운 자가 군주다.
>
> 「원군(原君)」, 『명이대방록(明夷待訪錄)』

황종희는 백성이 자신을 위해 사사로움을 도모하고 이익을 꾀하는 것을 긍정했다. 또 신하란 군주에게 봉사하기 위해 존재하는 것이 아니라 만백성을 위해 존재하며, 만백성의 이익에 반대되는 것이면 절대로 군주의 명령에 따라서는 안 된다고 역설했다. 이런 입장 때문에, 황종희는 중

황종희

국의 장 자크 루소J. J. Rousseau ; 1712~1778로 불리기도 했다. 황종희는 뛰어난 인간 개인의 역량에만 기대는 통치가 아니라, 통치자 개인의 성향에 휘둘리지 않는 합리적 통치시스템 마련을 희망했다.

> 보통 논자論者들은 국가를 다스리는 '사람'은 있으나 국가를 다스리는 '법'은 없다고 말한다. 하지만 나는 국가를 다스리는 '법'이 있고 난 후에 국가를 잘 다스리는 '사람'이 있어야 한다고 본다.
>
> ——— 「원법(原法)」, 『명이대방록(明夷待訪錄)』

즉, 도덕적으로 바르고 정치적으로 능력이 있는 인물이 있느냐 없느냐에 따라 천하의 치란治亂 ; 잘 다스려짐과 혼란스러움이 결정되는 것이 아니라, 올바른 법제가 마련되는지 아닌지에 따라 치란이 결정된다. 올바른 법제 시스템이 아니고서는 제대로 된 사회개혁을 이룰 수 없다는 견해다. 이런 맥락에서 황종희는 학교를 의정 기관으로 봐야 한다는 독특한 주장을 내놓는다. 그는 세상을 다스리는 시책이 학교에서 나와야 한다고 주장했다.

> '천자天子'가 옳다고 하는 것이 반드시 옳은 것이 아니고, 천자가 틀린다고 하는 것도 반드시 틀린 것이 아니다. 천자 역시

감히 스스로 옳고 그름을 결정할 수는 없으니, 학교에서 옳고 그름을 공정하게 가리도록 해야만 한다.

——— 「학교(學校)」, 『명이대방록(明夷待訪錄)』

학교는 '청의清議; 맑고 깨끗한 언론'가 생생하게 살아 있는 곳이다. 군주가 천하를 잘 다스리려면 자신의 사사로운 생각이 아니라 학교의 공정한 의견에 따라야만 한다. 학교의 교장과 교사는 군주가 임명하지 말고 유학자 사이에서 천거해야만 한다. 황종희가 말하는 학교는 정치를 논하는 권한이 있으면서 또한 정치에 대한 감독의 기능을 행사하기도 하는 것이었다.

이 밖에도 황종희는 관리 등용법, 변경 방위책, 전제田制, 병제兵制, 재정 등 여러 제도의 광범위한 개혁을 주장했다. 경제 정책에 대해서도 구체적인 언급을 하는데, 황종희는 '상업이나 공업 모두가 근본'이라면서 농업만이 근본이라는 전통적인 경제관에 반대했다.

황종희는 양명 우파의 흐름을 이었다고 볼 수도 있는데, 주희의 '이기이원론理氣二元論'을 비판하며 '심心; 마음 일원론'을 주장했다. 또한, 마음을 기氣와 동일시하기도 했다. 그에게 리理란 단지 논리적인 법칙의 의미를 지닐 뿐이었다.

근대적 실증주의

고염무顧炎武; 1613~1682는 객관적·역사적 사실을 중시하며 '실사구시'實事求是; 사실에 근거해 진리를 탐구하려는 태도를 강조했다.

> 오늘날의 군자는 (……) 오로지 심心·성性과 같은 것만을 논하며 '많이 배워 아는' 것을 소홀히 하고, '일관一貫; 하나로 꿰뚫음의 방도'만을 구하면서 사회를 구제하는 일을 회피하며, 밤낮 (……) 공론만을 일삼고 있다.
>
> ——— 「권3」, 『정림문집(亭林文集)』

그는 철저한 경험주의자이고 실증주의자였다. 고염무는 심心이나 성性에 대해 언급하는 것은 바람직한 학문의 태도가 아니며, 모든 위대한 가치는 오직 경전에 담겨 있다고 생각했다. 따라서 경전에 대한 실증적이고 고증학적인 탐구는 그에게 가장 중요한 방법론이 된다. 실제로 그는 전국을 여행하면서 경전에 나와 있는 지리·역사·제도·문물 등을 실제로 그러한지 일일이 고증했다.

고염무는 만주족에 의해 명나라가 멸망한 원인이 정치적·경제적 현실에 적절히 대응하지 못했기 때문이라고 진단했다. 이런 문제의식 아래에서 공리공담만을 일삼는다는

고염무

왕부지

이유로 성리학과 양명학 모두 배척했으며, 실제 사회에 쓸모 있는 지식이 무엇인지 탐구했다. 그의 대표 저작은 『일지록日知錄』이다. 이 책은 경서·정치·풍속·예악 제도·역사·외교·군사·천문·지리 등 실로 엄청나게 많은 주제를 포괄하고 있다. 고염무의 학문 방법은 향후 청대 고증학에 지대한 영향을 끼치게 된다.

기氣 이념의 집대성

왕부지王夫之 ; 1619~1692는 사서오경四書五經에 독자적인 해석을 가한 것으로 유명하다. 다음은 『주역周易』「계사전繫辭傳」에 나오는 "형이상학적인 것은 도道라 일컫고, 형이하학적인 것은 기器라고 한다."에 대한 왕부지의 설명이다.

> 천하는 바로 기器다. 도道는 기器의 도다. (……) 도가 없으면 기가 없다고 많은 사람이 말하지만, 실은 기만 있다면 도가 없는 것을 고민할 필요가 없다.
>
> ——— 「권5」, 『주역외전(周易外傳)』

여기서 '기器'자는 개고기를 접시 네 개에 담은 모습으로 먹을 것을 제각기 덜어 먹는 접시를 뜻한다. 기는 물질적인 차원이나 현상적인 세계 등을 비유하는 개념으로 많이 쓰인다. 추상적인 원칙이나 법칙보다는 구체적인 사물을 강조하는 그의 유물론적 입장이 잘 드러나 있다. 도道와 같은 일반적인 법칙성이 구체적인 사물에 의지한다는 사실을 왕부지는 다음과 같이 비유하기도 한다.

> 활과 화살이 없다면 활쏘기에 대한 도는 없을 것이고, 수레와 말이 없다면 수레를 모는 도가 없을 것이다. (……) 아들이 없을 때는 아버지의 도는 없고, 아우가 없을 때는 형의 도가 없다.
>
> —— 「권5」, 『주역외전(周易外傳)』

도道와 기器는 리理와 기氣의 관계에도 대응된다

> 리理는 음양 이의二儀; 하늘과 땅 혹은 음과 양; 양의(兩儀)라고도 함의 묘함을 상징하는 것에 지나지 않는다. 기氣야말로 이의二儀의 실질이다. 우주 현상의 가장 깊은 곳에 있는 것은 결국 기다. 기의 선한 움직임에 따르는 것이 리다. 기 밖에 독립한 이가 따로 있는 것이 아니다.
>
> —— 「권10」, 『독사서대전설(讀四書大全說)』

왕부지는 이전의 기氣와 관련된 논담들을 충분히 소화하면서 기에 관한 전면적이고도 깊이 있는 설명을 했다. 기와 같은 물질적 차원의 개념을 중시한 탓에, 왕부지는 중화인민공화국 정부가 수립된1949 이후 중국에서 가장 존경받는 전통 철학자가 되었다.

왕부지는 중국 민족과 오랑캐를 구분하는 화이론華夷論을 주창한 대표적인 학자다. 그에 의하면 오랑캐는 모양만 사람일 뿐 짐승과 다를 바가 없다. 심지어 오랑캐에게는 그 어떤 도덕적 고려도 할 필요가 없다고까지 말한다. 이들에 대한 왕부지의 혐오는 그 자신 만주족을 상대로 격렬하게 항쟁했던 사실과 관련이 있는 것이었다.

서구 제국주의와 중국 근대

◦ ◦ ◦

홍수전은 일반 농민을 인간으로,

지주계급을 요괴로 규정했다.

그의 최종목적은 모든 인간이

평등한 '태평太平'의 세계를

이룩하는 것이었다.

마약을 매개로 한 최초의 전쟁

아편전쟁1840~1842은 서구 제국주의의 본격적인 중국 침탈을 알리는 역사적 사건이었다. 아편전쟁이 발생하게 된 근본적인 원인은 긴 기간 동안 서구 유럽이 중국과의 무역에서 무역수지 적자였던 것과 관련이 있다. 유럽이 비싼 값을 치르고 중국으로부터 사들인 핵심 품목은 차였다. 영국이 중국과의 무역에서 무역수지 적자를 흑자로 전환하게 된 결정적인 계기가 된 품목이 바로 아편이다. 영국은 18세기 후반 동인도 회사를 앞세워 인도의 식민화를 진행하고 있었다. 이때부터 인도의 벵골 및 중부 인도 지역에 대규모로 아편을 경작해서 중국에 수출하기 시작했다.

청나라는 강희·옹정·건륭제의 통치기, 이른바 3대의 황금기가 끝난 이후 나락의 길로 접어든다. 청나라는 1780년대부터 영국 동인도 회사와 무역을 하게 된다. 영국은 차·도자기·비단을 대량으로 청나라로부터 수입한다. 한편, 영국에서 청나라로 수출되는 품목은 시계·망원경과 같은 부유층 대상의 상품이었다. 중국과 같이 대량으로 수출 가능한 제품이 존재하지 않았으므로, 영국은 대폭적인 수입 초과를 겪고 있었다. 영국이 이때 생각해낸 무역 적자 해소 방법이 바로 아편 무역이었다. 당시 기축통화는 '은'이었다. 그동안 무역 불균형으로 대규모의 은이 중국으로 유입되던 것에서, 아편이 중국으로 수출되기 시작되면서 점차 역전되기 시작한다. 1800년에서 1820년 사이에 1,000만 량의 은이 중국에 유입되었으나, 1831년에서 1833년 사이에는 1,000만 량이 중국으로부터 유출되었다.

영국 상인들은 육체노동으로 지친 중국 하층민을 대상으로 아편 장사를 했다. 아편 수요는 점점 증가해, 1780년 무렵 약 1,000상자에 불과했던 아편의 수입량이 1830년에는 1만 상자, 아편전쟁 직전에는 4만 상자로 늘어났다. 이에 청나라 황제는 임칙서林則徐를 보내 아편을 근절할 전권을 준다. 1839년 6월 3일 임칙서는 23일에 걸쳐 아편 20,000상자를 소각해 버리는 등 철저히 아편 단속을 했다. 그러자 당시 피해를 본 영국의 아편 밀수출 상인들은 "청나라가 무역의 자유를 침해하고 사유재산을 몰수했다."라고 비난하며 영국 정부와 의회에 압력을 가했다. 이에 영국 정부는 1839년 10월 원정군 파견을 결정했는데, 이로부터 '제1차 아편전쟁1839년 9월 4일~1842년 8월 29일'이 시작되었다. 아편전쟁은 마약을 매개로 한 최초의 전쟁이었다.

전쟁의 결과는 청나라의 패배였다. 청나라는 영국과 난징조약南京條約을 체결해 다섯 개 지역을 개항한다. 그 외에도 홍콩을 영국에 양도하는 등 불평등 조약을 맺게 된다. 이때부터 영국을 비롯한 서구 열강이 중국 내부에 침투하면서 중국은 반半식민지의 길을 걷게 된다. 서구 사회의 각계각층의 사람들은 중국에 대한 환상을 품은 채 물밀듯이 쏟아져 들어오기 시작한다. 선교사들도 이전보다 훨씬 좋은 조건에서 전도 활동을 할 수 있게 되어 이전과는 다른 강력한 영향력을 행사하게 된다. 당시 기독교가 중국인의 생활에 어느 정도 영향을 끼쳤는가 하는 사실은 태평천국太平天國의 운동에서 분명히 드러난다.

태평천국太平天國운동
중국 근대의 시작

아편전쟁 이후 청나라 정부는 과도한 전쟁배상금 지급을 위해 농민들을 착취하기 시작한다. 정부에 대한 농민들의 불만이 극에 달한 상황에서 태평천국太平天國; 1850~1864운동은 힘찬 닻을 올린다. 태평천국운동은 기독교 신자였던 홍수전洪秀全; 1814~1864이 일으킨 민중혁명운동이다. 홍수전은 1843년에 배상제회拜上帝會를 조직해 몇 년의 포교 활동을 거친 후 1851년이 되자 광서성 계평현 금전촌金田村에서 청조清朝 타도를 외치면서 태평천국운동을 본격적으로 펼치기 시작한다. 태평천국운동을 주도한 군대는 관리나 부자들로부터 재물을 빼앗아 인민들에게 분배했다. 이들은 조세나 지대도 면제해 주어 인민들로부터 광범위한 지지를 얻었다. 급기야 1853년 남경南京을 함락해 천경天京으로 이름을 바꾸고 태평천국의 수도로 정한다. 이후 태평천국운동은 10여 년간 존속하면서 중국 국토의 절반가량을 점령한다. 당시는 중국 전체가 아노미 상태 그 자체였다. 비록 청 조정이 아직 건재해 있기는 했으나 시대를 이끌고 갈 주도권을 상실한 상황이었고 단지 명목상으로만 존재했다.

태평천국은 삼합회 등의 조직폭력배 집단으로부터 많은 도움을 받는다. 삼합회는 주로 소금상인, 보부상 등으로 위장해 각지의 정보를 태평천국 수뇌부에게 전달하곤 했다. 삼합회는 향후 손문에게도 큰 도움을 준다.

도교와 기독교의 융합, 지상 천국을 꿈꾸다

홍수전은 기독교의 '하느님'과 중국 전통 종교에서 말하는 '상제上帝'를 결합해 자기만의 독특한 사상을 펼쳐 나갔다. 서구 기독교가 중국에 전파되어 가장 큰 규모로 열매를 맺은 사례가 바로 태평천국운동이라 할 수 있다. 아시아 전체를 통틀어 중국의 절반에 해당하는 광활한 국토를 기독교 국가가 차지한 경우는 태평천국운동이 처음이자 마지막이었다. 대체로 서구의 기독교가 서민들의 핍박이 자심한 나라에 전파가 되면 혁명적으로 바뀌는 경우가 많다. 우리나라의 동학도 서구의 기독교가 영향을 끼친 사례라고 볼 수 있다. 남미에서도 기독교는 독특하게 바뀌어 해방신학이 되었다. 기독교가 몇몇 나라에서 혁명 운동을 위한 자양분을 하게 된 이유는 아마도 기독교가 가난한 자들이나 노예와 같이 핍박받는 계층을 위한 종교관으로부터 출발했기 때문일 것이다. 홍수전은 기독교와 같이 천국天國을 상정하기는 했지만, 그가 말하는 천국은 죽은 다음에 가는 피안의 세계가 아니라 바로 지금 이 세상에서의 유토피아, 즉 '지상천국'을 의미한 것이었다. 여기서 우리는 대단히 실용적이고 현실적인 중국인들의 성향을 또다시 발견할 수 있다. 홍수전은 지상에서 천국을 실현하기 위해 모든 사회적 차별을 타파하고자 했다. 그는 일반 농민을 인간으로, 지주 계급을 요괴로 규정했다. 그의 슬로건은 "모든 계급적 질서를 없애 태평太平의 세계를 이룩하자."라는 것이었다. 태평은 원래 도가·도교의 개념이다. 이렇듯 홍수전은 서양의 기독교 이론을 지도 이념으로 상정했지만, 중국 전통을 자기 사상을 키우기 위한 밑거름으로 삼았다.

하지만 홍수전은 유교를 향해서는 혹독한 비판을 가했다. 그의 유교에 대한 비판은 중국 역사에서 전례가 없던 일이었다. 실제로 태평천국 군대는 공자묘를 비롯한 주요 유교 시설을 불태운다. 태평천국 수뇌부가 유교에 대해 적개심을 보인 이유는 유교가 기득권층만을 옹호한 철학이라고 여겼기 때문이었다.

태평천국의 근대화 정책

태평천국이 시행한 정책 가운데 가장 대표적인 것이 바로 천조전묘제도天朝田畝制度이다. 이 제도의 핵심 내용은 다음과 같다.

> 천하가 모두 한 가족이며, 형제다.
>
> 인구에 따라 토지를 균등하게 분배한다.

수확물을 공평하게 나누고, 일정량을 국고로 귀속시킨다.

이 국고로 귀속된 수확물은 각 가정의 경조사에 사용한다.

부녀자에게도 남성과 동등한 경제권을 부여한다.

여성들의 정치 참여를 보장한다.

여성에게도 군역의 의무가 있다. 이에 따라 여군을 창설한다.

한편 홍수전의 사촌인 홍인간洪仁玕은 홍수전의 정책을 합리적·근대적으로 승화시키려 노력했다. 홍인간은 태평천국 정권이 합리적으로 운용되도록 노력하면서, 태평천국을 자본주의적으로 개혁하려 했다. 홍인간은 홍콩에서 배운 천문·역법·수리數理·지리·의학 등의 지식을 바탕으로 서양의 사상과 자본주의, 그리고 정치·경제 제도가 태평천국에 정착되기를 희망했다. 개인의 사유재산을 인정하고, 법제를 근대적으로 개편하며, 인재 등용 방식을 합리화하는 등 여러 노력을 기울였으나 결과적으로 성과를 보지는 못한다.

한인漢人 관료들이 태평천국운동을 뿌리 뽑으려 한 이유는?

태평천국은 지나치게 미신화로 치달으면서 일반 민중들의 많은 지지를 얻고 있었음에도 점차 멸망의 늪으로 빠져든다. 홍수전은 자신을 예수의 동생이라고 주장한 바 있었는데, 나중에는 자신을 상제라고 높여 지칭했다. 이런 상황에서 내부 분열이 일어나 극심한 권력 투쟁이 발생한다.

태평천국은 증국번曾國藩, 이홍장李鴻章, 좌종당左宗棠을 중심으로 한 한인 관료 세력과 외국 군대에 의해서 1864년에 결국 멸망하게 된다. 태평천국운동은 청조 타도를 외쳤는데도 한인 관료들에 의해 진압된 것이다. 한인 관료들은 청나라 정부보다 태평천국운동 진압에 더 적극적으로 참여했다. 이미 청나라 정부가 힘을 잃은 상황이었기 때문에 태평천국운동을 도와 청나라를 멸망시키는 것은 어려운 일이 아니었다. 하지만 오히려 당시 진압에 나섰던 한인 관료들은 태평천국을 진압하는 데 앞장섰고 그 과정에서 수백만을 학살한다. 태평천국 세력은 이전 사례를 찾을 수 없을 정도로 급진적으로 유교 및 전통 질서를 해체하려 했다. 한인 출신 지배층들에게 이런 수준의 철저한 중국 전통의 거부는 도저히 용납할 수 없는 일이었다. 그들에게 서양의 침공은 전통 질서의 와해에 비하면 가벼운 걱정거리였다. 당시 태평천국 진압에 앞장섰던 한인 관료들은 유가를 대표로 하는 전통 이념이 와해하느니 차라리 이민족인 청나라 정부의 지배를 계속 받는 것이 더 낫다고 생각했을지도 모른다.

중국 전통 철학과 서양 철학의 만남

◦ ◦ ◦

서구 문명의 충격에 근대 중국 지식인들이 반응한 방식은 대체로 세 가지 형태로 나타났다. 첫째, 전통에 완전히 집착하려 하는 보수파와 그와는 정반대로 전반적인 서구화를 주장하는 급진파가 있었다. 둘째, 부분적인 서구화를 주장하는 파가 있었다. 셋째, 세계화를 주장하는 파가 있었다.

서양 문물을 어느 선까지 허용할 것이냐

태평천국운동 이후 청나라 지배 체제 자체는 심각한 위기에 봉착한다. 양무운동洋務運動은 태평천국운동을 진압한 한인 관료 출신인 증국번·이홍장 등이 중심을 이루어 일으킨 서학西學 수용 운동이다. 즉, 유럽 근대 기술의 도입으로 청조의 봉건 체제를 유지하려 했던 반쪽짜리 개혁운동이었다. 양무파는 중국의 전통 학문과 서양의 학문을 어떻게 안배할 것인가에 대해서 고민한다.

풍계분馮桂芬은 가장 먼저 이 문제를 제기해 윤상명교倫常名敎: 인륜과 명분을 밝히는 유교의 가르침를 바탕으로 삼아 서구 여러 나라의 기술로 이를 보충해야 한다고 주장했다. 이후 1870년대부터 1880년대에 걸쳐 왕도王韜·마건충馬建忠·설복성薛福成·정관응鄭觀應·진치陳熾 등의 개혁 사상가들은 과학 기술 이외에, 경제적으로는 민간 자본을 후원하여 상업을 진흥하고 근대 공업을 창립할 것을 주장했다. 하지만 이 개혁 사상가들은 서구의 사회·정치 이론과 사상만큼은 단호하게 배격하면서 고집스럽게 중국의 전통 유교 이념을 강조했다. 그들은 서구의 과학 기술 및 정치 제도는 이용할 수 있지만, 중국 자체의 도道는 절대 수정할 수 없다고 생각했다.

당시 개혁 사상가들은 의회 설립과 입헌 정치에 대한 요구와 같이 근대적인 정치 제도의 도입을 주장하기도 했으나, 그 제도의 근간이 되는 이론적인 측면, 즉 서구의 대의제 이론의 기초가 되는 부르주아지의 자유·평등의 사상은 배척했다. 이들은 서구의 근대적인 군사 공업에만 관심을 두었을 뿐, 근대적 정치 이념이나 민주적 정치이념에는 관심이 없었다. 그 결과, 때마침 일어난 청불전쟁과 청일전쟁에서 뼈아픈 패배를 당하게 된다. 특히 중국이 아시아에서만큼은 맹주라고 자부했던 바, 일본과의 전쟁에서 패배한 것은 당시 청나라 전체에 큰 충격을 안겨다 준다. 이후 양무운동은 변법운동으로 전환된다.

변법운동은 서양의 과학·기술뿐만 아니라 정치 제도 및 사상까지 도입하자는 개혁운동이다. 양무운동으로 서양의 무기 생산 방법을 받아들였으나 일본에 무너짐으로써 단순히 기술적 측면만을 수용하는 것은 문제가 있다는 점을 자각한 것이다. 이제부터는 서양의 정신적인 측면들, 즉 철학·정치·사회·역사·문학과 같은 분야에 대해서도 적극적으로 수용하려는 의지를 보이기 시작한다. 서양 학문은 이미 성공적인 근대화의 길을 걷고 있던 일본을 통해 주로 유입되었다. 이때 유입된 사상 중 특히 중국 지식인들을 사로잡은 학문 분야는 사회 진화론과 아나키즘이었다. '약육강식'·'적자생존'을 주요 원리로 삼는 사회 진화론은 중국이 강자가 되어야 한다는 것을 일깨워주었다. 다른 한편 청조의 무기력함은 좌절감을 심어주면서 국가에 의한 매개 없이 새로운 중국을 건설할 수 있으며 경쟁을 부추기고 강자로 군림하는 서구를 비판할 수 있는 사상으로 아나키즘이 호소력 있게 받아들여지기도 했다.

중체서용

변법운동이 고조되어 갈 무렵 장지동張之洞은 '중체서용中體西用'을 제시한다. '중체서용'은 바로 이 시기를 이끌어가던 핵심 슬로건이 된다.

> 중학中學을 내학內學으로 삼고, 서학西學을 외학外學으로 삼는다. 중학으로 몸과 마음을 다스리고, 서학으로 세상사에 응한다.
>
> —— 『권학편(勸學篇)』

중체서용은 중국의 정신과 서양의 기술을 접목한 이른바 이종 교배다. 그런데 이 교배의 결과물을 하나의 생명체로 비유해보자. 이 생명체의 몸은 서구의 근대적인 군사 기술에 해당하고, 머리는 중국의 전통 사유에 해당한다. 이는 곧 중국의 전통 사유로 서구의 근대적 무기를 만들 수 있다는 것을 의미한다. 과연 이것이 논리적으로나 상식적으로 가능한 일일까? 전통적인 사유는 그에 걸맞은 전통적인 기술적 결과물을 낳을 것임이 틀림없다. 만약 서구 근대의 기술적 결과물을 원한다면 정신도 일단은 서구 근대의 정신문화를 받아들여야만 하는 것은 아니었을까? 대포 하나를 생산하더라도, 그 밑바탕에는 수많은 정신적인 가치가 함유되어 있다. 근대 기술이 집적되어 생산된 대포에는 근대적인 합리적 정신이 내포되어 있지, 지나간 전통 사유가 내포되어 있지는 않을 것이다.

동양 철학과 서양 철학의 융합

강유위康有爲; 1858~1927는 변법운동의 주도자 가운데 한 사람이다. 강유위는 중국에서 옛 사상의 마지막 보루이면서, 한 편으로는 새로운 사상으로 나아가는 첫걸음을 상징하는 인물이다. 강유위의 대표 저작은

『대동서大同書』다. 이 책이 완성된 것은 1901년경이라고 전해지고 있으나 정식 출판은 그의 사후인 1935년에 이루어졌다. 이 책은 묵가墨家사상, 신선사상, 불교사상, 천부인권설, 세계국가사상, 사회주의, 아나키즘, 등 강유위가 살았던 당시 존재했던 거의 모든 동서양의 사상이 총망라되어 있다. 그러면서 이 책은 국경 철폐, 계급·종족·남녀의 차별 철폐, 가족제도의 폐지, 산업 공영 등을 주장하고 있다. 이 책이야말로 중국 근대에 나왔던 '동서양 융합' 철학의 결정판이라고 평가할 수 있다.

강유위에 의하면 이 세상의 모든 생물은 즐거움을 구하고 괴로움에서 벗어나려 한다. 그가 볼 때 괴로움의 근원은 국계國界, 급계級界, 종계種界, 형계形界, 가계家界, 업계業界, 난계亂界, 유계類界, 고계苦界 등 9계에 있다.

> 첫째, '국계'를 없애고 모든 대지大地를 하나로 합한다. 지구상의 모든 국가의 국경을 없애고 전 세계를 통솔하는 하나의 정부만을 두어야 한다. 지구촌이 하나의 나라가 된다.
>
> 둘째, '급계'를 없애고 민족을 평등하게 한다.
>
> 셋째, '종계'를 없애고 인류를 똑같이 한다. 인종을 개량하여 전 인류를 우량 인종으로 만든다.
>
> 넷째, '형계'를 없애고 남녀의 완전한 동권을 실시한다.
>
> 다섯째, '가계'를 없애고 가족제도를 폐기한다.

여섯째, 농·공·상의 생산을 사적 소유로 하는 '업계'를 없애고 생활에 필요한 시설은 모두 공영으로 한다.

일곱째, '난계'를 없애고 '태평太平'으로 다스린다. 난계란 앞서 말한 여섯 개의 계를 통틀어서 표현한 개념이다.

여덟째, '유계'를 없애고 중생을 사랑한다. 인류 평등의 이상이 달성된 후 인류뿐 아니라 전 생물계에 자비가 베풀어지도록 한다.

아홉째, '고계'를 없애고 극락에 이르게 한다.

강유위가 그려낸 유토피아의 세계는 『예기禮記』「예운편禮運篇」에 나오는 대동大同설과 『춘추공양전春秋公羊傳』의 삼세설三世說을 합친 것이다. 여기에 불교의 자비와 평등사상, 루소의 천부인권설, 기독교 사상, 유럽의 사회주의 학설, 아나키즘, 진화론 등을 복합적으로 섞어놓았다.

『예기』「예운편」에 그려져 있는 '대동' 세계는 천하를 공적으로 소유하고 홀아비·자식 없는 노인·고아 등도 외롭지 않게 살아갈 수 있는 공공의 세계를 말한다. 세상은 소강小康을 지나 대동大同에서 완성된다. 소강이란 예禮가 통용되고 백성들의 정치에 대한 신망이 두터우며 인仁과 겸양의 가치가 잘 지켜지는 사회다. 오늘날로 치면 국민이 먹고살 만한 시대가 바로 소강이다. 세상은 소강을 거쳐 대동에 이르러야 한다는 것이 '대동설'의 핵심이다. 한편 '공양 삼세

강유위

설'이란 세상이 혼탁한 시대인 '거난세據亂世; 난세'에서, 안정이 시작되는 '승평세升平世; 소강'를 거쳐, 마지막에는 확실하게 안정을 이룬 '태평세太平世; 대동'로 발전해 나아간다는 문명 발전 단계설이다. 『대동서』는 대동사상과 공양 삼세설의 뼈대 위에 서양의 유토피아 사상을 덧씌운 것이다. 또한 『대동서』는 사유 재산제 등 근대 자본주의 사회의 핵심적인 원리도 비판하고 있기에, 생시몽Saint Simon; 1760~1825 · 오웬R. Owen; 1771~1858 · 푸리에Ch. Fourier; 1772~1837와 같은 서양의 사회주의 사상가들의 입장과 비교되기도 한다.

강유위가 내다보는 미래 사회는 마치 한편의 과학 영화를 보는 듯한 착각에 빠지게 한다. 그는 소강 시대가 되면 각 나라 사람들이 국가 단위의 집단 이기주의가 고통의 뿌리임을 깨닫고, 이를 뛰어넘으려는 세계적 움직임을 보일 것이라고 예상했다. 이어 전체 지구 시민이 연대해 군대·국경·사유 재산 제도 등이 철폐되고 세계 정부와 각 지역의 자치 단체들은 세계인의 민생을 책임지게 된다. 국가를 인정하지 않고 전 세계에 하나의 정부를 두고 구역을 나눈다. 정부를 운영할 지도자는 모두 인민의 손으로 뽑는다.

그리고 강유위는 과학 기술의 발달로 인간은 하고 싶은 것을 하면서 살 수 있게 될 것이라고 말했다. 세계 정부가 관리하는 대동 세계는 최첨단의 기술이 지배하는 사회로서 사람들은 더는 물질적으로 소외당하지 않게 된다. 정신적으로도 서로에 대한 자비심이 많아지고, 이 자비심은 동물에게까지 확대된다. 채식주의도 보편화된다. 이러한 시대가 되면, 각 민족이 혼합되어 하나의 혼종 종족이 탄생하게 될 것이다. 가족제도도 철폐해서 남녀의 동거는 1년을 넘길 수 없으며 1년이 되면 파트너를 교체한다. 만약 교체하기 싫으면 1년 기한을 연장하면 된다. 강유위가 볼 때 이렇게 해야만 양성평등이 이루어진다. 심지어 그는 동성연애를 인정하는 발언도 하고 있다.

현대 중국의 딜레마
계몽이냐! 구국이냐!

◦ ◦ ◦

문화 대혁명이 끝난 후, 등소평 체제 아래에서 단행된 '개혁 개방' 정책은 새로운 계몽주의의 시작을 알린 역사적 사건이었다. 이때 나온 철학 논쟁은 크게 유학부흥론·비판계승론·서체중용론·철저재건론, 이 4가지였다.

혁명의 세기를 열다

1911년에 중국 최초의 민주주의 혁명인 신해혁명辛亥革命이 일어나면서 청조清朝는 멸망한다. 1912년 1월, 손문孫文; 1866~1925을 임시 대총통으로 하는 중화민국 임시정부가 수립되었다. 하지만 여러 혁명 주체들이 갈등을 일으키면서 공화주의 혁명은 실패할 위기에 처한다. 이런 역경 속에서 청 왕조로부터 대권을 부여받은 원세개袁世凱; 1859~1916와 타협이 이루어지는데, 청 왕조 마지막 황제인 선통제宣統帝; 1906~1967의 퇴위로 청을 멸망시키는 대신 손문이 사임하고 그 자리에 원세개가 대총통에 취임하게 된 것이다. 원세개는 황제가 될 야심을 품고 기존의 혁명 세력을 탄압하고, 혁명 세력은 여러 차례 봉기를 일으킨

명나라 개국황제 주원장의 능을 참배하고 있는 쑨원과 임시정부 관원들
(1912년 2월 15일, 난징)

다. 1916년에 원세개는 죽지만, 이후에도 내전과 군벌의 할거로 혼란은 더욱 확대되었다.

이렇게 정치 제도 차원에서의 구체제는 종말을 고했다. 이런 상황에서 기존의 구체제를 떠받치고 있던 이데올로기인 유교에도 타격을 가하려는 본격적인 움직임이 일어나게 된다. 그 대표적인 상징이 바로 진독수陳獨秀; 1879~1942와 잡지 「신청년新青年」이다. 「신청년」은 전통적인 가치를 비판하고, 새로운 사상을 소개함으로써 중국 사상계에 막대한 영향을 끼쳤다. 진독수는 「신청년」 창간사인 '청년에게 고함'에서 중국이 제국주의의 압제에서 벗어나 봉건주의의 예속으로부터 해방되기 위해서는 근대 사회에 알맞은 '새로운 문화新文化; 신문화'를 일궈내지 않으면 안 된다고 역설한다. 특히 신문화 운동에서 서양 사상의 영향력은 1919년 5월 4일 북경北京대학교 학생들을 중심으로 발생한 5·4운동 이후 크게 확산된다.

5·4운동 이후 정치 이념 차원에서 가장 중요한 중국 사상가는 강유위의 제자였던 양계초梁啓超; 1866~1925와 신해혁명의 주인공이었던 손문孫文이다. 양계초 사상의 핵심은 '신민설新民說'이다. 그는 신민설에서 중국의 봉건적 사회체제를 유지해 온 모든 제도와 사상을 타파하고 서구로부터 받아들인 새로운 도덕과 사상을 건설해야 한다고 역설한다.

그리고 손문의 경우 혁명가로 더 알려져 있지만, 그가

주창한 삼민주의三民主義는 20세기 이후 중국 현대 정치사에서 가장 중요한 개념이라고 평가할 수 있다. 삼민주의란 민족民族·민권民權·민생民生을 말한다. 민족은 민족주의(정신적인 차원)를 의미하고, 민권은 민주주의(공화제; 제도와 정치)를 가리키며, 민생은 사회주의(경제적 평등; 복지)를 함의한다. 이렇듯 손문의 삼민주의에는 자본주의적 특성과 사회주의적 특성이 섞여 있다. 오늘날 대륙 중국과 대만은 모두 손문을 국부國父로 숭상하고 있다.

새로운 계몽주의가 시작되다

신해혁명이 절반의 민주주의 혁명으로 끝난 이후 중국은 극심한 정치적 혼란기에 접어든다. 군벌 사이의 각축전, 장개석蔣介石; 1887~1975을 중심으로 하는 국민당과 모택동毛澤東; 1893~1976을 중심으로 한 공산당 사이에 벌어진 피비린내 나는 내전, 일본의 중국 침략과 그에 대한 국민당과 공산당의 대응(국공합작), 모택동의 대장정, 공산당의 최종 승리와 장개석이 이끄는 국민당의 대만으로의 후퇴 등 굵직굵직한 역사적 사건들이 숨가쁘게 이어진다.

1949년 10월10일에 모택동이 천안문에서 중화인민공화국을 선포한 이후에도 중국은 한반도에서 일어난 6.25 전쟁 참전, 대약진운동의 실패, 문화 대혁명 등 엄혹하기 이를 데 없는 역사가 계속 이어진다.

모택동이 죽고 문화 대혁명이 종식된 이후 등소평鄧小平; 1904~1997이 집권하자 중국은 다시금 거대한 전환기를 맞이한다. 등소평의 통치체제 아래에서, 1978년 12월에 개최된 중국공산당 제11기 중앙위원회 제3회 전체 회의에서는 매우 중요한 결정이 내려진다. 즉, 국내 체제의 개혁 및 대외 개방정책, 줄여서 '개혁·개방' 정책이 채택된 것이다. 이후 중국 학계는 '문화열' 논쟁을 통해 새로운 중국 사회의 건설을 위해서 전통적 사유 체계와 사회주의, 그리고 개혁·개방의 문제를 어떻게 결합할 것인가에 대해 진지하게 논의하기 시작한다. 이 논의들은 크게 4가지로 나뉜다.

복고를 통한 혁신,
유학 부흥론

유학 부흥론은 홍콩·대만·미국 등의 화교 학자들인 두유명杜維明·성중영成中英·여영시余英時·유술선劉述先·김요기金燿基·부위훈傅偉勳 등이 주창했다. 이 운동을 이끈 세력은 크게 신유가와 유교 자본주의론으로 구분된다. 우선 신유가는 송명 이학宋明 理學, 즉 성리학을 중국의 정통 사유로 간주했다. 이들에 의하면 지금까지의 중국 역사는 유교 정신이 계승되어 온 역사다.

한편 유교 자본주의론은 동아시아 여러 국가가 이룬 산업 발전을 설명하는 이론이다. 이들은 한국을 비롯해 대만·싱가포르·홍콩·일본이 모두 유교 문화였기 때문에 경제가 비약적으로 발달할 수 있었다고 주장했다. 유교 자본주의론자들은 유교 문화 가운데 특히 가족주의·성실성·근면성 등을 산업 자본주의 발전을 이끈 우수한 덕목으로 지적했다.

사회주의 신문화 건설, 비판계승론

비판계승론은 장대년張岱年·임계유任繼愈·방극립方克立 등이 주도했다. 비판계승론은 문화열 논쟁이 일어난 초창기부터 지금까지 가장 많은 지지층을 확보해 왔던 이념이다. 비판 계승론자들은 중국 전통문화의 우수한 점을 잘 발굴해 계승하고, 서양의 문화도 우수한 점만을 잘 선별해 받아들여야 한다고 주장했다. 중국 근대 시기에 있었던 '중체서용'의 현대적 버전이라고 볼 수도 있겠다. 비판 계승론자들에 의하면, 사회주의는 인류가 만든 체제 중 가장 선진화된 이념이며, 중국은 예로부터 다른 민족의 문화를 흡수하는 데 탁월한 능력을 갖추고 있다. 하지만 비판 계승론자들이 볼 때 한 가지 중요한 모순점이 있다. 즉, 중국은 가장 발전된 사회 형태라는 사회주의를 표방하고 있는데도 여전히 개발 도상국으로 남아 있다는 점이다. 이들은 다음과 같은 질문을 던졌다. "어떻게 '사회주의'와 '민족'을 모두 지켜내면서 더 나은 사회를 건설할 수 있을까?" 비판 계승론자들은 경제개혁이 필요한 중국 현실을 객관적이고도 냉혹하게 인정하면서, 중화민족의 우량 전통을 살리기 위해 전통문화를 분석해 내고, 서구 문화 가운데 잘못된 부분을 떼어내 중국의 현실에 유용한 과학과 제도(경제·행정의 관리 경험과 법제적 전통 등)만을 들여오려 했다. 이들의 근본적 목표는 중국 민족의 주체의식에 뿌리를 둔, '사회주의 신문화' 건설에 두어져 있었다.

서양을 본체로 삼기

서체중용론

서체중용론西體中用論의 대표 주자는 이택후李澤厚; 리쩌호우, 1930~2021다. 그에 의하면 중국의 전통사상 속에는 다른 문화권에서는 찾아보기 힘든 문화 심리 구조가 있다. 그는 이 문화 심리 구조로 공자사상에 들어 있는 혈연기초·심리원칙·인도주의·개체인격의 네 가지를 지적했다. 또 외래 사상을 받아들여 자기화하는 데 능한 중국 문화의 특성(평형 유지 기능)도 중국만의 문화 심리 구조라고 보았다. 이택후에 의하면, 이 문화 심리 구조가 새로운 사회 건설에 활력이 된 예도 있었지만, 장애로 작용한 때도 많았다.

그는 5·4 이후의 흐름을 계몽(과학과 민주)과 구국(제국주의 반대와 애국)이라는, 두 주체의 변주로 바라보았다. 그러나 항일전쟁기와 혁명 과정을 거치면서 문화 심리 구조의 보수성과 시대적 요구 때문에 구국이 계몽을 압도하게 된다. 그 결과 모택동은 마르크스주의를 중심에 두면서 자본주의의 자유·평등·민주·박애를 무시했다. 그런데 모택동의 이념에는 마르크스주의의 장점도 그다지 눈에 띄지 않았다. 즉, 물질적 차원을 중시하는 공산주의의 인간상보다는 중국전통에서 연유하는 도덕적으로 고상하고 정치적 자각이 뛰어난 성현을 요구하게 되어, 결국 문화 대혁명이라는 광란에 빠져버리고 말았다는 것이다. 또한, 계급 투쟁을 지나치게 강조함으로써 경제보다 정치를 중시하게 되었고, 그 결과 도구를 혁신하거나 생산력 발전을 중시하는 역사 유물론은 제대로 계승되지 못했다.

이택후에 의하면 근대 중국인들은 전통에서 벗어나 '개성'을 자각하는 계기를 맞이했다. 그러나 국가적 위기라는 특수한 상황과 '전통적 사유의 작용'에 의해 '나라를 구하는 것(구망 救亡=전체주의)'이 우선 해결해야 할 문제가 되어버리고 말았다. 다시 말해 전체주의가 개인주의(계몽 啓蒙)를 압도해 버리고 말았다.

이택후는 '중체서용中體西用' 논리를 '체體'와 '용用'을 전도하는 방법으로 재구성하고자 한다. 이택후를 비롯한 서체중용론자들은 서양의 과학기술·정치 및 경제 이론·문화 이론·심리 이론 등을 포괄적으로 수용해(체體로 간주해), 중국의 사상·문화·관념의 틀로 삼아야 한다고 주장했다.

중국 전통의 해체

철저재건론

철저재건론의 핵심 이론가는 김관도金觀濤·감양甘陽·온원개溫元凱 등이다. 김관도에 의하면 중국인의 사회 심리 구조에는 변화되기 어려운 요소가 자리 잡고 있기에, 철저한 부정과 파괴만이 현실의 어려움을 구할 수 있다. 철저재건론자들은 중국의 현실이 아직도 소농 경제 중심의 자연경제에 지나지 않으며 문화도 전근대적이라고 규정한다. 그리고 문화를 하나의 유기적 시스템으로 파악하면서 문화의 개혁이란 시스템을 통째로 바꾸는 것이라고 보았다.

이들은 윤리만을 강조하는 전근대적 문화에서 벗어나 도구적 이성과 과학적 이성을 중시하는 지식 본위의 사회로 나아가야 한다고 주장했다. 철저재건론자들이 보기에 중국공산당의 승리도 단지 역사상 있었던 농민반란에 지나지 않는다. 심지어 공산당 정권도 새롭게 나타난 '봉건관료정부'에 지나지 않는다고 비판했다. 이들은 중국의 전통을 무시하고 서양의 가치만을 중시한다는 비판을 받으면서 '천안문 사태' 이후 철저하게 탄압받는다.

태평천국운동과 비밀결사의 역사적 역할

태평천국운동은 중국이 본격적으로 근대에 진입하는 시점에서 엄청난 영향을 끼쳤다. 첫째로 태평천국운동으로 인해 거의 모든 전통 질서가 해체된다. 둘째로 내란과 그로 인한 외세의 위협은 근대화를 추진하는 중국 경제의 발전을 저지함으로써, 기간산업을 건설하기 전에 비생산적인 군수산업에 중점을 두게 했다. 셋째로 태평천국운동을 진압한 증국번 등의 세력들은 양무파의 기수가 되었다. 넷째로 군벌들이 난립하게 되었다. 태평천국운동 때 청나라 군대의 취약성은 명명백백하게 폭로되어버리고 말았다. 지방관리나 '한인 신사漢人 紳士' 계급의 개인적인 노력과 상인 및 부유한 지주의 재정적인 도움이 태평천국 진압에 큰 역할을 하며, 이것이 바로 군벌들이 형성된 배경이 되는 것이다. 다섯째 중국 근대화의 시발점은 태평천국으로부터 잡아야 한다. 태평천국운동의 이념은 한나라 말기에 일어난 중국 최초의 도교 집단인 태평도의 반란, 즉 우리가 흔히 '황건적의 난'이라고 알고 있는 농민 반란과 비슷한 성격을 지녔다. 중국 역사의 진행 과정을 살펴보면 기존의 통일왕조가 멸망하고 새로운 통일왕조가 들어서기 직전의 시대적 틈새에서는 대규모의 비밀결사 운동이 유행하곤 하는 경향이 있다. 진나라가 멸망한 이후 항우를 중심으로 한 세력과 유방을 중심으로 한 세력이 결전을 벌여 결국 유방이 이겨 한나라를 세우게 되는데, 애초에 유방을 중심으로 한 세력은 항우와 같이 주류 계층 출신이 아니라 비밀결사의 성격에 가까웠다. 한나라 말기에 발생한 태평도(황건적)는 두말할 것도 없이 비밀결사였다. 한나라가 유명무실해지고 난 이후 결국 위·촉·오 삼국이 정립하게 되는데, 이 중 촉나라를 세운 유비 집단도 처음에는 거의 비밀결사나 다름없는 조직이었다. 명나라를 세운 주원장이 비밀결사체인 홍건적 조직에서 활동했다는 것은 잘 알려진 사실이다. 태평천국운동도 이러한 중국 역사의 독특한 역사적 흐름의 연장선에서 바라볼 필요가 있다.

9장.

전통적 심정과 근대적 형식의 기묘한 만남, 일본 철학

일본 근대 철학의 맹아

◦ ◦ ◦

아마테라스오오카미天照大神는 태양신으로
일본 전통 종교인 신도의 최고신이다.
천황가天皇家의 조상으로도 숭배되는
아마테라스 오오카미는 일본이 근대 세계에
접어들 때 사회 구성원들을 하나로
묶어주는 일본 정신문화의 중심축이 된다.

고학의 탄생

일본 또한 한국 및 중국과 마찬가지로 사상적 측면에서 봉건적 질서를 정초한 것은 성리학이었다. 그러나 상품 경제의 발달, 그에 따른 초닌町人 ; 도시에 살았던 상인계급 계층의 부富의 증대, 농촌 자급 경제의 파괴 등과 같은 변화의 흐름으로 인해, 기존의 사회질서는 그대로 보존되기가 점점 더 어려워진다.

일본에서 근대 사상의 선구적 모습인 고학古學은 이러한 사회 조건으로부터 잉태된 것이다. 고학은 성리학 논리가 실생활과 괴리된 추상적이고 관념적인 도덕 이념이라고 비판하면서, 생생한 삶과 인간관계에 주안점을 두었던 공맹孔孟으로 다시 돌아가자고 주장하는 사상이다. 비록 고학이 전통 회귀적이기는 하지만, 전통적인 도덕관이 인간의 개인 의식을 억압한다고 보았기에 근대적 지향성을 가지고 있었다. 고학은 중세 신학의 세계관에서 탈주해 고대 그리스 로마의 인간 중심주의로 다시 돌아가자고 한 서양의 르네상스 운동과 비슷한 측면이 있다.

유학이 일본 전통에 녹아들다, 야마가 소코

야마가 소코山鹿素行; 1622~1685는 이토 진사이伊藤仁齋; 1627~1705와 함께 가장 먼저 고학을 주창한 사람이다. 로닌浪人; 녹봉을 잃고 떠돌던 무사 출신인 야마가 소코는 공맹으로의 복귀를 주장하면서 기존의 성리학 논리를 강도 높게 비판했다. 특히 소코는 인간의 자연스러운 '욕망'을 적극적으로 해석하고자 했다.

> 인간이 인간으로서의 타고난 성질과 형태가 있는 신체를 갖춘 이상은 정욕이 존재하기 마련이다. (……) 만물 가운데 인간은 음양오행陰陽五行의 정수를 받은 존재이기 때문에 그 지식은 매우 넓다. 따라서 그 욕망도 다른 사물에 비해 클 수밖에 없다. (……) 선배 유학자들은 본래 인간과 사물에는 욕망이라는 것이 깃들어 있지 않았다고 하지만, 이는 매우 잘못된 생각이다.
>
> —— 『산록어류(山鹿語類)』

또한 소코는 '리理'를 성리학과는 다르게 해석했다. 그에게 '리'란 단지 생활세계의 합리적인 활동일 뿐이다. 소코는 일상적인 직업 활동의 차원을 소중하게 생각했다. 그런데 소코가 이처럼 성리학을 거침없이 비판할 수 있었던 이유는 일본의 전통 가치가 최고라는 믿음이 있었기 때문이었다. 일본 근대 유학자들의 가장 큰 특징은 거의 예외 없이 유학의 종주국인 중국보다 일본 전통을 훨씬 중시했다는 점에서 찾을 수 있다. 중국과 한국에서 건너온 성리학은 큰 무리 없이 일본 전통의 신화적 사유와 섞였다.

> 일본은 중국과는 풍속이 다르며 지금은 또한 주자朱子가 살던 시대로부터 멀리 떨어져 있다. 그런데도 일본의 사士들 대부분은 자기 나라에 살고 있으면서 외국(중국)의 습관을 좋다고 한다. (……) 이는 모두 리理를 철저하게 연구하지 못했기 때문에 발생한 잘못이다. 학문이라는 것은 구체적인 사물에 천착하여 그것을 밝히고 지식을 심화시켜가는 것으로, 외국의 풍속이나 습관을 흉내 내기 위해 있는 것은 아니다.
>
> ——「무교소학(武教小學)」

여기에서 소코는 성리학에서 말하는 절대 도덕 원리로서의 리理를 자기 나라 전통에 관한 주체적인 연구라는 맥락으로 해석하고 있다. 그는 계속 말한다.

우리나라는 동방의 군자국君子國으로 신대神代이래 풍속은 극히 순박하고 기강도 극히 올바르다. 따라서 아득한 옛날부터 지금에 이르기까지 승계되어 온 천황天皇은 100명을 넘지만, 신하가 천황을 죽인 사례는 없었다. 그것은 우리나라가 신국神國이기 (……) 때문이다.

—— 『산록어류(山鹿語類)』

여기에는 일본적인 전통 가치를 선양하는 가운데 이루어지는 성리학 비판과 천황 권력을 정당화하는 논리가 들어 있다.

자연세계와 인문세계의 분리

오규 소라이

야마가 소코 이후 성리학적 세계관은 오규 소라이荻生徂徠; 1666~1728에 의해 본격적으로 해체되기 시작한다. 오규 소라이에 의하면, 도道란 성리학에서 주장하는 바와 같이 초월적인 자연 규범이 아니라, 나라를 잘 다스리고 백성들을 편안하게 하려고 만든 정치기술의 총칭이다. 그는 천도天道에 대해서는 무관심했으며 오직 인도人道에만 관심을 지녔다.

성리학에서는 자연의 운행과 인문현상이 서로 긴밀하

오규 소라이

게 연관되어 있다고 생각한다. 하지만 오규 소라이에 의하면 자연의 운행과 인문현상은 별개다. 현대 일본의 대표적인 정치철학자인 마루야마 마사오丸山眞男; 1914~1996가 말한 용어를 빌리자면, 소라이는 '자연적 질서'와 '작위적 질서'를 확실히 구분했다. 그에게 도道란 성리학에서 주장하는 바와 같은 만물이 따르고 수행해야만 할 법칙이 아닌, 그저 성인聖人이 인위적으로 만든 국가를 다스리는 방법일 뿐이다.

소라이는 동아시아 사회에 공통된 사회 등급 질서인 '사농공상'을 태생적인 차이가 아니라 사회적 역할의 차이로 해석하기도 했다.

> 현실사회의 구성을 사농공상士農工商이라는 네 부류로 정한 것은 고대의 성인聖人이 정한 것으로, 하늘과 땅 사이에 자연스럽게 네 부류의 백성이 있었던 것은 아니었다. 농민은 밭을 경작하여 식량을 생산하고, 직인職人은 가정에서 사용할 기구를 만들어 사람들이 사용하게 하며, 상인은 금전을 유통해 도움을 주고, 무사武士는 이들을 잘 통치하여 혼란이 발생하지 않도록 하는 것이다. 네 부류의 백성 각각이 역할이 다르기는 하지만 실은 서로 도움을 주고받아야 하며, 네 부류 가운데 하나가 부족해도 나라는 성립할 수 없다.
>
> —— 『답문서(答問書)』

도덕과 정치의 단절

오규 소라이는 유교 사상을 '도덕'이 아닌 철저하게 '정치' 차원에서 접근했다. 오규 소라이의 고학은 사적 세계와 공적 세계, 개인 도덕과 정치·법률과의 연속성을 끊으려 했다. 그리고 공적 세계 및 정치·법률의 우위성을 사상적으로 확립하려 했다. 성리학에서는 개인적인 도덕의 완성이 정치적인 질서의 완성과 연결된다. 다시 말해 도덕에 의한 정치를 중시한다. 하지만 오규 소라이에 의해 도덕과 정치는 단절된다. 마키아벨리로부터 시작된 서구의 근대적인 정치사상은 도덕과 정치를 분리하고, 인덕에 의한 통치가 아닌 조직과 제도에 의한 통치를 중시했다. 오규 소라이는 인간을 도덕적으로 개혁하는 일에는 별 관심이 없었다. 그는 정치적 지배의 효율성이라는 작위적이고 외재적인 개혁을 중시했다. 당시 막부는 이러한 소라이의 입장을 적극적으로 수용한다.

소라이가 살았던 17~18세기에는 조선이나 중국 또한 제도와 정치를 근대적으로 개혁하려는 실학實學적 흐름이 움튼다. 하지만 당시 조선이나 중국에서는 실학적 흐름이 대체로 비주류에 머무르면서 정치 역학적으로 큰 영향을 끼치지 못한다. 반면, 오규 소라이의 개혁 담론은 당시 일본의 주류 질서에서 작동한다. 에도江戸 시대 다이묘大名로

제5대 쇼군 도쿠가와 스나요시德川綱吉의 총애를 받은 야나기사와 요시야스柳澤吉保는 오규 소라이를 적극적으로 후원한다. 또, 오규 소라이는 57세에는 8대 쇼군 도쿠가와 요시무네德川吉宗의 신임을 얻어 그의 자문이 되기도 한다. 도쿠가와 요시무네는 오규 소라이를 파트너로 삼아 위로부터 대규모의 제도 개혁을 단행한다.

그런데 소라이에게도 일본 유학자 특유의 관점이 나온다. 그에 의하면 일본의 신神을 숭배하는 것이 곧 성인聖人의 도를 의미한다.(『태평책(太平策)』)

복고와 혁신의 이중주

○ ○ ○

왕정복고라는 반反근대적이고 복고적인 목표가 실제로는 봉건 질서를 파괴하기 위한 가장 효과적인 정치적 상징이 되었다는 사실이 일본 근대의 특징이다. 메이지 국가는 일본 전통의 신화적 사유와 서양 근대의 계몽주의가 절묘하게 배합된 하나의 정치적 작품이었다.

일본 국학 사상의 아버지 모토오리 노리나가

일본 국학은 카라고코로漢意 한의; 중국의 문화·사상에 심취하는 태도에서 벗어나 일본 고유의 정신세계를 강조하는 학문 분야다. 이를 위해 국학은 일본 고전에 관한 문헌학적 연구를 중시한다. 국학은 초닌町人 출신인 모토오리 노리나가本居宣長; 1730~1801에 의해서 완성된다. 노리나가의 국학은 장차 메이지 유신이라는 왕정복고에 의한 신분 사회 해체에 커다란 영향을 끼친다.

노리나가는 인간의 '실정實情; 마코토노나사케; マコトノナサケ'을 주장하면서 성리학 규범으로부터의 철저한 일탈을 도모한다. 이 '실정'은 좀 무리한 표현을 쓰자면 호색好色에 관한 긍정으로도 이어질 수 있는 개념이다. 그리고 이러한 노리나가

의 규범으로부터의 일탈과 유교 비판에 영향을 준 철학자가 바로 오규 소라이였다.

노리나가는 천황 통치의 당위성을 강조했다. 또한 그는 『고사기古事記』에 기록된 신대神代에 관한 서술을 신화가 아닌 절대적 사실로 믿고, 이것을 인간의 일상적 삶이 의거해야 할 궁극적 가치로 간주했다. 노리나가는 야마토 다마시이大和魂; 일본 민족 고유의 맑고 깨끗한 정신; やまとだましい를 특별히 강조하면서 중국적 사유를 강도 높게 비판한다.

> 카라고코로漢意; 한의와 유학을 깨끗하게 씻어 없애버리고, 야마토 다마시이를 진지하게 습득해야만 한다.
>
> ―― 「우비산답(宇比山踏)」

> 세상에서 학문이라 하면 중국 책을 배우는 것만을 가리키고, 황국皇國; 일본 고대에 관한 연구는 이와 구분하여 신학神學·왜학倭學·국학國學 등으로 말하는데, 이는 중국을 종지로 삼고 우리 일본을 옆구리로 삼는 말투로서 어불성설이다. (……) 중국 책을 배우는 것은 구분하여 한학漢學이라든가 유학이라 하고, 우리 황국皇國의 것을 당당하게 학문이라 불러야만 한다.
>
> ―― 「옥승간(玉勝間)」

노리나가에 의하면 달이나 꽃은 칭찬하면서 "예쁜 여자를 보고서도 눈에 들어오지 않는 척하는 것은"(「옥승간玉勝間」)

모토오리 노리나가

위선이며 일본 고유의 고전이야말로 이런 위선 없이 자연에 잘 부합한다. 중화주의의 영향에서 벗어나고자 하는 노리나가의 집요한 노력은 일본 국학이 탄탄하게 자리 잡는 데 큰 역할을 한다. 그리고 '천황'이라는 존재는 이러한 일본 중심의 사고를 가능하게 하는 구체적 상징이었다.

> 한토漢土; 중국에서 도道라고 하는 것은, 그 내용을 파고 들어가 보면 남의 나라를 빼앗기 위한 것과 남으로부터 빼앗기지 않으려는 마음가짐 두 가지에 지나지 않는다.
>
> —— 「직비령(直毘靈)」

> 중국에는 원래 정해진 군주君主가 없었기 때문에, 인신人臣이 왕이 되기도 하고, 왕도 일거에 보통 백성이 되기도 하였다. (……) 그래서 나라를 빼앗으려 하였으나 실패하고 쫓겨난 자를 도적으로 간주하여 증오하고, 감쪽같이 나라를 탈취한 것에 성공한 자를 성인聖人이라 일컬으면서 존숭하였다. 따라서 이른바 성인이란 도둑질을 성공적으로 잘 완수한 자를 가리킨 말이다. 하지만 일본은 (……) 천지天地가 시작된 이래 천황이 통치하는 나라로 정해져 있어 (……) 빈틈을 노려 찬탈하는 따위의 일은 불가능하며 천지와 함께 (……) 몇만 년이 지나도 변함이 없다.
>
> —— 「직비령(直毘靈)」

모노노아와레物のあはれ

'카라고코로漢意'에 대한 노리나가의 비판은 그의 가장 중요한 개념 가운데 하나인 '모노노아와레物のあはれ'와 서로 연결되어 있다. '모노노아와레'란 보고 듣고 만지는 사물에 의해 촉발되는 어떤 슬픈 정서다. 또는 일상적이지 않은 사물이나 사상을 접했을 때, 마음의 깊은 곳에서 흘러나오는 적막하고 쓸쓸한 느낌이다. 이 '모노노아와레'는 노리나가의 국학 가운데 핵심 지형을 점하고 있는 '가론歌論'에서 핵심 개념이다. 가론이란 일본 고유 형식의 시詩인 와카和歌에 관한 평론 또는 이론을 가리킨다. 노리나가의 목적은 모든 삶의 영역을 '신의神意; 신의 뜻'에 통합하는 데 있었다. 그에게 '모노노아와레'는 모든 사회의 구성원들이 하나로 엮이는 신화적이고 전통적인 '공통 감각'이었다.

그런데 우리는 다음과 같은 역사적인 동시적 현상에 주목할 부분이 있다. 노리나가의 생각은 같은 시기(18세기 후반) 서양에서 미학Aesthetics이 정착하게 된 맥락과도 통하는 면이 있다. 이 양자는 낭만주의적 입장이 결국은 근대 민족주의와 연결된다는 점에서도 비슷하다. 예술사학자 아놀드 하우저Arnold hauser ; 1892~1978에 의하면, 낭만주의의 새로운 점은 '예술의 정치화'라고 할 수 있다. 노리나가의 '가론'은 서구의 낭만주의처럼 강력한 민족주의를 바탕에 깔고 있었다.

신화적 사유와 서양 근대 계몽주의의 절묘한 배합

노리나가의 일본적 감성에 대한 강조는 일본 고유의 신들을 유기적으로 엮어냄으로써 '화혼和魂; 일본의 정신적 가치'의 '형식적 합리화'에 일조한다. 노리나가가 그리는 일본적 세계의 자연상은 그 꼭대기에 아마테라스오오카미天照大神를 둔 나름의 합리적 체계를 갖춘 세계이다. 노리나가를 비롯한 국학자들이 설정한 '아마테라스-천황'의 계보는 메이지 이후 천황을 중심으로 한 일본식 근대화 논리에 밑바탕이 된다.

한편 국학은 강렬한 신비주의적 측면을 지닌 신도神道의 성격을 보이면서도, 뛰어난 실증과학으로서의 업적을 이뤄내기도 했다. 국학 사상의 종교적 버전인 신도는 시대마다 융성한 학문을 계속 받아들여 체계화된 이념을 만들어 갔다. 어떤 시대에는 음양오행陰陽五行설을 받아들여 신도 이론으로 삼았고, 혹은 진언종眞言宗·천태종天台宗의 이론 체계를 수용했다. 또 어느 시대에는 주자朱子의 이기론理氣論으로 이론 무장을 하기도 했다. 심지어 코페르니쿠스N. Copernicus; 1473~1543의 지동설마저 신도로부터 나왔다고 주장했다. 이처럼 신도는 각각의 시대적 상황 속에서 필요한 사상들을 흡수하며 사상적 지평을 확대해왔다. 일본 국학 사상은 이러한 신도를 뼈대로 삼아 일본 근대사상의 중요한 바탕을 이루게 된다.

에도시대는 막번幕藩 체제였다. 막번 체제란 메이지 유신 이전인 도쿠가와 시대(에도시대)의 정치 체제를 가리키는 용어다. 절대 지배자인 쇼군이 막부를 장악하고, 그 아래에서 지방 영주인 여러 다이묘가 각각 자기 영지에서 자치권을 행사했다. 이 막번 체제를 끝낸 메이지 유신의 지도자들은 고대국가의 정치적 권위였던 천황의 지위를 다시 강화했다. 이러한 왕정복고라는 반反근대적이고 복고적인 목표가 실제로는 봉건질서(막번 체제)를 파괴하기 위한 가장 효과적인 정치적 상징이 되었다는 사실이 일본 근대의 특징이다. 도쿠토미 소호德富蘇峰; 1863~1957의 말을 빌리자면, 그것은 "명백히 적대하는 두 가지 커다란 주의主義"가 이끄는 '쌍두사雙頭蛇; 머리가 둘 달린 뱀'였다.

간과해서는 안 될 부분은 서구 계몽주의를 직접 받아들인 '자유민권파'나 심지어는 사회주의 계열의 인사들 가운데서도 국학적인 논리가 많이 발견된다는 사실이다. 메이지 시기 서구로부터 유입된 계몽사상은 문명개화와 자유주의적인 사고방식을 확산시키는 데 획기적인 역할을 한다. 그러나 그것은 주류 정치권력과 대항하지는 않았다. 계몽사상가 대부분이 메이지 정부에 등용된 관원이었으며, 이들의 사상은 정부의 문명개화 정책을 촉진시킴과 동시에 정부 정책의 사회적 영향력을 확대했다. 한 가지 흥미로운 사실이 있다. 『대일본제국헌법』에서 천황제의 정당성은 신화에서 최초의 천황으로 상정하고 있는 진무神武천황을 기점으로 하는 '만세일계萬世一系; 일본 천황가의 혈통이 단 한 번도 단절된 적이 없다고 주장하는 견해'의 관념에 기초한다. 그런데 이는 천부인권설을 주장했던 자유민권파의 여러 헌법 초안에서도 보인다.

국가 종교로서의 신도와 천황의 역할

◦ ◦ ◦

일본의 종교개혁은 인민의 손에 의해 이뤄진 것이 아니라, 메이지 유신 정부의 손에 의해 신도神道 국가화 정책을 배경으로 실시된다.

무無적인 존재

카미神

일본의 신神, 즉 '카미神; かみ'는 형태를 지닌 존재로 인식되지 않는다. 이는 불교에서 휘황찬란하게 불상을 만드는 것과 비교하면 매우 독특한 성격을 지닌 것이다. 신사神社의 신은 모두 '미타마시로御靈代; 신의 존재를 나타내는 표식'인 거울이라든가 폐백에 의해 상징되어 있을 뿐이다.

기독교에서 신은 수많은 화가의 소재로 그려졌다. 하지만 일본의 카미는 예술 작품의 소재가 된 적이 거의 없다. 그리고 이러한 카미의 '비非가시적' 측면은 오히려 일상생활 속에서 카미의 편재성을 뜻하는 것이기도 하다. 일반적으로 신을 형용하는 '초월적'이라든가 '절대적'이라는 표현은 감각적인 일상생활의 경험을 뛰어넘는 것을 의미한다. 이러한 절대적인 존재가 그림 등을 통해 구체적으로 형상화되는 것은 종교를 믿는 사람이라면 누구라도 바랄 것이다. 하지만 일본의 신도에서는 그러한 신에 대한 구체적 형상화가 존재하지 않는다. 일본 민중에게 카미란 구체적으로 드러나지 않으면서도 자신과 가까이 존재하는 대상이었다.

천황은 '무無'적인 존재에 가까운 카미를 구체적으로 드러내는 통로다. 카미와 천황을 둘러싼 이러한 '비가시적 가시성'은 근대 일본의 종교적 문화가 더욱 확산하도록 만들었다. 제도적으로 형식화된 종교이면서도 신비적 맥락으로써 '보이지 않는 종교'로 기능하는 것이다. '천황령天皇靈'이라는 개념이 있다. '천황령'은 천황의 신체를 가득 채우는 '혼魂; 다마시이'이며, 그것이 그때그때 신체에 머무는 것에 의해 처음으로 태양신인 아마테라스오오카미의 직계자손이라는 자격이 완성된다. 그 자격완성을 위한 '가시적인' 종교 의식이 바로 대상제大嘗祭; 천황이 즉위할 때 거행하는 의례라는 의례다. 이렇게 천황의 이미지는 일본에서 머나먼 옛날부터 전해 내려오는 전통적 풍토와 융합된다. 그 때문에 일반 민중에게 그것은 지극히 '자연스러운' 현상으로 인식되면서 하나의 지배 시스템으로는 인지되지 않았다. 일본을 대표하는 문예평론가 다케우치 요시미竹內好; 1910~1977는 그것이 "나

헤이안 신궁(平安 神宮) 교토 소재

에게 대상적인 존재로 나타나는 것이 아니라, 나에게 포함되어 있다."라고 말했다.

국학은 메이지 이후 본격적으로 국가 신도를 통해 서구적 근대화의 길을 모색한다. 이는 유신 시기에 벌어졌던 계층 간의 투쟁을 최대한 억제했다. 또한, 막번 체제에서 단지 신화적 기호로만 머물러 있던 천황은 메이지 정부 수립 이후에는 신화적 기호와 더불어 근대적 계몽의 기호로도 인식되었다.

신도는 종교가 아니다

이토 히로부미伊藤博文 ; 1841~1909는 남부 독일의 헌법을 모델로 하여 「대일본제국헌법」을 '흠정헌법欽定憲法'의 형태로 국민에게 선포하게 했다. 흠정欽定에서 '흠欽'이란 본래 중국에서 황제에 대한 경칭으로 쓰였던 용어다. 흠정헌법이란 군주가 자신의 의지에 따라 단독으로 제정한 헌법을 의미한다. 유럽이나 미국에서 헌법은 시민의 권리를 쟁취하기 위한 투쟁의 역사를 반영한다. 영국의 경우 헌법의 정신은 국왕의 권력을 축소한 시민 혁명과 관련된다. 하지만 일본에서 신권神權으로서 천황의 권위는 「대일본제국헌법」에 의해 법률상 확정된다. 「대일본제국헌

이토 히로부미

법」 제1조는 "대일본제국은 만세일계萬世一系의 천황이 통치한다."라고 말한다.

신도는 제사이며 종교가 아니라고 주장하는 '신사비종교론神社非宗教論'은 신도를 제외하고 불교·기독교 등만이 종교의 범주로 재편되어 종교법으로써 국가의 통제·감독 아래에 들어가도록 했다. 국가 신도는 '신사비종교론'에 의해 표면적으로는 그 종교성을 탈피하면서 국민 도덕으로 재생산되었다. 신도를 도덕의 범주 안에 배치하면서 종교가 아니라고 주장하는 논리는 다음과 같이 나타났다.

1. 신도는 '국체國體; National Essence' 또는 도덕의 표징이다. 또한, 일반 종교처럼 창시자라든가 경전이 없으며 내세도 말하지 않으므로 종교가 아니다.
2. 신도는 민족 생활의 연장이며 종교와는 그 기점이 다르다. 또한, 신의 성격에서도 외국의 종교 개념과는 전혀 다르다.
3. 신사에서 행하는 기원이나 기도는 제사를 지낼 때 조상에게 절을 올리는 행위와 비슷하다. 서양의 종교와는 다르다.
4. 출발점에 있어 신도는 국가적이며, 기성 종교는 개인적이다. 또한, 조상 숭배는 국민 일체의 도덕적 규범이지 종교 행위가 아니다.

국가에 대한 충성의 퍼포먼스인 신사참배는 국민이 가

져야 할 공공적 의무였다. 그 때문에 설사 자신이 믿는 종교가 기독교라 하더라도 서로 부딪치지 않고 공존할 수 있었다. 기독교도는 자신의 종교적 신념을 버리지 않고도 신도 이념을 자연스럽게 수용할 수 있었다. 신사참배는 종교적 행위가 아니라 단지 국가 제사라는 차원과 도덕이라는 성격을 지니고 있기에, 자신의 종교적 신념과 배치되지 않았다.

일신교를 통한 국민의 통합

이토 히로부미가 보기에 아직도 일반 민중은 막번 체제의 지역색으로부터 탈피하지 못하고 있었다. 그는 이런 일반 민중을 새롭게 일본 국민으로 재편하고자 했다. 근대국가의 국민이 되기 전에 일본의 민중은 민족적 동질성이나 국가적 정체성이 거의 없는 상태로 단지 자신이 속해 있는 지역에만 얽매여 살아가고 있었다. 이 때문에 일본 근대 학문의 아버지로 불리는 후쿠자와 유키치福澤諭吉; 1835~1901의 경우는 메이지 7년1874 『학문의 권유』 4편에서 "일본에는 오직 정부만 있고 아직 국민이 있다고는 말할 수 없다."라고 말하기도 했다. 메이지 정부 핵심 세력에게 이런 상황은 각 사회단위를 하나의 권력작용 아래에 두려는 목적을 달성하는 데 불리한 조건이었다. 메이지 정부에게 있어 새로운 '국민'의 창출은 시급하게 요청되는 사안이었다.

> 근대 일본의 지형도에서 새롭게 국민을 창출하는 방식은 '국민화=문명화'라는 도식 아래에서 다음과 같은 형태로 진행된다.
>
> ① 공간의 국민화: 균질화·평준화되고 깨끗한 공간/국경
>
> ② 시간의 국민화: 역법, 노동·생활의 리듬/신화와 역사
>
> ③ 습속의 국민화: 복장, 언어, 예절, 의식/새로운 전통
>
> ④ 신체의 국민화: 오감, 행동거지, 보행, 학교, 공장, 군대 등의 생활에 적응 가능한 신체와 감각

이 가운데 '시간의 국민화'는 신화를 현재화하려는 일련의 시도로써 종교를 통한 사회의 일체화였다. 이토 히로부미에 의하면, 유럽은 종교가 국가의 기축이 되어 사람들의 마음속에 깊이 각인되어 있다. 그러나 일본은 종교의 힘이 빈약하여 국가의 기축으로서 역할을 하지 못하고 있다. 이토 히로부미는 유럽의 프로이센에서 기독교도의 신에 대한 절대적 복종이 황제에 대한 충절을 키우고 있음에 주목했다. 이런 맥락에서 그는 국가의 정치적 통합에 종교가 불가결함을 통감하고 있었다. 따라서 그는 정치적 통합을 위

해 천황을 중심으로 한 일신교적 색채가 짙은 종교 논리를 새롭게 창출한다.

홉스봄E. Hobsbawm ; 1917~2012에 의하면 근대의 특징은 '새로운 전통의 창출'에서 찾아볼 수 있다. 국가 신도 또한 '만들어진 전통'이라고 볼 수 있다. 메이지 이후 새롭게 강조된 신들의 체계는 본래 메이지 이전의 일반 백성에게는 낯선 것이었다. 국가 신도가 만들어진 전통인 것과 마찬가지로 천황의 절대적 이미지도 전통적으로 계속 존재해온 것이 아닌 메이지 이후에 만들어진 이미지다. 신도 같은 신앙적 차원이 정치 및 가족 이데올로기와 합치되어 나타난 총체적 개념이 바로 '국체國體'다. 국체에 의해 천황과 신은 동일화되었다.

국가 신도를 만드는 작업은 국가 주도로 이루어진 일종의 일본식 종교개혁이었다. 이에 관해 후지타니 도시오藤谷俊雄 ; 1912~1995는 다음과 같이 말한다. "나는 근대의 국가 신도는 결코 단순한 전근대의 유산이 아니라 절대주의 체제에 더욱 어울리며, 극히 교묘하게 창조된 신종교라고 생각한다. 신종교에 국민의 대다수가 (……) 조직되어간 비밀은 인민의 반봉건적인 투쟁과 결부된 종교개혁이 전개되지 않고, 오히려 절대주의 지배자가 이것을 선취하여 (……) 절대주의적 종교개혁을 진행했다는 데 있다고 생각한다." 신도는 오늘날에도 일본인들이 가장 많이 믿는 종교로 자리 잡고 있다.

'인간 본능의 국유화'로서 '국체'

○ ○ ○

제국주의 시절에 대해서 대다수 일본의
주류세력이나 극우파들의 생각은 이럴 것 같다.
"과거에 일본이 설사 아시아를 향해 약간
잘못한 점이 있다 하더라도, 그것은
서구 제국주의에 대항해 아시아를 지키고
'대동아공영'이라는 '보편적인 가치'를
실현하기 위한 불가피한 과정이었다."

근대적 시스템에 의한 국민 의식 창출

1889년부터 1890년까지 일본에서는 헌법·민법·상법이 제정되고 제국의회가 개회되는 등 근대국가의 정치적·법적 제도가 정비되었다. 막번 체제에서 자기가 속해 있는 영지가 곧 '세계 전체'라고 믿고 있던 민중을 일본 '국민'이라는 하나의 단위로 엮어낼 수 있는 법적 토대가 마련된 것이다. 또한, 1889년부터 시행된 도시와 마을에 관련한 새로운 행정구획제도는 공공관념을 육성하는 중요한 계기가 되었다. 이 공공의식은 국가라는 관념이 더욱 수월하게 각 지역의 민중에게 침투되도록 했다.

근대 시기 일본의 정부 당국자들은 민중에게 규율 있는 언어 및 동작과 질서 있는 공간 관리 능력을 몸에 익숙

하게 하도록 근대조직과 학교조직을 적극적으로 활용했다. 포괄적으로 보아 메이지시기에 출현한 근대적 언어(언문일치체; 표준어)·출판(매스미디어)·근대교육·교통체계는 개개인을 전통적인 사회문화 코드로부터 이탈시켜, 새로운 사회문화 코드를 획득하고 공유하게 했다. 동시에 개개인의 경험과 사회공간을 균질화했다. 그리고 하드웨어로서의 이 근대적 장치들은 그 내부에 일본 전래의 전통적인 가치를 탑재한다.

전통적 '심정'과 근대적 '형식'의 기형적인 만남

일본의 근대천황제는 근대성·합리성을 표방하는 학교 교육과 고대적인 정감에 입각한 신도제사神道祭祀라는 양면으로부터 국민을 이데올로기적으로 제어했다. 신도神道의 종교적·전통적인 지배와 서구 근대의 합리화된 '형식적' 장치에 의한 지배를 상호 교섭시킴으로써 지배의 생산성을 극대화했다. 지배하는 사람들은 지배당하는 집단에 대해 '심정적' 권위를 강화했다. 또한, 그것은 여러 근대적인 법·행정 장치 속에서 구체적으로 형식화되며, 이른바 근대적 공민 의식에 부합하는 새로운 도덕의식을 창출했다. 강력한 '카리스마(천황의 은총이라는 의미에서)'에 의한 지배와 합리화된 '형식적' 장치에 의한 지배가 상호 교섭하면서 지배 작용은 더욱 설득력을 갖추게 된다. 이는 메이지 이전에 뿔뿔이 흩어져 있던 사회 단위를 일본 전래의 신화적 세계와 야마토다마시이大和魂의 근대적 구현, 그리고 새로운 구심력으로서의 천황 상징 등을 통해 국민의 의식을 통합시키려는 정책으로 구체화한다.

그런데 전통적이고 종교적인 감정과 근대적인 '형식'이 섞이는 방식이 아닌, 지배의 원리가 일방적으로 시혜적이고 종교적인 방법으로만 이뤄진다고 가정해 보자. 이렇게 되면 지배되는 자들은 지배하는 자와 폐쇄적인 '심정적' 결합을 이룰 수는 있다. 이를테면 민중 개개인이 천황을 신으로 받드는 행위와 같이 말이다. 하지만 이렇게만 되면 민중은 세상에 대한 통일적인 인식은 상실하게 된다. 예컨대 나와 천황과의 교류는 그들만의 영적이고도 '심정적' 교류로 국한되기 때문이다.

하지만 형식적 논리성을 바탕에 둔 근대 서구의 제도적 장치들을 활용하면서 그 밑바탕에 전통적·종교적 지배 원리를 탑재한다면, 지배되는 민중은 세상에 대한 통일적 인식을 확보할 수 있다. 또한, 지배 원리의 통일적 시스템도 원활하게 마련된다. '심정적'인 유착은 당시 일본에 도입된 서구 근대적 시스템의 일본화를 정당화하는 데 활용된다. 그 결과 사람들은 세상을 총괄적으로 볼 수 있는 것처럼 느끼게 되었다. 일본 전래의 전통적·종교적 가치는 근대의 제도적 장치들의 도움으로 더욱 쉽게 복제되고 재생산된다. 그럼으로써 기존의 종교적 신비감에 의해 절대가치의 '유일성' 감각이, 그리고 근대적 제도적 장치로 말미암은 '동질성' 감각이 동시에 충족된다. 근대 시기 일본은 아시아에서 가장 앞선 서구적 합리성을 일구어냈지만, 이 합리성에 의한 법적 시스템은 신도神道의 종교적·주술적 세계관과 기이한 방식으로 공존한다. 메이지 시기 일본은 입헌군주국立憲君主國이 아니라, 입헌신주국立憲神主國이었다.

집단적 '페르소나'로서 일본의 근대성

'페르소나Persona'는 본래 극 중에서 특정한 역할을 하기 위해 배우가 쓰는 가면을 뜻한다. 이때 '인물person'과 '인격personality'의 어원도 페르소나다. 개인은 페르소나에 의해 자기 자신의 성격이 아닌 다른 성격이 될 수 있다. 페르소나란 개인이 공개적으로 보여주는 가면 또는 외관이다. 페르소나의 장점은 우리에게 자기와 성향이 맞지 않는 타자도 포용하고 친교를 맺을 수 있게 한다는 점에 있다. 하지만 페르소나에 압도되면, 즉 특정한 상황에 의해 창출된 자신의 가면이 자신의 자아와 동일화되면, 집단적 가치에 쉽게 흡수될 수 있다. 집단적 가치에 함몰된 개체는 진정한 자아의식을 표출하지 못한다.

일본 근대 시기에 '페르소나'는 사회구성원들에게 끊임없이 '국민 된 도리', '민족의 일원' 등의 가치를 강제했다. 이렇게 사회구성원들이 집단과의 관계를 유지하는 동안 자아는 차츰 자기도 모르게 '집단정신'에 동화되고, 그것이 자기의 진정한 개성인 것으로 착각한다. 이런 성격은 일본어 자체에서도 발견된다. 일본어에서 자신을 지칭할 때 쓰는 말인 '자분自分; じぶん(일본어 발음; 지분)'은 '집단에서의 내 부분'을 의미한다. '나'라는 존재는 어디까지나 '집단' 속에 소속되어 있을 때만 의미가 있다. 페르소나는 내가 나로서 있는 것이 아니라, 어떤 다른 존재에게 보이는 나를 더 크게 생각하는 특징을 가지고 있다.

윤리의 최고 주체, 국가

마루야마 마사오는 1946년에 쓴 「초超국가주의의 논리와 심리」라는 논문에서 당시 일본의 정신 상황을 다음과 같이 분석하고 있다. 마루야마에 의하면 메이지 유신과 함께 정신적 권위인 천황을 중심으로 다원적 정치세력들이 일원화되었다. 이 때문에 서구의 경우와 달리 개인의 도덕적 주체성은 제대로 확보되지 못한다. 개인의 자율적인 판단은 '양심'에 근거해야 하는데, '국가'가 윤리 규정을 독점하고 시비와 선악의 기준을 제공하게 된다.

근대 유럽은 국가가 윤리에 관해 중립적인 입장을 가졌으며, 그러한 윤리적 가치의 선택과 판단은 교회 같은 다른 사회적 집단 또는 개인의 양심에 맡겼다. 또 근대 유럽은 국가 주권의 기초를 순수하게 형식적인 법 기구 위에 두는 중성 국가의 특징을 가졌다. 하지만 메이지 유신 이후의 일본은 봉건적 권력의 다원적 지배가 천황을 향해 일원화되고 집중화된다. 여기서 종교적·윤리적 '권위'는 정치적 '권력'과 일치된다. 개인의 자유는 순수한 자신의 양심에 매개되지 못했다.

마루야마에 의하면, 근대 일본의 국가는 '국체國體' 이념을 전파하는 윤리 주체가 되었다. 국법이 도덕적 절대가치인 '국체'로부터 흘러나오는 한 어떠한 정신 영역에도 자유자재로 침투할 수 있다. 사적인 일의 윤리성이 개인의 양심이 아니라, 국가와의 합일에 있다는 이 같은 논리는 뒤집어보게 되면 국가적인 것의 내부에 사적인 이해가 무제한으로 침입하는 결과가 될 수 있다. 윤리가 권력화됨과 동시에 권력 역시 끊임없이 윤리적인 것에 의해 연성화된다.

일본의 근대 공간에서 전통 종교의 '내용(소프트웨어)'과 근대적 '형식(하드웨어)'은 서로 긴밀하게 얽혔다. '종교'적 지배와 근대의 합리적 장치에 의한 지배의 융합은 지배당하는 자들이 지배하는 자들을 향해 자발적으로 복종하도록 만들었다. 이는 천황 같은 '절대 존재'와 민중을 '심정'적으로 강하게 묶어줌과 아울러, 민중에게 세상에 대한 통일적인 안목을 가지도록 이끌었다. 나아가 사회의 각 개체 상호 간의 관계 또한 하나의 단위로 융합되도록 했다.

이제 국가의 윤리는 모든 것을 아우르는 보편적 윤리가 되었다. 이런 상황에서 개인은 국가를 비판하기 어렵다. 왜냐하면, 국가가 곧 보편적인 도덕 그 자체로 기능하고 있기 때문이다. 우리가 자신이 속한 국가를 비판할 수 있는 이유는 인종이나 지역을 초월해 인간 자체를 응시하려는 어떤 '보편적인 도덕'이 있기 때문이다. 예컨대 '인권'은 국가나 인종을 뛰어넘는 보편적 가치다. 만약 내가 속해 있는 국가가 독재국가라면 나는 국가이념이나 인종을 뛰어넘는 '인권'이라는 보편적 도덕의식으로 내가 소속된 국가체제를 비판할 수 있다. 하지만 '국가=보편적인 도덕 그 자체'로 기능한다면, 국가를 비판하는 것은 곧 보편적인 도덕 그 자체를 비판하는 것이기에 문제 삼기가 쉽지 않다. 오늘날에도 만연해 있는 일본인의 국가(정부)에 대한 무조건적이고도 폭넓은 믿음은 이러한 메커니즘으로 설명할 수 있다. 또

일본의 주류세력들이 과거 제국주의 시절에 저지른 아시아 여러 국가를 향한 잘못에 대해 진정한 사과를 하기는커녕 아직도 변명과 자기합리화에 급급한 이유도 여전히 국가가 보편적인 도덕 그 자체로 기능하고 있다는 사실을 간접적으로 보여준다. 일본에서 '국가=보편적인 도덕'이라는 등식이 깨지지 않는 한, 일본 주류세력의 과거사에 대한 반성은 요원할 수밖에 없다.

「교육칙어」

「대일본제국헌법」이 선포된 다음 해인 1890년에 나온 「교육칙어」는 국가 신도를 위한 실질적인 안내서 역할을 한다. 「교육칙어」는 반포된 해인 1890년부터 패전한 1945년까지 일본 국민을 천황제 국가체제에 예속시키는 데 절대적인 힘을 발휘한다. 「교육칙어」를 내용상으로 구분해본다.

① 일본에서 인륜 도덕은 나라가 건국되었을 때부터 마련되었으며, 신민臣民은 충과 효를 대대로 잘 체현해왔다고 예찬하고 있다. 그리고 이는 교육의 연원이기도 하다.
② 효도, 형제·부부·친구에 대한 화합과 신뢰, 박애, 학문의 계발과 인격 도야를 언급하면서, 만일 국가에 위급한 일이 생기면 신민은 천황을 위해 목숨을 바쳐야 한다고 말한다.
③ 마지막으로 이러한 가치 기준들은 동서고금을 막론하고 보편적인 진리라고 주장한다.

「교육칙어」의 성립으로 인해 파편화되어 있던 일본이라는 공간의 사회구성원들은 하나의 국민으로 통합될 수 있는 이념적 계기를 마련하게 된다. 국가 신도의 이념은「교육칙어」의 엄숙한 봉독을 통해 끊임없이 상기되었다. 그리고 봉독하는 국민 당사자들 간의 심적 교류를 갈마들게 해주었다.「교육칙어」는 표준화된 대중적 공교육, 공통의 가치나 신화적 상징을 통해 국가공동체의 구성원을 하나의 단위로 사회화해가도록 했다. 요컨대「교육칙어」 등의 이데올로기적 장치는 전통적이고 종교적인 세계관을 근대적 성격의 형식화된 규율에 탑재하여 국가 도덕에 합치된 '국민'을 창조하고자 하는 목적 아래에서 마련된 것이다.

10장.

유불도의 융합,
한국 철학

한국 전통 철학과 종교의 원형, 무교

◦ ◦ ◦

한국 철학 사유의 '원형'에는 모난 것이 아닌
둥근 상징에 대한 강조·자연 세계와
인문 세계의 소통·범신론적 요소·
자연 세계 및 영적 세계와의 소통을
강조하는 무교의 특징 등이
짙게 드리워져 있다.

널리 세상을 이롭게 하다

청동기 시대 이후 한국의 문화 주체들이 가진 사유는 자연숭배와 귀신숭배가 섞인 것이었다. 자연에서 가장 큰 숭배의 대상은 태양(하늘)이었다. 태양은 밝음·둥그런 것·평화·화합·선행을 상징한다. 그리고 모든 자연 사물에 신神이 깃들어 있다는 범신론汎神論의 종교관을 지니고 있었다. 이런 범신론은 사람·짐승·풀·나무 등 자연 사물 모두의 어울림을 의미하는 것이었다. 한국의 원형적 사유는 자연과 인간의 삶이 서로 연동된다는 주술적인 감응의 관계망을 중시했다. 여기에는 후대의 유교에서 볼 수 있는 폐쇄적 일통관一統觀, 배타적 정통주의, 남녀 간 차별, 나이에 따른 우선순위의 차이, 여성에 대한 정조 강요 등의 엄

단군

격한 윤리 규범이 없었다. 이러한 성격의 우리 고유사상은 맥락에 따라 삼신三神 사상·무교巫敎 사상·풍류風流 사상·신명神明 사상·선교仙敎 사상·낭가朗家 사상 등으로 불린다.

삼신三神 사상은 환인桓因·환웅桓雄·단군檀君을 숭배하는 대표적인 우리 고유의 종교사상이다. 여기서 환桓이라는 글자에는 태양이라는 이미지가 들어 있다. 환桓은 나무木와 선亘이 합쳐진 글자다. 즉, 나무가 햇살이 비추듯 하늘과 땅 사이에서 굳세게 펼쳐져 있는 모양을 형상화한 글자다. 선亘은 태양(일日)이 이二; 하늘과 땅 사이에 놓여 하늘과 땅을 향해 뻗어 있는 모양이다. 단군신화를 기록하고 있는 가장 오래된 문헌인 『삼국유사三國遺事』「기이紀異 1편」은 『고기古記』를 인용하여 다음과 같이 기록하고 있다.

> 옛날에 환인桓因의 서자 환웅桓雄이 천하에 자주 뜻을 두어 인간 세상을 구하고자 하였다. (……) 환웅이 무리 3천을 이끌고 태백산太白山 꼭대기 신단수神壇樹 밑에 내려와 여기를 신시神市라고 하니 이로부터 환웅천왕이라 불렀다. (……) 인간의 3백 60여 가지의 일을 주관하고 인간 세상에 살며 다스리고 교화하였다. 이때 곰 한 마리와 호랑이 한 마리가 같은 굴에서 살면서 항상 환웅에게 빌기를, '바라건대 모습이 변화하여 사람이 되었으면 합니다.'라고 하였다. 이에 환웅이 신령스러운 쑥 한 타래와 마늘 20개를 주면서 이르기를 '너희들이 이것을 먹

고 백일 동안 햇빛을 보지 않으면 곧 사람이 될 것이다.'라고 하였다. 곰과 호랑이가 이것을 받아서 먹고 금기하였는데 삼칠일三七日; 21일 만에 곰은 여자의 몸이 되었으나, 범은 참아내지 못해 사람이 되지 못하였다고 전해진다. 웅녀熊女는 그와 혼인할 사람이 없었으므로 항상 신단수 아래서 아이를 가지기를 빌었다. 이에 환웅이 잠시 사람으로 변해 결혼하여 아들을 낳으니 이름을 단군왕검檀君王儉이라 하였다.

단군신화의 특징을 정리해보자. 첫째, 현세를 강하게 긍정한다. 단군신화는 세계의 기원에 대한 설명이 없다. 또 내세에 대한 언급도 없다. 둘째는 인간 중심적 사고가 짙게 나타난다. 신화를 보면 신이나 짐승이나 모두 인간이 사는 세상을 탐내고 있다. 셋째는 혼종·융합·조화의 세계관이다. 단군은 신과 동물의 결합으로 탄생한 하이브리드(혼종)적 존재이다. 넷째, 단군신화는 한국 고유 사상을 표현하는 또 다른 큰 개념인 무교巫敎 사상과 깊은 관련이 있다.

우리의 정체성으로서, 무교

무교巫敎는 시베리아를 포함한 북방 아시아와 중앙아시아에 걸쳐 널리 분포했다. 시베리아와 몽골 지방의 원시 수렵문화의 잔재가 오늘날의 한국의 굿에서도 나타난다. 황해도 사냥굿에 나오는 동물 제물이 바로 그것이다. 무교는 북미 지역과 인도네시아 그리고 오스트레일리아에서도 광범위하게 존재했다.

단군신화에 나오는 태백산 등의 언급은 '높은 곳'을 숭배하는 무교의 종교관과 긴밀한 연관성이 있다. 태백산은 신단수와 더불어 우주의 축을 상징한다. 무당(샤먼)은 이 우주의 축에서 하늘의 신과 소통한다. 무당이 높이 뛰는 이유는 하늘과 가까이하고자 하는 욕망의 표현이다.

한국인들의 사유의 원형에는 강력한 산악 숭배 의식이 깔려 있다. 한국의 정서에서 '무한함'이란 산 위에서 바라볼 때 산들이 굽이굽이 돌아나가며 끝없이 펼쳐지는 무한함(그 무한함 속에서 작은 집들이 꼬물거리며 보이는 정경)이었다. 이러한 성격의 무한함은 사막에서처럼 낮이나 밤이나 사람의 시선이 아득히 사라지는 경우의 무한함과는 다른 것이다. 한국의 무한함에는 그 어디엔가 안착해 있는 듯한 안온감이 존재한다. 이러한 산악 숭배 관념은 자연스럽게 나무(목木) 숭상 관념과도 연결된다. 동양의 문헌에서는 일출日出이 나무에 비유되는 경우가 많이 발견된다. 중국의 여러 문헌에서는 해가 뜨는 동쪽을 부상목扶桑木이라 칭한다. 바빌로니아 문명에서도 태양신을 마르둑Marduk이라고 하는데, 이는 나무의 신神이라는 의미다. 나무를 해에 비유하는 이유는 나무가 위를 향한 운동성을 가지고 있기 때문이기도 하지만, 나무가 가지를 뻗어 퍼져나가는 모습과 광선이 사방으로 흩어지는 형상이 닮았기 때문이다.

나무 숭배 사상은 당목堂木 혹은 성황신목城隍神木으로 나타난다. 사람들은 성황목에 오색五色의 천 조각을 걸어 놓고 제사를 지내기도 했다. 여기서 오색은 오행을 뜻한다. 한국에서 나무 숭배의 가장 원형적인 대상은 단군檀君이 태어났다는 신단수神檀樹다. 신단수는 박달나무라고도 하며, 여기서 '박달'은 곧 '밝다'라는 뜻이므로, 신단수도 태양을 은유하는 상징물이다. 기독교 문화권에서 성탄절에 만드는 '크리스마스트리'도 일종의 성황목이라고 이해해 볼 수 있다.

주몽 신화, 박혁거세 신화 등은 모두 무교 신앙의 맥락으로 이해할 수 있다. 무교 신앙은 단순히 고대 한국 종교관의 특징만을 반영하는 것은 아니다. 고대 시기 이후에도 면면히 살아남아 불교가 무교화 되게 하기도 했으며(불교의 기복적인 성향과 팔관회), 고려시대의 도교 전통과 조선의 소격서昭格署, 그리고 근대 시기의 신흥종교의 발흥에도 큰 영향을 끼쳤다. 단군신화나 무교의 하늘에 대한 숭배는 가톨릭이 정착하는 데도 보탬이 된다.

무교는 꼭 종교적으로만 기능한 것은 아니었다. 무교는 사회적인 맥락에서 볼 때 일정 부분 순기능을 담당했다. 굿은 서민들의 가슴에 맺힌 응어리를 풀어내는 정신적 정화의 장으로 기능하기도 했으며, 무당들은 정신과 의사나 상담심리치료사가 없던 시절에 정신적인 위기를 겪는 사람들을 위한 정신과 의사이자 상담심리치료사의 역할을 하기도 했다.

유불도의 융합, 풍류도

중국에서 '풍류風流' 개념은 주로 격식에 얽매이지 않는 자유분방함으로 새겨지면서, 특히 유가적인 측면보다는 도가적인 측면이 강하게 나타난다. 일본의 경우를 보면 풍류 개념은 주로 세련됨이나 화려하게 아름다운 모습, 그리고 어떤 '장식성'이나 '섬세함'의 요소가 강조된다. 한편 우리나라의 경우는 중국이나 일본과는 다르게 풍류 개념이 상당히 철학적·형이상학적·종교적으로 나타난다.

풍류風流에서 '풍風'을 개념적으로 이해해 보면 다음과 같다.

① 가장 오래된 뜻은 새(조鳥)라는 의미다. 옛날에는 바람(풍風)이 신神의 이름이었고 그 모양도 봉鳳 또는 붕鵬이라는 새의 모습으로 쓰였다.

② 교화敎化라는 의미가 있다

③ 습속習俗 또는 모습이라는 뜻이 있다.

④ '바람난다(남녀의 교합)'라는 의미도 있다.

⑤ 노래라는 의미가 있다.

풍류風流에서 '류流'도 다음과 같이 개념적인 이해가 가능하다.

① '흐름'이라는 의미가 있다. 류流는 아이가 양수養水와 함께 태어나는 모습을 본뜬 것이라는 설이 있다.

② 핏줄, 갈래 등의 의미가 있다.

③ 유배流配; 귀양 보냄라는 뜻을 가진다. 유배流配는 본래 "아이를 낳기 위해 짝을 지워 보낸다."라는 뜻이다.

최남선에 의하면 '풍류風流'라는 말은 '부루'라는 순우리말을 한자로 옮긴 것이며, '부루'의 도란 곧 신도神道를 의미한다고 했다. 여기서 말하는 신도는 고조선의 종교사상을 가리킨다. 또 풍류는 샤먼이 자연 만물과 교유하는 태도와 관련이 있다. '풍류인'이란 사물이나 자연의 영靈과 교감하는 일종의 샤먼이다. 단순히 자연을 감상하는 것만이 아니라, 그 안으로 들어가 자연과 함께 호흡하고 자연이 환기하는 생명의 리듬을 몸으로 체감하면서 자기 내부에 있는 생명의 리듬을 자연의 리듬에 일치시키는 존재다.

풍류라는 말이 본격적으로 철학적인 의미로 사용되기 시작한 것은 신라의 최치원崔致遠이 화랑도花郎道의 이념에 관해 설명하면서부터였다. 그가 쓴 '난랑비서鸞郎碑序'를 보자.

> 나라에 깊고 오묘한 도가 있으니 이를 일컬어 풍류라 한다. 그 가르침을 세운 내력은 선사仙史에 상세히 실려 있으며, 실로 삼교三敎를 포함한 것으로 뭇 백성과 접촉하며 교화하는 것이다. (……) 들어와서는 집안에 효도하고 나아가서는 나라에 충성하는 것은 노魯나라 사구司寇; 공자가 했던 벼슬 이름으로 지금의 법무부 장관의 으뜸 가르침과 같은 것이요, 무위無爲의 일에 처하고 말 없는 가르침을 행하는 것은 주周나라 주사柱史; 노자가 했다는 벼슬 이름으로 주나라 왕실 도서관의 도서관장의 으뜸 가르침이며, 악한 일을 하지 않고 선한 일을 받들어 행함은 축건태자竺乾太子; 석가모니의 가르침과도 같은 것이다.

여기서 '선사仙史'가 어떤 책을 의미하는지 지금은 알 수 없다. 최치원에 의하면 풍류도(화랑도)란 유교와 도가, 그리고 불교가 뒤섞인 '유불도儒佛道' 삼교의 융합 사상이다. 또한 화랑이 노래와 음악을 즐기고, 유명한 산과 큰 강을 유람하던 수양 방법은 고대의 제천 행사에서 필수적으로 따르던 노래와 춤, 산악 숭배와 밀접하게 관련이 있는 것이었다.

당시 화랑들은 상마도의相磨道義; 서로 도의를 닦음, 상열가악相悅歌樂; 서로 노래와 음악을 즐김, 유오산수遊娛山水; 산수를 즐김, 이 세 가지를 지켜야만 했다.

> 그 뒤에 다시 미모의 남자를 택하여 곱게 꾸며서 화랑이라 일컫고 떠받들게 하니, 사람들이 구름과 같이 모여들어 혹은 도의로써 서로 연마하고, 혹은 가악歌樂으로서 서로 즐기며, 산수를 유람하여 먼 지방도 가지 않는 곳이 없었다.
>
> ―― 「진흥왕조」, 『삼국사기』

화랑도의 풍류 정신은 이후 원효의 화쟁 사상을 거쳐 조선의 선비정신으로까지 이어진다.

통섭을 위한 길,
원효의 화쟁 사상

◦ ◦ ◦

자기의 견해에 찬동하는 자는 옳고 견해를 달리하는 자는 그르다고 하는 태도는 마치 갈대 구멍으로 하늘을 본 사람이 그 갈대 구멍으로 하늘을 보지 않은 사람들을 보고 모두 하늘을 보지 못한 자라고 깔보는 것과 같다.

해골물을 마시고 깨달음에 이르다

원효元曉; 617~686는 한국 불교의 가장 대표적인 인물이다. 원효가 살던 당시 신라의 엘리트 계층은 당나라로 유학을 하는 것이 유행이었다. 당나라의 수도 장안長安은 세계로부터 학자·상인·종교인·정치인 등이 모였던 지구촌의 중심지였다. 신라시대의 승려는 엘리트 계층이었던 바, 승려들이 당나라 유학을 원한 것은 당연한 일이었다. 원효 또한 예외가 아니었다.

원효는 평소 잘 알던 사이였던 의상義湘; 625~702과 함께 당나라로 유학의 길을 떠난다. 이들은 배를 타고 당나라로 가기 위해 당주계(지금의 남양만)로 간다. 당주계로 가던 중 어떤 산기슭을 지나고 있을 때 해가 저물었다. 주위에 인가가 없어 할 수 없이 둘은 그냥 노숙을 하기로 한다. 원효는 자다가 목이 말라 자리에서 일어났다. 근처를 더듬어 보니 물이 가득 든 물바가지 같은 뭔가가 손에 닿았다. 그는 정신없이 물을 들이켰다. 정말 달고 시원한 물맛이었다. 그리고 다시 잠이 든다. 날이 밝자 두 사람은 길을 떠날 준비를 하는데, 주변이 이상했다. 주위에 사람 뼈들이 잔뜩 있었다. 두 사람이 잔 곳은 다름 아닌 낡은 무덤 근처였다. 그런데 원효는 또 한 번 깜짝 놀라게 된다. 전날 밤에 자기가 먹었던 물은 바로 해골에 고여 있던 물이었다.

당주계에 아직 도착하지 못한 두 사람은 또 하루를 근처의 인가에서 보내게 되었다. 원효는 잠을 이룰 수가 없었다. 해골물인 줄을 모르고 물을 마셨을 때는 그렇게 달고 맛있었던 물이 해골물이라는 사실을 알고부터는 구역질을 하게 된 이유를 찬찬히 생각해 보기 시작했다. 그는 해골물을 마시기 전과 물을 마신 후의 자기를 비교해 보았다. 여기서 원효는 크게 깨닫는다. 자기가 여태껏 불법을 잘못 배웠다고 탄식하면서, 『화엄경』에서 말하는 "모든 분별은 마음에서 생긴다."라는 진리를 되새기기 시작한다. 더럽다고 생각하는 것을 비롯해 모든 생각은 마음가짐에 달려있다는 사실을 깨닫게 된 것이다. 여기서 그는 한 걸음 더 나아간다. "그렇다면 극락이 따로 있는 것이 아니라 이 세상이 바로 극락일 수도 있다. 불교의 근본 이치는 마음에 달린 것이다.

원효

이 이치를 바로 깨닫기만 한다면 구태여 불법을 배우기 위하여 다른 나라에 갈 필요가 없지 않은가?" 여기서 원효는 당나라 유학을 포기한다. 결국 의상만 당나라로 가게 된다. 의상은 훗날 당나라로부터 돌아온 이후 신라에서 처음으로 화엄종을 개창하게 된다. 원효가 해골에 들어 있던 물을 마시고 얻은 진리는 한 마디로 "모든 근본 이치는 마음에 달려있다."라는 것이었다.

통섭의 의미

원효 사상의 핵심은 '화쟁和諍'이다. 원효는 말한다.

> 쟁론은 집착에서 생긴다. (……) 백가百家의 설이 모두 옳지 않음이 없고 팔만의 법문이 모두 이치에 맞는다. 그러나 견문이 적은 사람은 좁은 소견으로 자기의 견해에 찬동하는 자는 옳고 견해를 달리하는 자는 그르다고 하니 이것은 마치 갈대 구멍으로 하늘을 본 사람이 그 갈대 구멍으로 하늘을 보지 않은 사람들을 보고 모두 하늘을 보지 못한 자라고 깔보는 것과 같다.
>
> —— 『십문화쟁론(十門和諍論)』

원효가 말하는 '화쟁'이란 여러 학설과 입장이 각자 나름대로 의미가 있다는 것을 인정하면서도 결국은 '일심一心'의 차원에서 통합되어야 한다는 주장이다. 원효는 삼국통일을 전후한 다툼의 시대를 살았다. 밖으로는 고구려 및 백제와 싸우고 안으로는 귀족과 일반 백성이 화합하지 못하고 있었다. 그리고 불교가 중국으로부터 들어오면서 불교와 세속 사이에서, 그리고 불교의 여러 종파 사이에서 논쟁과 다툼이 계속되었다. 원효는 화쟁 이념을 통해 여러 다툼을 조화의 길로 이끌어가고자 했다. 원효에 따르면 사람들은 저마다 자기 나름의 주장을 펴면서 다툼을 벌여, 진실과 허위가 맞서며, 옳음과 그름이 갈등을 벌이게 되었다. 이러한 상반된 국면들이 하나의 '통합적' 국면으로 전환되어야만 한다는 것이 원효의 근본적인 처방이었다. 국내에서 융복합 교육의 확대를 강조하는 대표적인 학자인 최재천 교수는 에드워드 윌슨Edward Wilson의 *Consilience: The Unity of Knowledge*(1988)를 국내에 번역 소개하면서 원제목의 'Consilience'를 '통섭統攝'으로 번역했다. 그는 옮긴이 서문에서 'Consilience'의 함의를 살릴 수 있는 정확한 번역어가 무엇일까 고심에 고심을 거듭한 끝에 원효의 화엄 사상의 해설에 자주 등장하는 '통섭統攝'이란 용어를 최종적으로 선택하게 되었다고 밝히고 있다. 이후 '통섭'이란 용어는 국내에서 융복합학·이종 학문 사이의 '융합'을 표현하는 대표적인 용어로 자리 잡게 된다. 원효는 '통섭'의 사유를 이렇게 표현했다.

> 한마음의 근원은 있고 없음을 떠나서 홀로 깨끗하다. 그리고 불법의 바다는 진속眞俗; 참된 것과 속된 것을 아우르며 고요하다. 둘을 아울렀지만 하나는 아니며(모든 것을 아울렀다고 해서 그것이 절대 진리라는 것은 아니며) 홀로 깨끗하다. 그러므로 주변을 떠났어도 중심이 아니다. 중심이 아니면서 주변을 떠났기 때문에, 있지 않다고 할 수 있지만 없는 것이 아니다. 또 없지 않다고 할 수 있지만 있는 것이 아니다. 하나가 아니면서 둘을 아울렀으니, 참된 것이 아니지만 세속적인 것이 되지는 않고, 세속적이 아니긴 하지만 참된 것이 되지도 않는다.
>
> ——『금강삼매경론(金剛三昧經論)』

『금강삼매경론』은 원효가 『금강삼매경金剛三昧經』에 대해 주석을 붙인 책이다. 인용문이 워낙 난해해 한 구절은 괄호 속에 필자의 재해석을 덧붙였다. 원효는 있음과 없음, 참된 것과 속된 것, 주변과 중심의 구분과 같은 이것과 저것을 나누어 다투는 태도는 아무런 의미가 없다고 말한다. "하나가 아니면서 둘을 아우르고 둘을 아울렀으면서도 하나가 아니라는 것"에는 두 가지 의미가 있다. 첫째는 모든 것을 아울렀다고 해서 그것이 절대 진리라는 뜻은 아니라는 주장이다. 절대 진리라고 해버리면 이것이 다툼을 부를 또 하나의 아집이 될 수 있기 때문이다. 둘째는 다툼에 휩쓸리지도 않고 그러면서도 다툼의 현장을 떠나지도 않는다는 뜻이다. 상반된 가치들을 하나로 소통시키기 위해서는 일단 모든 가치를 그 나름대로 존재 가치가 있다고 인정하면서 그대로 둘 필요가 있다. 그래야만 비로소 상반된 가치들 사이의 공통분모를 찾아내어 하나로 소통시킬 수 있다는 문제의식이다.

한국 특유의 불교, 통불교

원효 특유의 어떤 틀에도 얽매이지 않으려 하는 자유분방한 태도도 상반된 가치를 하나로 소통시키려 하는 화쟁 이념의 맥락에서 이해할 필요가 있다. 원효는 참된 것과 속된 것, 더러움과 깨끗함을 나누지 않으려 했다. 원효는 때때로 계율을 무시하고 술과 고기도 마음대로 섭취하곤 했다. 그는 '계율 세계'와 '세속 세계'의 구분은 무의미하다고 여기면서 미친 사람 같이 행동하곤 했다. 물론 경치 좋은 곳을 찾아다니며 좌선을 하는 것을 게을리하지도 않았다. 사람들을 교화하는 방법도 일정한 틀이 없었다. 백제와의 싸움에서 남편을 잃고 홀로 되어 살고 있던 태종무열왕의 둘째 딸 요석 공주와 관계를 맺어 아들 설총薛聰을 낳은 일화는 그와 관련된 유명한 에피소드다.

원효는 신라의 주류였던 귀족불교를 비판하며 이른바 민중불교를 강하게 주창했다. 그의 모습은 어디서나 볼 수 있었다. 어떤 틀에도 얽매이지 않는 자유분방한 태도로 스스럼없이 아이들과 놀고 주막에서 술손님들과 어울려 함께 노래를 불렀다. 그리고 이러한 과정에서 자연스럽게 불법을 설파했다. 하루는 광대가 이상한 모양을 한 큰 표주박을 가지고 춤추는 것을 보고 그는 뭔가를 깨닫는다. 광대 같은 복장을 하고 불교의 이치를 노래로 지어 퍼뜨린다면 배운 것이 없는 백성이라 하더라도 부처님의 가르침을 어렵지 않게 깨달을 수 있으리라 여긴 것이었다. 그는 여러 마을을 돌아다니면서 『화엄경』의 이치를 담은 노래를 부르고 다녔다. 물론 자기가 작곡한 노래였다. 그는 자기의 노래를 '무애가'라 부르고, 두드리고 다닌 바가지를 '무애박'이라고 이름 붙였다. 무애無碍란 산스크리트어로는 '아프라티하타Apratihata'로서 "무엇에도 방해받지 않는 자유로움"을 뜻한다. 그의 노력은 효과를 보기 시작해 글을 모르는 일반 백성들에게는 어렵기 그지없던 불법이 점차 확산해 갔다.

그는 '일심一心' 개념을 키워드로 삼아 불교 각 종파의 이념들을 포괄하여 '해동종海東宗'이라는 새로운 형태의 '통합' 교리를 완성한다. 이 종파는 모든 종파를 통합한다고 하여 '통불교通佛敎'라고도 했다. '통불교'는 우리나라 특유의 불교다. 인도의 불교를 '원천불교'로 부르고, 각 분파가 생겨난 중국의 불교를 '분파불교'라고 할 때, 여러 불교 사상을 종합한 우리나라의 불교의 특징을 표현한 용어다. 각 분파를 모았다고 해서 '회통불교會通佛敎'라고도 한다. 이는 최남선1890~1957이 1930년에 『불교』지 74호에 발표한 「조선불교 동방 문화사 상에 있는 그 지위」에서 한 말이다. 이렇듯 원효가 처음으로 마련한 서로 다른 각종 불교 교리를 하나로 통섭하는 형태는 이후 한국 불교의 중요한 특색이 된다.

조선 유학의 3걸
서경덕, 이황, 이이

○ ○ ○

서경덕은 기氣를 중시하며 '자연'을 강조했고, 이황은 리理에 방점을 찍으면서 '도덕'을 강조했으며, 이이는 기와 리를 공평하게 취급하면서 '사회개혁'을 최우선 과제로 삼았다.

중국과 변방에 알리거라!

동방에 위대한 학자가 나왔음을!

화담花潭 서경덕徐敬德; 1489~1546은 황해도 개성에서 태어났다. 31세에 조광조趙光祖; 1482~1519에 의해 현량과에 응시하도록 추천받았으나 사양했다. 현량과란 산림에 은둔해 학문연구에 정진하고 있는 뛰어난 선비를 추천받아 발탁하는 제도였다. 서경덕은 이때 추천받은 120명 가운데 조광조에 의해 수석으로 추천받았다. 43세 되던 해에는 어머니의 간청에 못 이겨 생원시에 응시하여 장원으로 급제했지만 벼슬하지는 않는다. 조선시대를 통틀어 가장 유명한 기생인 황진이黃眞伊; 1506~1567의 유혹을 물리친 일화가 유명하다. 서경덕은 박연 폭포, 황진이와 더불어 송도삼절이라고 일컬어졌다. 그는 평생 조그만 초막에서 독서와 사색을 하면서 산천을 벗 삼아 유유자적하게 살았다.

서경덕은 유학자였지만 유불도儒佛道 모두 골고루 섭렵했다. 그는 중국 송나라의 주렴계·소강절·장재 등의 우주론을 조화시켜 기존 성리학과는 다른 독자적인 기氣 일원론을 제창했다. 서경덕의 기氣는 오늘날의 에너지 개념에 가까운 것이었다. 기는 만물의 근원이며 천지간의 만물은 모두 기의 이합집산에 불과하다. 서경덕은 우리의 경험세계 안으로 들어오기 이전의 기의 상태를 '선천先天'이라 하고, 우리의 경험세계에 들어온 가시화한 세계를 '후천後天'이라고 했다. '선천'은 '태허太虛'라고 표현되기도 한다.

> 태허太虛는 (……) 선천先天이라 한다. 태허는 밖이 없을 만큼 크고, 그보다 앞선 시작은 없으며, 어디에서 왔는지 알 수 없다. (……) 움켜쥐면 비어 있고 붙잡아도 없다. 하지만 가득 차 있어 없다고 할 수도 없다.
>
> —— 『화담집(花潭集)』

화담은 기의 불멸을 촛불에 비유하여 설명하기도 했다. 심지가 타서 초가 녹으면 초가 없어지는 것처럼 보이지만 실제로는 없어지는 것이 아니라 다만 모양을 바꿀 뿐이다. 이는 물리학에서 말하는 '에너지 보존의 법칙'과 유사한 설명 방식으로, '일기장존설一氣長存說'이라고 한다.

대체로 전통 학자들의 학문 방법에는 본받고 따르는 것과 자득自得; 스스로 터득하는 것, 이 두 가지 방법이 있다. 화담은 스스로 터득하는 학문 방법을 중시하면서 매우 강력한 주체 의식을 보였다. 그는 과거 이론을 검증하는 방법으로 이론적 천착이 아닌 자연의 실상을 직접 탐구해 보는 '격물치지格物致知'를 중시했다. 동시대의 학자들 대부분이 인간 사회의 윤리를 확립하는 일을 학문의 중심으로 삼았다면, 화담은 자연을 중심에 두었다. 그에게 중요한 정신적 경지는 곧 '물아일체物我一體'였다. 화담은 과거 성현聖賢의 담론에 대한 의심과 자신이 간파한 것들에 대한 자신감을 이렇게 표현했다. "천고의 의문을 논파하기에 충분하니 잊어버리지 말고 후학에게 전해 중국과 변방에 동방에서 학자가 나왔음을 알게 하라."

동방의 주자, 이황

퇴계退溪 이황李滉; 1501~1570은 경북 안동의 도산면에서 태어났다. 율곡 이이와 함께 조선 최고의 유학자로 자리매김해 있으며, '동방의 주자'로 불렸다. 이황은 오늘날의 국립대학 총장급에 해당하는 성균관 대사성과 홍문관과 예문관의 대제학, 그리고 예조판서와 이조판서 등의 벼슬을 지냈다. 하지만 그는 은둔해 자연을 벗 삼고 제자들을 양성하면서 인생 대부분의 시기를 보냈다. 제자들을 키워낸 장소가 유명한 도산서원陶山書院이다. 그의 학풍은 후에 영남학파를 이루어 이이의 기호학파와 대립하면서, 당쟁의 한 축을 담당했다. 이황의 사상은 구한말 위정척사 운동에 영향을 미쳤으며, 특히 그의 사상은 일본 에도시대 유학에 커다란 영감을 주어 그 독자성을 인정받기도 했다.

이황은 리理의 절대성을 확보하려 했다. 사단칠정四端七情과 관련한 이황과 기대승奇大升; 1527~1572의 논쟁은 이황의 '리'에 대한 관점이 분명하게 드러나 있다. 사단四端; 네 가지 단서은 맹자가 처음으로 제시한 개념이다. 즉, 인仁에서 우러나는 측은히 여기는 마음인 측은지심惻隱之心, 의롭지 못한 일에 대해서 부끄러워하고 미워하는 마음인 수오지심羞惡之心, 예禮에서 우러나는 남을 공경하고 사양하는 마음인 사양지심辭讓之心, 지智에서 우러나는 옳고 그름을 판단할 줄 아는 마음인 시비지심是非之心을 가리킨다. 칠정이란 기쁨·성냄·슬픔·두려움·사랑·미움·욕심을 말한다.

이 논쟁에서 퇴계는 "사단四端은 리理가 발하여 기氣가 그것에 따르는 것이고, 칠정七情은 기가 발하여 리가 그것에 탄 것이다."라는 '이기호발설理氣互發說'을 자신의 최종적 견해로 제시했다. 주희는 '리'를 최고의 실체로 규정할 뿐, 그것의 능동적인 운동성에 관해서는 언급하지 않았다. 그러한 운동성은 기氣에서 찾을 수 있다고 보았다. 하지만 이황은 주희의 관점과는 다르게 '리'의 능동적인 운동성을 강조했다. 이황에 따르면, '리'는 절대적인 선함의 근원으로서 다만 가만히 존재하기만 한 것이 아니다. 자기의 선함을 능동적으로 드러내는 운동성을 지닌다. 기대승은 이런 이황의 견해를 비판한다.

기대승에 의하면, 리와 기는 함께 있는 것이다. 따라서 사단은 리에서 나오고 칠정은 기에서 나온다는 이원론적인 접근은 잘못된 것이다. 이황의 말대로 하면, 사단에는 기가 없게 되고, 칠정에는 리가 없게 된다. 또한, 칠정만이 감정인 것이 아니라 '측은지심'이나 '수오지심' 등도 분명히 감정이기에, 칠정 가운데 선한 부분만 뽑아내면 그것이 바로 사단인 것이다. 따라서 사단이 칠정 가운데 포함될 뿐, 사단과 칠정이 따로 있는 것이 아니다. 두 사람 사이의 논쟁은 결말을 짓지는 못하지만, 당시 조선의 많은 유학자의 관심을 끌면서 조선 유학의 학문적 논쟁기반을 튼튼하게 다져주었다.

이황은 "리는 존귀하고 기는 비천하다.", "리가 주인이라면 기는 하인이다."라는 견해를 보이면서, 주희의 성리학보다 더 배타적으로 리의 존엄성과 절대성을 확보하려 했

이황

다. 그는 이 리의 배타성으로 사람들에게 더 '도덕적이어야 함'을 강하게 요구했다. 이것이 이황 사상의 가장 중요한 특징이다. 이런 맥락에서 이황은 경敬을 특별히 강조했다. 이것은 주자학의 실천론인 거경궁리居敬窮理에서 거경에 해당한다. 궁리는 만물의 이치를 터득하는 것을 의미하고, 거경은 궁리에 임할 때의 경건한 마음 자세를 뜻한다. 경은 일종의 도덕적 긴장 상태로서, 어떤 일을 하더라도 또 어떤 상황에 부닥쳐 있더라도 결코 도덕적 표준을 놓쳐서는 안 되는 극도의 정신집중이다. 군자라면 모름지기 마음을 흐트러뜨리지 말고 항상 정신을 도덕적 표준에 집중시켜야만 한다. 또 모든 동작을 가볍게 하지 말고, 모든 일에 조심하고 삼가는 태도를 지녀야 한다. 이황에 의하면, "말할 때도 '경'해야 하고, 움직일 때도 '경'해야 하며, 앉아 있을 때도 '경'해야 한다."

이이, 도덕보다는 사회개혁이 더 중요하다

율곡栗谷 이이李珥; 1536~1584는 강원도 강릉에 있는 외가에서 태어났다. 그의 어머니는 한국 최고 고액권인 오만 원권에 초상이 들어간 신사임당申師任堂; 1504~1551이다. 신사임당은 유교 경전에 이해가 깊었으며, 매우 뛰어난 화가이기도 했다. 신사임당은 이이가 16세 되던 때에 세상을 떠난다. 어머니의 죽음에 큰 충격을 받은 이이는 삼년상을 치른 이후 금강산으로 들어가 절에 칩거하면서 불교를 공부했다. 이이는 23세가 되던 해에 경북 도산으로 당시 58세였던 이황을 찾아가 가르침을 청하기도 했다. 이황은 자신의 제자에게 보낸 편지에서 이이의 재능을 높이 평가했다. 이이는 대부분의 생애를 은둔으로 보낸 이황과는 다르게 대사간·대사헌·홍문관 대제학·호조판서·이조판서·병조판서 등 다양한 벼슬을 거치면서 사회를 개혁하려 애썼다.

이이는 이황보다 학문적 스펙트럼이 더 넓었다. 이를테면, 이황은 양명학을 인정하지 않았지만, 이이는 양명학에 흥미를 보였으며 불교나 도가에도 조예가 깊었다. 이이는 이황과 기대승의 논쟁에서 기대승의 의견에 찬동했다. 이이가 보기에 이황이 주장하는 리의 능동적인 운동성은 잘못된 것이다. 이이는 형체가 없는 리를 기의 주재자로, 형체가 있는 기를 리의 재료로 규정했다. 리와 기의 위상을 동등하게 인정한 것이다. 이이는 사단이나 칠정이 모두 "기가 발하고, 리가 그것을 타는" 하나의 원리로 작동된다고 보았다. 이황이 주장하는 바와 같이 사단은 리가 발동한 것이고 칠정은 기가 발동한 것이라고 바라보게 되면 두 개의 원리를 인정하는 꼴이 되어 모순이라는 것이다. 자연이

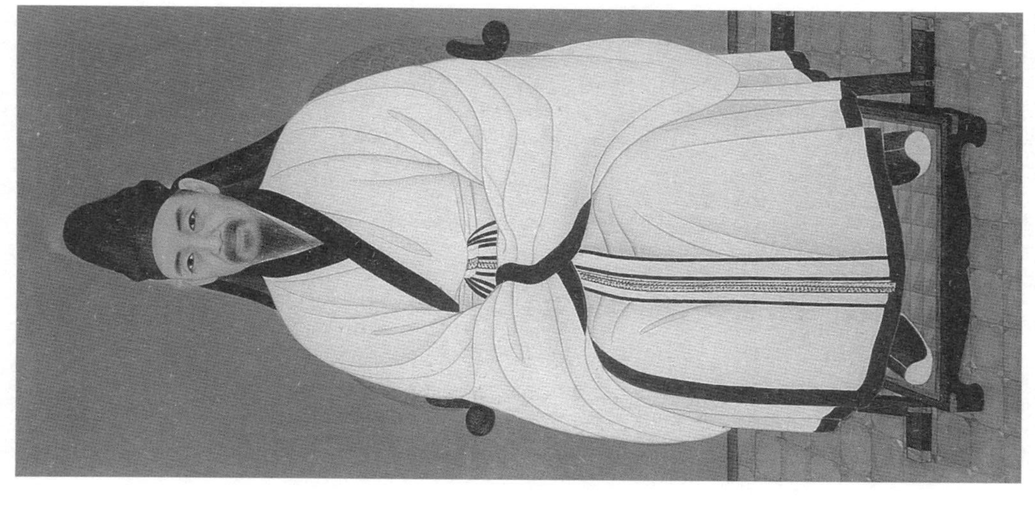

이이

든 인간의 마음이든 그것을 관통하는 원리는 하나일 수밖에 없다. "기가 발하고 리가 그것을 타는" 하나의 원리를 주장한 이이의 이론을 '기발리승일도설氣發理乘一途說'이라고 한다. 아울러 이이는 칠정만 있을 뿐이고 사단이란 칠정 가운데 순수한 감정을 말하는 것일 뿐이라고 하면서, 사단과 칠정을 엄격하게 구별하는 이황의 학설에 반대했다.

기를 리에 종속된 것으로 파악하는 이황과 달리 이이는 기의 독자성을 인정했다. 그가 보기에 리와 기는 서로 대등하게 관계를 맺는다. 이황은 현실의 개혁보다 도덕적 이상을 강조했지만, 이이는 도덕적 이상보다 현실의 개혁이 더 중요하다고 보았다. 이렇듯 이이와 이황의 학문적 관점 차이는 이들의 행동에도 구체적으로 반영되어 나타난다. 이황이 현실로부터 뒤로 물러나 도덕 수양에 매진한대 비해, 이이는 계속 관직에 몸담으면서 현실의 잘못을 바로잡으려 했다. 이렇게 현실을 개혁하려는 이이의 이념을 '경장론更張論'이라고 한다. 이이는 당시 조선의 상황을 술과 여색에 빠져 몸을 상한 인간에 비유하면서, 이대로 가다간 10년 후에 아주 큰 화가 닥칠 것이라고 예언했다. 1592년에 임진왜란이 발생하니, 결과적으로 그의 예언이 적중한 셈이다. 이황과 이이에 의해 정립된 조선 성리학은 이후 이황의 이론을 추종하는 영남학파와 이이의 이론을 추종하는 기호학파로 나뉘어 활발한 논쟁을 거치면서 이론적 발전을 이룬다.

동서양 철학의 통섭, 정약용

◦ ◦ ◦

정약용이 형이상학적인 성리학을 비판하면서,
형이상학적인 성격이 별로 없는 고대 유학의
인문주의 정신으로 돌아가고자 한 것은 서양에서
근대적 사유의 시작을 알린
르네상스의 정신과도 비슷하다.

정약용과 정조

정약용丁若鏞; 1762~1836은 흔히 실학의 집대성자로 평가받는다. 실학은 경세치용經世致用; 학문은 사회에 실제적인 측면에서 도움이 되어야만 함, 이용후생利用厚生; 학문은 백성들의 일상적인 생활에 이로워야 하고 삶을 풍요롭게 하는 데 도움이 되어야 함, 실사구시實事求是; 구체적인 사실을 바탕으로 진리를 탐구해야 함, 이 세 가지 개념으로 규정된다. 정약용은 이 세 가지를 모두 아우르며 조선의 실학을 집대성했다.

정약용은 1762년 경기도 광주군 마현리馬峴里; 지금의 남양주시 조안면 능내리에서 탄생했다. 자는 미용美鏞이고, 호는 다산茶山이다. 그는 4남 1녀 가운데 막내였으며, 그의 형들인 정약현·정약전·정약종은 다산의 학문적 동지였다. 정약용의 집안

정약용

정조

은 서울 근방의 남인 세력 가운데 정조正祖 ; 1776~1800의 노선에 동조하고 사도세자를 동정하던 시파時派에 속했다.

그의 삶에서 가장 중요한 계기는 바로 정조와의 만남이다. 정조는 조선의 르네상스를 이끌었던 계몽 군주였다. 정조는 『중용』에 대한 70조목의 질문을 내려 성균관 유생에게 대답하도록 했는데, 이때 정약용은 멋진 답변을 올려 정조로부터 찬사를 받는다. 당시 그의 나이는 22세였다. 이후 그는 정조의 보살핌 속에서 초계문신抄啓文臣 ; 규장각에 속해 교육 및 연구 과정을 밟던 문신들에 뽑혀 규장각에서 활동하게 된다. 정조는 규장각을 통해 인재양성 및 자신의 지지기반을 다지려 했다. 정약용은 규장각에서 당시 청나라의 선진문물을 배우려는 북학파들과 활발하게 교류를 한다.

1800년에 발생한 정조의 갑작스러운 죽음은 정약용에게 치명타였다. 정권을 잡게 된 노론은 정조의 총애를 받던 많은 남인을 천주교를 신봉한다는 구실을 들어 대대적으로 숙청한다. 정약용은 일찍이 셋째 형인 정약종과 둘째 형인 정약전과 더불어 천주교를 받아들였다. 정약용은 정약전과 정약종, 그리고 매부인 이승훈(조선에서 최초로 천주교 세례를 받음) 등과 함께 체포된다. 이것이 바로 1801년(순조 1년)에 일어났던 천주교도들을 향한 탄압사건인 신유박해辛酉迫害다. 이 박해로 정약종·이승훈·주문모(청나라 신부) 등 100여 명이 처형된다. 정약용과 정약전을 비롯한 약 400여 명이 유배되는데, 정약용과 정약전이 살아남은 이유는 그 전에 이미 배교선언을 했기 때문이다. 신유박해는 당시 집권세력이었던 노론이 천주교를 믿는다는 구실로 반대세력인 남인을 숙청한 정치적 탄압이었다. 정약용은 전라도 강진康津에서 18년 동안의 유배 생활을 한다. 57세 때 유배에서 풀려 고향 마현으로 돌아오게 된다. 이후 정약용은 학문에만 몰두하며 1836년 75세를 일기로 세상을 마친다.

정약용은 유배 생활 중 500여 권의 저술을 한다. 이 저술들은 정치·경제·사회·음악·군사·역사·지리·어학·의학·풍속 등 그야말로 모든 분야에 걸친 것이었다. 특히 행정 기구 개편·토지제도 개편·조세제도 개편 등 여러 방면에 걸친 제도개혁 방안을 제시한 『경세유표經世遺表』, 지방 수령의 통치기술을 서술한 『목민심서牧民心書』, 형법서인 『흠흠신서欽欽新書』, 이 세 권의 저서는 다산 스스로 '1표2서'로 불렀던 그의 대표작들이다.

유학과 천주교의 융합

다산 정약용은 중국 명나라에서 선교 활동을 했던 이탈리아 출신 예수회 선교사 마테오 리치Matteo Ricci ; 1552~1610와 천주교의 사상으로부터 많은 영향을 받았다. 마테오 리치는 유학을 깊이 공부하면서 유학과 천주교의 접점을 찾고자 노력한 인물이다. 그는 천주교의 하느님을 중국 전통의 상제上帝와 연결했다. 특히 그가 지은 『천주실의天主實義』는 동아시아 지식인들에게 많은 영향을 끼쳤다. 정약용도 예외가 아니었다. 정약용의 철학 속에는 천주교의 영향이 깊이 자리 잡게 되며, 서학을 통해 얻은 자연관과 인간관을 기초로 하여 유학을 전면적으로 재해석한다. 이러한 성과는 동아시아의 전통사상인 유학과 서양의 전통사상인 천주교의 융합 가능성마저 보여주는 것이었다. 다산은 한때 세례를 받기도 하지만1784, '자명소自鳴疏; 1797'를 올려 스스로 배교를 선언함으로써 신앙인으로서의 길을 가지는 않는다.

정약용은 마테오 리치의 영향을 받아 다음과 같이 주장했다.

> 사물의 본성에는 세 가지 등급이 있다. 초목의 본성에는 생명은 있으나 지각이 없다. 동물의 본성에는 생명이 있는 동시에 또한 지각도 있다. 우리 인간의 본성에는 생명과 지각이 있으면서 다시 영험함이 있고 선함이 있다.
>
> ―― 「중용강의보(中庸講義補)」, 『여유당전서(與猶堂全書)』

정약용에 의하면 영험함을 지닌 인간에게는 "선을 행

할 수도 있고 악을 행할 수도 있는" '자유의지'가 존재한다. 정약용은 천天을 제대로 알아야 한다고 주장한다. 여기서 천은 곧 인격신인 상제上帝다.

성리학을 넘어서

조선시대에서 유학 공부는 『논어』·『맹자』·『중용』·『대학』, 즉 사서四書로부터 시작한다. 조선시대에는 주희朱熹의 사서 및 기타 경전에 대한 주석이 통용되었다. 당시 학교 교육 및 과거시험의 정식 텍스트로 선정된 주희의 주석들은 넘어설 수 없는 것이었으며 이 기준에서 일탈하면 사문난적斯文亂賊; 주희가 해석한 것과 다르게 해석하면 질서와 학문을 어지럽히는 도둑이다으로 내몰렸다. 정약용의 경전 주석은 이러한 속박에서 벗어나고자 했다.

성리학에 의하면, 도덕의 절대 원리인 '천리天理'는 만물의 존재 근거이고, 이것이 인간에게 내재하면 '성性'이라고 한다. 따라서 '천리'나 '성'은 매우 형이상학적인 개념이다. 정약용은 성리학에서 말하는 이러한 '성'에 대한 형이상학적 해석을 부정하면서, '심心; 마음'을 강조한다. 정약용은 '성'을 단지 기호嗜好; 어떤 것을 좋아하는 마음라고 해석했다.

절대적인 원리인 '천리'가 인의예지仁義禮智와 같다는 주장은 성리학의 핵심이다. 인간이 '인의예지'를 실천할 수 있는 이유는 인간이 만물의 원리인 '천리'를 갖추고 태어났기 때문이다. 하지만 정약용은 이와는 다른 시각을 보인다.

인의예지仁義禮智는 본래 우리 인간의 실천적인 행위로 인해 생겨난 것이지, 마음속에 잠재된 현묘한 이치가 아니다.

—— 「중용강의보(中庸講義補)」, 『여유당전서(與猶堂全書)』

정약용은 성리학에서 주장하고 있는 것처럼 인의예지라는 네 가지 도덕이 인간 본성에 선천적으로 내재해 있는 것으로 생각하지 않았다. 인의예지는 어디까지나 실천 속에서 얻어지는 것이다.

인의예지는 실천 뒤에 이루어지는 것이다. 그러므로 남을 사랑한 뒤에 '인仁; 어짊'하다고 하지, 남을 사랑하기 전에 '인'이란 말은 성립될 수 없다. 나 자신을 선하게 한 뒤에 '의義'라고 하지 나 자신을 선하게 하기도 전에 '의'라고 하지는 않는다. 손님과 주인이 격식에 맞추어 서로 인사를 한 뒤에야 '예禮'라고 한다. 사물을 분명히 분간한 뒤에야 '지智'라고 말한다. 어찌 인의예지라는 네 알맹이가 주렁주렁 복숭아씨나 살구씨처럼 사람의 마음 가운데 매달려 있는 것이겠는가?

—— 「맹자요의(孟子要義)」, 『여유당전서(與猶堂全書)』

바로 이 부분이 정약용의 철학과 성리학이 갈리는 중요한 대목이다. 내가 지금 우물에 빠지려는 아이를 보고 측은지심을 느끼는 이유는 '인'이란 본성이 선천적으로 존재하기 때문이 아니다. 단지 지금 달려가서 아이를 구하는 일이 무엇보다도 급하기 때문이다. 지금 아이가 빠져 죽게 생겼으니 빨리 달려가서 구하려 하는 마음일 따름이다. 만약 아이를 구하는 데에 성공하게 되면 비로소 그때 다른 사람들로부터 선행을 베풀었다는 찬사를 들으면서 "'인'한 사람이네!"라고 평가받는 것이다. '어질다.', '어질지 않다.'와 같은 평가는 그의 행동을 보고 나중에 온다. 정약용은 어떤 도덕적인 가치도 형이상학적이거나 선천적으로 마음속에 존재하는 것이 아니라고 말한다. 도덕적인 가치는 인간의 실천으로 비로소 형성될 수 있는 것이다.

정약용이 형이상학적인 성리학을 비판하면서, 형이상학적인 성격이 별로 없는 고대 유학의 인문주의 정신으로 돌아가고자 한 것은 서양에서 근대적 사유의 시작을 알린 문예 운동인 르네상스의 정신과도 비슷한 측면이 있다. 왜냐하면, 르네상스 운동은 중세 신학의 압박에서 벗어나 인간의 주체적 의지를 강조한 고대 그리스-로마의 인문주의로 눈을 돌린 운동이었기 때문이다. 정약용은 자기 생각을 뒷받침하기 위해 서양의 학문을 받아들이고 중국 청나라의 고증학을 발전적으로 수용했으며 나아가 일본 고학古學도

적극적으로 활용한다.

정약용의 일본 고학에 대한 부분적 수용은 그가 다른 철학 체계에 대해 얼마나 열린 자세였는지 잘 보여준다. 고학은 막부 체제였던 일본에서 국가의 학문으로 통용되고 있던 성리학을 실용성이 부족하다고 비판하면서 고대 유학으로 돌아가자고 주장한 유교 학파이다. 정약용은 일본 고학의 집대성자인 오규 소라이荻生徂徠를 깊이 연구하면서 긍정적으로 평가했다. 최소한 학문의 영역에서만은 조선이 일본을 한없이 깔보아 왔던 것을 고려한다면 정약용의 오규 소라이에 대한 평가는 매우 획기적이었다. 정약용은 일본 고학에 나타나는 거침없는 성리학에 대한 비판과 자연 세계와 인문세계의 분리, 그리고 과감한 제도개혁 의지에 커다란 충격을 받았을 것이다. 정약용의 말을 직접 들어보자.

> 일본은 이제 걱정할 필요가 없다. 내가 고학의 선생인 이토 진사이의 문장과 오규 소라이 및 다자이 슌다이 등이 쓴 경전 해석을 읽어보니 모두 수준이 뛰어났다. 이것을 통해 일본은 이제 걱정할 필요가 없다는 사실을 알게 되었다.
>
> —— 「1집 12권」, 『여유당전서(與猶堂全書)』

이토 진사이伊藤仁齊 ; 1627~1705와 다자이 슌다이太宰春台 ;

1680~1747는 모두 일본 고학의 주요 학자들이다. 일본이 고학이나 국학 사상을 바탕으로 해 서양의 문물을 적극적으로 받아들여 장차 아시아의 맹주가 된 점을 상기한다면 정약용의 당시 일본에 대한 평가는 놀라운 통찰력이라고 평가하지 않을 수 없다.

정약용에 의하면, 선악의 도덕적인 행위는 인간의 자율적 선택에 달려 있다. 그런데, 인간은 당연히 선을 선택해야 하지만 이것이 말처럼 쉬운 일이 아니다. 자신이 아무리 선함을 자주권에 의해 선택하려 해도 주변 환경이 사악하다면 선택하기가 쉽지 않다. 자기만 손해 볼 수 있기 때문이다. 따라서 정약용은 이 주변 환경을 인간이 선함을 쉽게 선택할 수 있도록 잘 조성해야만 한다는 맥락에서 여러 정치·사회제도 상의 혁신안을 제시했다.

동아시아 민주주의 이념의 실마리

◦ ◦ ◦

조선은 몸에 난 털 하나, 머리털 하나에
이르기까지 병들지 않은 구석이 없으니,
지금 개혁하지 않는다면 반드시
나라가 망해버릴 것이다.

경제개혁은 모든 개혁의 출발이다

정약용은 양반과 부자들이 토지를 겸병하고 농민을 수탈함으로써 다수의 농민이 토지를 잃고 소작농과 유민流民; 유랑민으로 전락해 가는 당시의 실정을 깊이 우려했다. 정약용이 주장한 여러 경제개혁 가운데 가장 혁신적인 것은 바로 '여전제閭田制'라는 토지 개혁안이다. 모든 사람이 농사지을 땅을 공동으로 소유하고 공동으로 경작하여 그 생산물을 노동일수에 따라 공동으로 분배하자는 것이 이 개혁안의 골자다.

> 무엇을 여전閭田이라 하는가? 산골짜기와 시냇가의 지형을 가지고 경계를 긋고, 그 경계의 안쪽을 여閭라고 이름 붙인다. 여

에는 여장閭長을 두고, 무릇 1여의 전지는 1여 안에 속한 모든 사람이 함께 다스린다. (……) 여에 소속된 백성이 매일 일할 때마다 여장은 그 일한 날의 수를 장부에 기록한다. 추수철이 되면 그 곡물 전부를 여장의 집에 운반해 놓고 나눈다. 먼저 정부에 낼 세금을 떼고, 그다음에는 여장의 봉급을 떼며, 그 나머지를 가지고 장부에 나와 있는 일한 양에 따라 분배한다. (……) 노력을 많이 한 사람은 양곡을 많이 얻게 되고 노력이 부족한 사람은 양곡을 적게 얻으니, 힘을 다하여 많은 양곡을 타려고 하지 않을 사람이 있겠는가?

—— 「전론(田論)」, 『여유당전서(與猶堂全書)』

정약용은 여전제로 사적인 토지 소유를 혁파하고 공동 경작과 그에 따른 분배의 방식을 택함으로써, 당시의 토지 겸병과 수탈을 배제하고자 했다. 한편 정약용에 의하면 여전제는 군대를 편제하는 데에도 그대로 가져다 쓸 수 있다. 그는 「전론」에서 여전제 아래에서 공동 농작 단위인 '여'가 그대로 군사 단위가 되어 현령縣令의 총지휘를 받도록 하자고 제안한다. 이 제도는 평시의 리더십이 그대로 전시 리더십이 되는 장점이 있다는 것이 정약용의 주장이었다.

정약용은 여전제 등을 통해 백성들이 경제력을 키우고 누구나 다 노동을 하는 세상을 꿈꾸었다. 양반이 나라를 잘 경영하기 위해서는 먹고 사는 일 때문에 육체적인 노동에 시달리는 일은 없어야 한다. 하지만 이는 양반이 나라를 잘 경영했을 때 이야기다. 나라를 경영할 능력이 없는데도 단지 양반이라는 이유로 한가롭게 놀고먹고만 있다면, 이런 양반들은 농사를 지어야만 한다. 만약 농민이 될 능력도 없다면 그는 공업이나 상업에 종사하거나 부잣집 자식들의 교육을 담당하면 된다. 정약용에 의하면 양반이란 특권을 지닌 존재가 아니며 아홉 가지 직분의 하나일 뿐이다. 자기가 맡은 직분을 제대로 할 능력이 없다면 다른 직분을 찾아야 할 것이라고 정약용은 말하고 있다. 나라를 다스릴 역량이 안 되고, 외적이 침입했을 때 무능하게 대처하며, 국가 백년대계인 교육을 잘 담당해내지도 못하면서, 단지 높은 지위에 있다는 이유만으로 놀고먹는다면 그런 양반은 양반 노릇을 할 아무런 이유가 없다. 이러한 정약용의 말은 매우 상식적으로 들리지만, 당시에는 파격적인 주장이었다. 따지고 보면 오늘날의 입장으로 보더라도 유치한 이야기가 아니다. 예컨대 국가 경영의 중요한 한 축인 국회의원이면서 엄청난 세비를 받으며 그저 놀고먹는 사람이 얼마나 많은가?

예술과 문학은 현실 그대로를 반영해야만 한다

정약용은 사회적 현실을 중시한 그의 가치관에 걸맞게 예술 작품도 현실을 있는 그대로 반영해야 하고 사실성이 있어야만 한다고 바라보았다. 정약용의 현실 참여적인 예술관은 그의 시에서 가장 잘 표현되어 있다. 정약용은 2천5백여 수의 시를 남긴 뛰어난 시인이었다. 정약용에 의하면, 시에는 잘못된 세상에 대한 근심과 힘없는 사람들에 대한 연민 의식이 가득 들어 있어야만 한다.

> 시냇가에 부서진 집 뚝배기 같고, 북풍이 이엉을 날려버려 서까래만 앙상하네. (……) 집 안에 있는 물건 보잘것없어, 모조리 팔아도 칠판 푼이 안 되겠네. 개꼬리 같은 조 이삭 세줄기와, 닭 창자같이 비틀어진 고추 한 꿰미. 깨진 항아리 새는 곳은 헝겊으로 붙여놓았고, 내려앉은 선반은 새끼줄로 얽었구나. 놋수저는 지난번 만난 이정 놈이 빼앗아갔고, 쇠솥은 얼마 전 근처 사는 부자 놈이 강탈했지. (……) 큰아이는 다섯 살에 기병으로 등록되고, 작은애도 세 살에 군적에 올랐으니, 두 아들 세금으로 오백 푼을 물고 나니, 어서 죽길 원하는 판에 옷이 다 무엇이랴. 강아지 세 마리 애들과 함께 잠자는데, 표범과 호랑이는 밤마다 울타리 곁에서 으르렁대네. (……) 아침 점

심 굶고 밤에 와서야 밥을 짓고, (……) 마을에 술이 익어야 술 찌끼라도 얻어먹지. (……) 아아 이런 집들이 온 천하에 가득한데, (……) 새로운 시 한 편 써서 궁에나 바쳐볼까.

(교지를 받들어 사찰하던 중 적성촌에 이르러 지음)

——— 『여유당전서(與猶堂全書』

이 시는 정약용이 33세 때 암행어사로 경기도 연천 지방을 순찰하면서 목격한 한 농가를 묘사한 것이다. 이때의 경험은 그의 전 생애를 관통하는 민중 지향적 사고의 출발점이 된다. 당시 조선은 어린아이에게도 어른과 같이 세금을 매기는 황구첨정黃口簽丁이나 사망자에게 군포軍布를 매긴 백골징포白骨徵布 등이 자행되면서 백성들을 도탄에 빠뜨리고 있었다. 정약용은 말한다.

조선은 몸에 난 털 하나, 머리털 하나에 이르기까지 병들지 않은 구석이 없으니, 지금 개혁하지 않는다면 반드시 나라가 망해버릴 것이다.

——— 「경세유표(經世遺表)」, 『여유당전서(與猶堂全書)』

이 말은 마치 조선이 일제에 의해 멸망할 것을 예측한 것만 같아 모골이 송연해진다.

정치를 개혁하기 위해 무엇이 필요할까

정약용에 의하면 통치자는 본래 백성들의 자발적 추대로 그 자리에 선 것이다. 백성들이 분쟁을 벌였을 때 그것을 잘 조절한 사람을 백성들이 현명하다고 생각해 추대한 것일 따름이다. 그러므로 통치자가 능력이 없으면 가차 없이 끌어내려야만 한다.

백성들이 드문드문 모여 살다가, 어떤 한 사람이 이웃과 시비가 붙었는데 해결이 나지 않자 공정한 말을 잘하는 노인을 찾아가 올바른 판정을 받았다. 주변 사람들이 모두 감탄하면서 함께 그를 추대해 '이정里正'이라고 했다. 또 여러 마을 백성들이 마을에서 해결하지 못한 분쟁이 생기자, 준수하고 식견이 많은 노인을 찾아가 올바른 판정을 받았다. 여러 마을 사람들이 감탄하면서 함께 그를 추대해 '당정黨正'이라고 했다. 또 여러 '당黨' 백성들이 '당'에서 해결하지 못한 분쟁이 일자, 현명하고 덕이 있는 노인을 찾아가 올바른 판정을 받았다. 이에 여러 '당' 백성들이 모두 감탄하며 그를 '주장州長'이라고 했다. 다시 여러 '주'州의 수장들이 한 사람을 지도자로 추대해 '국군國君'이라고 했고, 여러 국군이 한 사람을 지도자로 추대해 '방백方伯'이라 했으며, 사방의 방백들이 한 사람을 지도자로 추대해 '황왕皇王'이라 했다. '황왕'의 뿌리는 '이정'으로부터 비롯된 것이니, 백성을 위해 목민자牧民者; 백성을 이끄는 사람가 존재하는 것이다.

——— 「원목(原牧)」, 『여유당전서(與猶堂全書)』

무릇 여러 사람이 추대해 생긴 자리는 또한 여러 사람이 추대하지 않으면 물러나야만 한다. 그러므로 5가구가 화합하지 못하게 되면 다섯 가구가 의논해 '인장鄰長'을 바꿀 수 있고, 5'린鄰'이 화합하지 못하게 되면 25가구가 의논해 '이장里長'을 바꿀 수 있으며, '9후九侯'·'8백八伯'이 화합하지 못하게 되면 9후·8백이 논의해 천자를 바꿀 수 있다.

——— 「탕론(湯論)」, 『여유당전서(與猶堂全書)』

이 인용문은 동아시아에서 민주주의 이념의 실마리 가운데 하나로 평가할 만하다. 정약용은 정치의 시작을 분쟁에 대한 해결에서 찾았다. 이 부분은 서양의 계몽주의 사상의 주요 정치 이념인 홉스Th. Hobbes; 1588~1679의 사회계약론과 흡사한 부분이 있다. 홉스는 자연 상태를 만인에 대한 만인의 투쟁으로 보면서 이 투쟁을 해결하기 위해 인간은 사회계약을 맺고 각자의 자유권을 리바이어던(국가)에게 양보했다고 말한다. 사회에서 발생한 분쟁과 갈등을 해결하기 위해 백성들이 합의해 우두머리를 추대한 것이라는 다산의 관점은 홉스의 생각과 통하는 점이 있다.

또 정약용은 만약 지방행정관인 목민관이 백성들을 향

한 정책을 시행하면서 상부 기관과 의견 충돌이 생겼을 때, 만약 상부 기관의 명령이 백성의 이익을 해치는 것이라면 백성이 원하는 바를 용기 있게 따라야만 한다고 주장했다.

> 천하에서 산처럼 높고 중요한 존재가 백성이다. (……) 따라서 비록 상관이 자기보다 높은 지위라도, 백성을 머리에 이고 싸운다면 상관을 굴복시킬 수 있다.
>
> —— 「목민심서(牧民心書)」, 『여유당전서(與猶堂全書)』

중앙정부의 정책과 지방정부의 정책이 부딪치는 경우, 만약 지방정부의 정책이 중앙정부의 정책보다 백성들의 이익에 더 부합한다면 이 지방정부의 행정책임자는 과감하게 자신의 정책을 밀어붙여야만 한다. 그 지방을 직접 다스리고 있는 지방정부가 멀리 떨어져 있는 중앙정부보다 자기 지방 백성의 실정에 대해서는 더 잘 파악하고 있기 때문이다. 지방정부의 수장이 자기의 상관인 중앙정부와 백성 사이에서 선택을 강요당할 때 지방정부의 수장은 백성을 선택해야만 한다는 것이 정약용의 생각이다. 왜냐하면, 정약용이 볼 때 가장 중요한 기준은 바로 백성의 이익이기 때문이다.

융복합학의 원조

정약용은 기존의 학풍을 '학이불사學而不思; 배우기만 하고 생각이 없는'의 몰주체성에 빠져 있다고 한탄했다.

> 내가 보기에, 이른바 중국中國이라는 말에서 왜 중中이란 말을 쓰는지 모르겠다. 이른바 '동국東國'이라는 말에서도, 왜 동東이라 하는지 모르겠다. 무릇 해가 머리 위에 떠 있을 때를 '정오'라 하며, 정오를 기준으로 해가 뜨고 지는 시각이 같다면, 내가 동쪽과 서쪽의 중간에 있음을 알 수 있다. (……) 무릇 있는 곳이 동서남북의 중간이라면, 어느 곳이라도 중국일 것이다.
>
> —— 「한교리를 보내며」, 『여유당전서(與猶堂全書)』

주체성이라는 문제는 서양에서는 근대성과 맞물리는 테제다. 서양에서는 프랑스 혁명 이후 단지 이념으로서만이 아니라 경제적·정치적 토대가 본격적으로 근대화되어 가는 과정에 돌입한다. 이때 강력한 주체성을 바탕으로 한 민족주의가 기승을 부렸다. 이를 '국민 국가화'의 과정이라고 부른다. 가까운 일본 또한 이러한 성격의 민족주의는 국학 사상을 중심으로 메이지 유신 이전부터 유행했다. 매우

아쉬운 점은 정약용의 구체적이고 실현 가능한 혁신적 현실개혁론이 우리 역사의 전개 과정에서 제대로 반영되거나 실현되지 못했다는 사실이다. 정약용의 철학은 동시대에 외면당했으며, 이는 이후에도 별다르지 않았다. 정조나 정약용이 죽은 이후 조선은 무기력했다.

우리의 근대 초기 역사의 큰 흐름은 그렇다 치고 평범한 우리에게 정약용이 줄 수 있는 의미 있는 메시지는 어디에서 찾을 수 있을까? 정약용이 일구어낸 방대한 학문적 유산을 공부하는 것과는 별개로 말이다. 정약용은 거의 모든 학문 영역을 가로질렀던 융복합적 사고의 소유자였다. 철학·정치·경제·의학·과학기술·예술·문학 등 모든 분야에 망라된 것이었다. 오늘날과 같이 짧은 인터벌로 쉽게 바뀌어 가는 현실에 적응하기 위해서는 오로지 한 영역만 붙들고 늘어져서는 곤란하다. 여러 분야의 지식을 아우른 사람은 자기 전문 분야가 아닌 다른 분야에 대한 이해도 빠를뿐더러, 앞으로 어떤 방식으로 찾아올지 모르는 위기에 대한 대처 능력도 탁월할 것이다. 정약용이 보여준 학문 영역들 사이의 횡단은 현재를 살아가는 우리에게 시사해 주는 바가 크다.

정약용의 과거제도 비판

조선에서 성리학은 독점적 지위에 있었으며 유학자들의 학문적 관심과 정치적 의지는 깊이 결부되어 있었다. 조선의 과거제도는 학문과 정치를 일치시키면서 학문의 다양성을 억누른 측면이 있다. 학자는 정치판으로부터 멀리 떨어져 있어야 더욱 유연성을 가지고 다양한 생각을 펼쳐 나갈 수 있는 법이다. 학문적 이념이 매번 어떤 정치적인 사안과 연결된다면 자유로운 학문적 사색은 불가능할 것이다. 또 과거제도 시스템은 격렬한 수험전쟁을 불러오면서, 그 결과 전국의 인재가 중앙에만 모이는 현상을 초래했다. 이러한 주류 학문의 압도적인 우위 아래에서는 다른 철학 이념은 설 자리를 찾기 힘들다. 학문과 정치 사이의 잘못된 섞임은 곧 지식과 권력의 유착이다. 지식은 권력화되고 또한 권력은 지식을 통해 자기를 정당화한다. 물론 과거제는 혁신적이고 합리적인 제도다. 왜냐하면, 혈연이나 지연 등을 통해 정부 관료를 채용하는 것이 아니라, 시험을 통해 선발하는 것이기 때문이다. 하지만 과거제로 인한 학문과 정치의 일치는 학문적인 학파와 정치 파벌이 함께 맞물리도록 하면서, 계속 바뀌어나가는 현실에 발 빠르게 대응하는 기민한 정치력과 학문적 독립성 모두를 훼손하기도 했다. 다음은 정약용이 유배지인 강진에서 아들들에게 보낸 편지 내용의 일부다.

> 너희 처지가 비록 벼슬길은 막혔어도 성인聖人이 되는 일이야 꺼릴 것이 없지 않으냐. (……) 꺼릴 것이 없을 뿐 아니라 과거시험을 준비하는 사람들이 빠지는 잘못에서 벗어날 수 있다. (……) 폐족廢族; 조상이 큰 죄를 지어 그 자손이 벼슬을 할 수 없게 되는 것에서 재주 있는 걸출한 선비가 많이 나오는 이유는, (……) 부귀영화를 얻으려는 마음이 근본정신을 가리지 않아 깨끗한 마음으로 책을 읽고 궁리해, 진면목과 바른 뼈대를 얻을 수 있기 때문이다.
>
> —— 「두 아들에게 부탁함(寄兩兒)」

정약용은 자식들에게 과거시험을 보지 못하게 된 것이 오히려 학문을 자유롭게 할 기회를 얻은 것이라고 역설하고 있다.

한눈에 보는 동서양 철학사 연표

BC 3000 ~ BC 500

서양	동양
	BC 2333 단군, 아사달에 도읍(『삼국유사』)
BC 1850 함무라비 법전 편찬	
	BC 1046 서주(西周)의 시작
	BC 1000경 『리그베다』 성립
BC 800경 호메로스, 『일리아스』, 『오디세이아』	
	BC 770 주왕조의 낙양(洛陽) 천도 동주(東周)의 시작, 춘추시대의 개막
	BC 725경 관중 탄생
BC 660경 조로아스터교의 창시자 차라투스트라의 탄생	
BC 640 탈레스 탄생	
BC 585 탈레스, 개기일식을 예언	
BC 572 피타고라스 탄생	
	BC 563경 석가모니(고타마 싯타르다) 탄생
	BC 551 공자 탄생
BC 540 파르메니데스 탄생 헤라클레이토스 탄생	
BC 500경 아낙사고라스 탄생	

BC 499 ~ BC 1

서양	동양
BC 495경 페리클레스 탄생	
BC 492~479 페르시아 전쟁	
BC 485경 프로타고라스 탄생	

서양	동양
BC 483경 고르기아스 탄생	
BC 480 안티폰 탄생	
BC 469 소크라테스 탄생	
BC 460경 데모크리토스 탄생	
	BC 479경 묵자 탄생
BC 427 플라톤 탄생	
BC 399 소크라테스 독배를 마시고 옥사	
	BC 403 전국시대의 개막
	BC 395 신도 탄생
	BC 390 상앙 탄생
	BC 372경 맹자 탄생
	BC 369 장자 탄생
	BC 298경 순자 탄생
	BC 280경 한비자 탄생
	BC 221 진(秦)나라, 중국 통일
BC 386 플라톤, 서양 최초의 대학 '아카데미아' 설립	
BC 384 아리스토텔레스 탄생	
BC 360경 플라톤, 『국가』 간행	

서양 | 동양

BC 341
에피쿠로스 탄생

BC 336
키티온의 제논 탄생

BC 335경
아리스토텔레스,
『니코마코스 윤리학』『시학』 간행

BC 334
알렉산드로스의 동방원정 시작
(헬레니즘 시대 시작)

BC 213경
진의 시황제, 분서갱유 행함

BC 206
한 왕조 개창

BC 179경
회남왕 유안 탄생

BC 170경
동중서 탄생

BC 156
한 무제 탄생

BC 145경
사마천 탄생

BC 141
한 무제 즉위. 이즈음 동중서가
현량대책을 한 무제에게 올림

BC 91
사마천 『사기』 완성

1 ~ 500

20경
신라 '화백제도' 운영 시작

65
세네카,
로마 황제인 네로에게 살해됨

121
마르쿠스 아우렐리우스 탄생

184
최초의 도교 집단인
태평도에 의해
반란이 일어남
(황건적의 난)

서양	동양
	221 위진남북조시대 개막/ 청담(淸談)과 현학(玄學)과 같은 도가적 풍취가 유행
330 비잔틴 제국 설립	
	343 쿠마라지바(Kumārajīva) 탄생
354 아우구스티누스 탄생	
392 로마, 그리스도교를 국교로 승격	
401 아우구스티누스, 『고백론』 간행	
484 교회가 동과 서로 분리	
	487 혜가 탄생

501 ~ 1000

서양	동양
523 보이티우스, 『철학의 위안』 간행	
	528 보리 달마 사망
529 아테네의 '아카데미아' 폐쇄 기독교 이외의 철학 금지	
	600 현장 탄생
	617 원효 탄생
	618 육조 혜능 탄생
	625 의상 탄생
	709 마조 도일 탄생
	774 이고 탄생

서양	동양
	1017 주돈이 탄생
	1020 장재 탄생
	1032 정호 탄생
1033 안셀무스 탄생	1033 정이 탄생
	1130 주희 탄생
	1139 육구연 탄생
1193경 알베르투스 마그누스 탄생	
1225 토마스 아퀴나스 탄생	
1266경 둔스 스코투스 탄생	
1267 토마스 아퀴나스, 『신학대전』 간행	
	1270 『주자어류』 재편
1299 마르코 폴로, 『동방견문록』 간행	
1321 단테, 『신곡』 간행	
1401 쿠사누스 탄생	
	1446 세종, 훈민정음 반포(9월)
1453 동로마제국 멸망	
1469 니콜로 마키아벨리 탄생	
	1472 왕양명 탄생
	1482 조광조 탄생
	1483 왕심재 탄생
	1489 서경덕 탄생
1493 파라켈수스 탄생	
	1498 왕용계 탄생

서양	동양
1517 루터의 종교개혁	
	1501 퇴계 이황 탄생
	1527 이지 탄생
1530 코페르니쿠스, 지동설 제창	
1532 니콜로 마키아벨리, 『군주론』 간행	
	1536 율곡 이이 탄생
1548 조르다노 브루노 탄생	
	1550 고헌성 탄생
1561 프란시스 베이컨 탄생	
	1559 이황과 기대승 사이의 '사단칠정' 논쟁 시작
1588 홉스 탄생	
	1590 이지, 『분서』 간행
1596 데카르트 탄생	
1600 조르다노 브루노, 화형 당함	
	1601 마테오리치, 베이징에 들어옴
	1602 이지, 옥중에서 자살(3월16일)
	1610 황종희 탄생
	1613 고염무 탄생
	1619 왕부지 탄생
	1622 야마가 소코 탄생
	1627 이토 진사이 탄생

서양	동양
1632 스피노자 탄생	
1632 존 로크 탄생	
1637 데카르트, 『방법서설』 간행	
1646 라이프니츠 탄생	
1651 홉스, 『리바이어던』 간행	
	1663 황종희, 『명이대방록』 간행
	1666 오규 소라이 탄생
1677 스피노자, 『에티카』 간행	
1685 조지 버클리 탄생	

1701 ~ 1800

서양	동양
1711 흄 탄생	
1712 장 자크 루소 탄생	
	1716 『강희자전』 완성
1724 칸트 탄생	
	1730 모토오리 노리나가 탄생
	1762 정약용 탄생
1770 헤겔 탄생	
1776 미국, 독립선언/ 애덤 스미스 『국부론』 간행	1776 정조, 왕위에 오름
1781 칸트, 『순수이성비판』 간행	
	1782 『사고전서』 완성
	1778 박제가, 『북학의』 간행

서양	동양
1788 칸트, 『실천이성비판』 간행	
1790 칸트, 『판단력비판』 간행	
1788 쇼펜하우어 탄생	
1789 프랑스 혁명 발발	

1801 ~ 1900

서양	동양
	1801 신유박해
1806 헤겔, 『정신현상학』 간행	
	1814 홍수전 탄생
1818 마르크스 탄생	
1820 엥겔스 탄생	
	1835 후쿠자와 유키치 탄생
	1836 라마 크리슈나 탄생
	1840 아편전쟁 발발
	1843 홍수전, '배상제회' 조직
1844 니체 탄생	
	1850 태평천국운동 시작
1856 프로이트 탄생	
1857 소쉬르 탄생	
	1858 강유위 탄생
1859 에드문트 후설 탄생	
	1860 최제우, 동학 창시

서양	동양
	1866 양계초 탄생. 손문 탄생
1867 마르크스, 『자본론』 간행	
	1868 메이지 유신
	1869 마하트마 간디 탄생
	1870 니시다 키타로 탄생
1872 러셀 탄생	1872 오르빈도 탄생
1875 칼 융 탄생	
1861 화이트헤드 탄생	
	1879 진독수 탄생
	1880 『동경대전』 간행
	1881 노신 탄생
1883 니체, 『차라쿠스트라는 이렇게 말했다』 간행	
	1885 강유위, 『대동서』 초고 완성
1886 니체, 『선악을 넘어서』 간행	
1889 비트겐쉬타인 탄생	
1889 니체 정신이상에 걸림	
1889 마르틴 하이데거 탄생	
1892 마르쿠제(H. Marcuse; ~1979)	
	1893 모택동 탄생
	1894 갑오개혁 시작(7월)
1895 호르크하이머 탄생	

서양	동양
1897 빌헬름 라이히 탄생	1897 대한제국 선포(10월12일)
1900 에리히 프롬 탄생. 프로이트, 『꿈의 해석』 간행	

1901 ~ 2000

서양	동양
1903 아도르노 탄생	
1905 사르트르 탄생	1905 박은식, 『유교구신론』 간행
1906 한나 아렌트 탄생	
	1910 대한제국, 일본에 합병
	1911 신해혁명 발발
	1912 중화민국 임시정부 수립
1914 제1차 세계대전 발발 칼 융, 분석심리학 수립	1914 마루야마 마사오 탄생
	1915 진독수, 잡지 『신청년』 창간
1918 알튀세 탄생	
	1919 5.4운동 발발 호적, 『중국철학사 대강』 발간
	1920 천도교, 잡지 『개벽』 창간
1923 독일 프랑크푸르트 대학교에서 '사회연구소(프랑크푸르트학파)' 창설	
1924 리오타르 탄생	
1925 질 들뢰즈 탄생	
1926 미셸 푸코 탄생	
	1946 마루야마 마사오, 「초(超)국가주의의 논리와 심리」 발표

서양 동양

1927
마르틴 하이데거, 『존재와 시간』 간행

1930
자크 데리다 탄생

1933
빌헬름 라이히,
『파시즘의 대중심리』 간행

1936
에드문트 후설, 『유럽 학문의
위기와 선험적 현상학』 간행

1939
제2차 세계대전 발발

1941
에리히 프롬,
『자유로부터의 도피』 간행

1948
대한민국 정부 수립

1949
중화인민공화국 창설(10월10일)

1964
마르쿠제, 『1차원적 인간』 간행

1966
중국 문화대혁명 시작

1967
자크 데리다,
『그라마톨로지에 관하여』,
『글쓰기와 차이』,
『목소리와 현상』 동시 간행

1975
국제한국학학술회의
서울에서 개막(14개국 참가)

1981
다석 류영모 사망

1983
자크 데리다,
'세계철학학교' 초대 원장에 취임

1989
함석헌 사망

1989
천안문 사건 발발

참고문헌

단행본

• 강유위, 이성애 옮김, 『대동서』, 을유문화사, 2006

• 고사키 시로, 야규 마코토 외 옮김, 『근대라는 아포리아』, 이학사, 2007

• 김부식, 이강래 옮김, 『삼국사기 1~2』, 한길사, 1998/2016

• 남수영, 『브리하다라냐카 우파니샤드』, 여래, 2009

• 라다크리슈난, 이거룡 옮김, 『인도철학사 I ~ IV』, 한길사, 1999

• 리쩌허우, 정병석 옮김, 『중국고대사상사론』, 한길사, 2005

• 리쩌허우, 임춘성 옮김, 『중국근대사상사론』, 한길사, 2005

리쩌허우, 김형종 옮김, 『중국현대사상사론』, 한길사, 2005

• 마테오 리치, 송영배 옮김, 『천주실의』, 서울대학교출판문화원, 2010

• 모종삼, 정인재 외 옮김, 『중국철학특강』, 형설출판사, 1985

• 미조구치 유조, 최진석 옮김, 『중국사상명강의』, 소나무, 2004

• 박지명 외, 『베다』, 동문선, 2020

• 벤자민 슈월츠, 나성 옮김, 『중국고대사상의 세계』, 살림, 1996
• 북경대학교 철학과연구실, 박원재 외, 『중국철학사 Ⅰ~Ⅳ』, 간디서원, 2005
• 사마천, 김원중 옮김, 『사기 1~6』, 민음사, 2015
• 상앙, 장현근 옮김, 『상군서』, 살림, 2005
• 송영배, 『중국사회사상사』, 한길사, 1988
• 신봉수, 『마오쩌둥』, 한길사, 2010
• 양승권, 『장자; 너는 자연 그대로 아름답다』, 한길사, 2013
• 양승권, 『노장철학과 니체의 니힐리즘』, 문사철, 2013
• 양승권, 『니체와 장자는 이렇게 말했다』, 페이퍼로드, 2020
• 여불위, 김근 옮김, 『여씨춘추』, 글항아리, 2012
• 왕양명, 한정길 외 옮김, 『전습록 1~2』, 청계, 2007
• 왕치심, 전명용 옮김, 『중국종교사상사』, 이론과실천, 1988
• 유안, 이준영 옮김, 『회남자 상·하』, 자유문고, 2015
• 유협, 황선열 옮김, 『문심조룡』, 신생, 2018
• 이루 웨이린, 심규호 옮김, 『중국문예심리학사』, 동문선, 1999
• 이에나가 사부로, 연구공간 '수유+너머' 일본근대사상팀 옮김, 『근대일본사상사』, 소명, 2006
• 이운구, 『중국의 비판사상』, 여강출판사, 1987
• 이재숙, 『우파니샤드 1~2』, 한길사, 1996
• 일연, 김원중 옮김, 『삼국유사』, 민음사, 2008
• 임종원, 『후쿠자와 유키치; 새로운 문명의 논리』, 한길사, 2011
• 장립문, 권호 옮김, 『道』, 동문선, 1995
• 쟈끄 제르네, 이동윤 옮김, 『동양사 통론』, 법문사, 1989
• 전호근, 『한국철학사』, 메멘토, 2018
• 정약용, 이익성 옮김, 『경세유표 1~3』, 한길사, 1997
• 정약용, 다산연구회 옮김, 『정선 목민심서』, 창비, 2019
• 정약용, 박석무 외 옮김, 『역주 흠흠신서 1~4』, 한국인문고전연

구소, 2019
• 조지프 니덤, 이석호 옮김, 『중국의 과학과 문명 1~3』, 을유문화사, 1989~1990
• 존 K 페어뱅크 외, 김한규 외 옮김, 『동양문화사 상하』, 을유문화사, 1989/1992
• 카나야 오사무, 조성을 옮김, 『중국사상사』, 이론과실천, 1986
• 풍우란, 정인재 옮김, 『중국철학사』, 형설출판사, 1981
• 한국철학사상연구회, 『한국철학』, 예문서원, 1995
• 徐復觀, 『中國人性論史(先秦篇)』, 臺灣商務印書館, 1978
• 馮友蘭, 『中國哲學史新編 上·下』, 人民出版社, 1998
• 胡適, 『中國哲學史大綱』, 河北教育出版社, 2001

동양 철학의 원전들

• 『경세유표(經世遺表)』
• 『고사기(古事記)』
• 『관자(管子)』
• 『김강삼매경론(金剛三昧經論)』
• 『노자(老子)』
• 『논어(論語)』
• 『답문서(答問書)』
• 『대학(大學)』
• 『독사서대전설(讀四書大全說)』
• 『례기(禮記)』
• 『맹자(孟子)』
• 『명이대방록(明夷待訪錄)』
• 『목민심서(牧民心書)』
• 『묵자(墨子)』
• 『문선(文選)』
• 『반야경(般若經)』
• 『분서(焚書)』
• 『사기(史記)』
• 『산록어류(山鹿語類)』
• 『상산전집(象山全集)』
• 『서명(西銘)』
• 『세설신어(世說新語)』
• 『속분서(續焚書)』
• 『순자(荀子)』
• 『시경(詩經)』
• 『십문화쟁론(十門和諍論)』
• 『여씨춘추(呂氏春秋)』
• 『여유당전서(與猶堂全書)』
• 『역경(易經)』
• 『용계왕선생전집(龍溪王先生全集)』
• 『이아(爾雅)』
• 『일지록(日知錄)』
• 『잡아함경(雜阿含經)』

- 『장자(莊子)』
- 『전습록(傳習錄)』
- 『정림문집(亭林文集)』
- 『주자어류(朱子語類)』
- 『중용(中庸)』
- 『중전심재왕선생전집(重鐫心齋王先生全集)』
- 『춘추번로(春秋繁露)』
- 『태평책(太平策)』
- 『한비자(韓非子)』
- 『화담집(花潭集)』
- 『회남자(淮南子)』
- 『흠흠신서(欽欽新書)』

하룻밤에 읽는
——— 동양 철학

초판 1쇄 발행 2022년 4월 14일
초판 2쇄 발행 2022년 10월 14일

지은이 양승권
펴낸이 최용범

편집기획 윤소진, 박호진, 예진수
디자인 조아름
마케팅 채성모
관리 강은선
인쇄 ㈜다온피앤피

펴낸곳 페이퍼로드 paperroad
출판등록 제10-2427호(2002년 8월 7일)
주소 서울시 동작구 보라매로5가길 7 1322호
이메일 book@paperroad.net
페이스북 www.facebook.com/paperroadbook
전화 (02)326-0328
팩스 (02)335-0334
ISBN 979-11-90475-98-3(03320)